한국의 색을 즐기다

우리의 맛·멋·흥·얼 이야기 농민신문 기자들이 찾은

책넝쿨

나누고 싶은 이 땅의 맛·멋·흥·얼

2009년 4월 27일 월요일, 〈농민신문〉을 받아든 전국 수십만 독자들은 17면을 펼치자마자 이랬을 겁니다.

"엔플러스(N+)라고? 이게 무슨 춤 이름인감? 근데 이렇게 야해도 되는 거여?"

그때 주제가 '벨리댄스'라 배꼽 드러낸 무희들 사진이 큼지막하게 실렸더랬지요.

"여기 적혀 있네. 농민신문(N)에 새로운 가치를 더한다는 뜻으로 플러스(+)를 붙였다고."

그렇습니다. 그날은 우리 〈농민신문〉 문화부 기자들이 만드는 주간 섹션면 '엔플러스(N+)'가 세상에 처음 선보인 날입니다.

엔플러스는 생활·문화 전반의 흥미로운 주제, 사진과 그림 중심의 시원시원한 편집, 어깨힘 쫙 뺀 술술 잘 읽히는 문체로 독자들에게 재미를 주고자 애썼습니다. 초창기 문화부 기자들끼리도 그랬다고 합니다. "솔직히 요새 누가 신문을 1면부터 정독해? 설렁설렁 넘기다 '요거 재밌겠는걸' 하고 꽂히면 그때부터 읽지. 그게 바로 우리가 만드는 엔플러스라고!"

2년 후인 2011년 4월 25일 월요일, 엔플러스는 '제2의 탄생'을 맞았습니다. 주 4개면에서 8개면으로 확대 발행됐지요. 밥상이 커졌으니 차려낼 반찬도 많아졌고 기자들 일손도 달렸습니다. 편집국 마지막 퇴근자는 십중팔구 문화부 기자였지만 그 이야기는 이쯤에서 마치렵니다. 팔도강산 골골샅샅 취재하면서 고생도 많았지만 수확도 컸으니까요. "그땐 힘들었지만 돌아보니 행복한 시절이었다"는 당시 기자들의 토로가 빈말이 아니라는 걸, 독자 여러분도 곧 아시게 될 겁니다.

예, 그렇습니다. 〈한국의 4색을 즐기다〉는 지난 5년여간 240회 가까이 발행돼온 〈농민신문〉 문화부의 주간 섹션면 '엔플러스(N⁺)'의 기사 일부를 모은 책입니다. 그간 다뤄온 주제와 축적된 기사를 훑어보며 현재 문화부 기자들도 새삼 놀랐습니다. "이 양반들, 우리 할 건 좀 남겨둬야지" 싶도록 안 건드린 게 없고, "오호라, 한때 문학청년이었다더니 제법인걸" 싶도록 잘 쓴 기사도 있었거든요.

아쉬운 것도 더러 눈에 띄었습니다. 이 주제는 좀 더 들어갔어야 하는데, 이 기사는 더 짧게 쳐도 좋았을걸, 이 사진은 시원하게 못 키우고 말이야…. 해명이든 변명이든 둘러댈 이유도 충분합니다. 마감 일정이 빠듯했다, 기자 역량이 부족했다, 취재 여건이 못 따랐다….

그럼에도 불구하고 단 한 가지만은 자부할 수 있습니다. 바로 이 땅에서 태어나고 자라고, 뿌리내리고 가지치고, 꽃피우고 열매맺은 모든 것들에 대한 애정, 그것만은 변치 않았습니다.

아니, 취재하고 기사 쓰는 동안 더욱 깊어졌습니다. 그럴 수밖에요. 좋은 먹거리, 근사한 볼거리, 독특한 체험, 유구한 전통 같은 우리네 생활·문화의 핵심, 그중에서도 고갱이라 할 만한 것들만 찾아다녔으니까요.

첫째, 우리네 맛! 밥·떡·빵·국수·전·두부·묵·김치·새참·막걸리 등등 안 먹어본 게 없습니다. 더구나 온갖 제철 농산물은 주요 취재 대상이었지요. 그래서 문화부 기자 3년 하면 먹거리 분야만은 반쯤 박사가 됩니다.

둘째, 우리네 멋! 고백하건대 취재를 빌미로 좋은 데 많이들 다녔습니다. 봄에는 꽃 찾아, 여름에는 바다로, 가을에는 단풍 보러, 겨울에는 눈 맞으러. 또 봄이 오면 이번엔 맛 찾아 포구로, 여름이면 연 찾아 연못으로, 가을이면 무작정 길을 걷다 겨울이면 철새를 만나러….

셋째, 우리네 흥! 춤바람 난(!) 농촌 주부들, 자전거 타는 시골 할머니들, 주말농장에 맛들인 도시 가족, 따뜻한 나눔 실천하는 직장인들 모두 진정한 흥을 아는 우리 이웃이었습니다. 그 밖에 승마·노래교실·캠핑·사진·야구 등 남들 하는 흥미로운 취미·체험도 해봤지요.

넷째, 우리네 얼! 설·대보름·단오·한가위 같은 명절 세시풍습과 전통적 가족관계에 대한 조명도 빠뜨리지 않았습니다. 정원과 고택, 고궁과 왕릉, 성곽과 다리, 전통혼례와 팔도방언 등을 통해 오늘날 새롭게 계승해야 할 유형·무형의 문화유산도 짚어보았습니다.

고백하자면 처음부터 맛·멋·흥·얼을 대상으로 취재한 것은 아니었지만 한데 모으니 희한하게 이 네 가지 열쇳말로 수렴되더군요. 좁게 보면 그동안 문화부를 거쳐간 숱한 기자들의 이심전심이요, 범위를 좀 더 넓히면 '이런 것도 다뤄달라'는 독자와

'이런 것도 재밌겠다'는 기자의 소통의 산물이며, 궁극적으로는 이 땅에 깃들여 사는 뭇 생명이 지닌 매력의 총화 아닐까요.

우리 문화부 기자들이 그간 취재한 한국의 맛·멋·흥·얼을 다시금 돌아보고 새롭게 엮어 책을 내는 것은, 올해 〈농민신문〉이 창간 50주년을 맞기 때문입니다. 〈농민신문〉 50년은 곧 한국 농업 50년이요, 이 뜻깊은 시기에 문화부 기자들이 할 만한 일은 없을까 고민한 끝에 이 책을 펴내기로 했습니다. 〈농민신문〉 창간 50주년을 자축하되 거기서 그치지 말자, 전국 농촌의 독자들에게 그들이 지켜온 것에 대한 자부심을 일깨워주자, 이 책 발간으로 새롭게 만날 도시 독자들에게 이 땅의 숨은 매력을 널리 전하자, 그리하여 농촌과 도시의 가교가 되겠다는 엔플러스 발행의 초심을 되살리자!

그렇게 펴낸 이 결과물이 독자 여러분의 마음에 얼마나 흡족할지는 모르겠습니다. 제법 맘에 차는 부분에 대해서는 은근히 칭찬도 해주시고, 영 아쉽고 못 미더운 점은 따끔하게 꾸중도 해주십시오. 기자도 신문도 그러면서 알차게 성장하니까요. 다만, 우리 기사들도 때론 뿌듯하게 때론 애틋하게 여기며 취재해온 우리 농촌·농업·농민에 대해서는 뜨거운 성원을 부탁드립니다. 그것이 이 책을 세상에 내놓는 우리 문화부 기자들, 아니 〈농민신문〉 모든 기자들의 바람입니다.

2014년 8월, 농민신문 문화부 기자 일동

CONTENTS

한국의 맛 을 보다!

10 동글동글 영양 가득, **콩**

18 세계인의 슈퍼푸드, **마늘**

26 입 크게 벌리고 한입, **쌈**

34 오뉴월의 힐링푸드, **매실**

41 제주가 키운 국민과일, **감귤**

49 이젠 귀하신 몸, **시래기**

57 고소한 건강 한방울, **기름**

66 잘나가는 건강음료, **발효액**

74 벗길수록 매력덩어리, **양파**

82 한국인의 힘, **인삼**

90 더운 여름엔 역시, **찬면**

98 비 오는 날 그리워라, **전**

한국의 멋 을 담다!

106 나만의 봄을 담다, **사진**

114 겨울의 진객을 찾아, **철새**

121 찬란한 가을의 초대, **단풍**

128 여름마저 잊는 그곳, **동굴**

137 갯마을의 봄을 찾아, **포구**

143 겨울이 준 하얀 선물, **눈꽃**

151 가을엔 걷고 싶다, **길**

158 진흙에서 활짝 핀 여름, **연꽃**

농민신문 기자들이 찾은 우리의 맛 · 멋 · 흥 · 얼 이야기 **한국의 4색을 즐기다**

한국의 흥 을 만나다!

166 자연의 힘으로 아름답게, **천연미용**

174 내 인생에 부는 신바람, **춤**

180 두바퀴로 젊게 산다, **자전거**

186 행복 파종 건강 수확, **주말농장**

192 세상을 바꾸는 온기, **나눔**

198 인생2막 지금부터, **노후**

205 자기계발의 첫걸음, **정리**

211 노는 것이 힘이다, **캠핑**

한국의 얼 을 느끼다!

218 한해 가장 설레는 날, **설**

225 무한변신에 두전하다, **볏짚**

232 켜켜이 쌓인 세월, **성곽**

240 더도 말고 이날만 같아라, **추석**

247 그 시절 선조의 지혜, **여름나기**

254 치유와 사색의 공간, **왕릉**

262 청산을 품에 안다, **정원**

268 조선 500년을 엿보다, **궁**

275 운치와 여유의 미학, **고택**

282 저 달처럼 풍요롭게, **정월대보름**

290 자연과 벗하는 풍류, **정자**

한국의 맛을 보다!

제 1 장

우리는 수천년 농경문화 속에서 다채로운 음식문화를 꽃피웠습니다. 한국의 매력을 찾는 여행은 그래서 밥상에서 시작됩니다. 그 밥상에 차려진 온갖 먹거리를 음미해봅니다. 텁텁한가 했더니 씹을수록 구수하고, 알싸하게 맵더니 익힐수록 달금하고, 고소한 줄 알았더니 뒷맛은 담백하고…. 오미(五味)로는 다 표현할 수 없습니다.

콩

동글동글 영양 가득

안녕하세요? 저로 말할 것 같으면, 여러분이 삶아 먹고 튀겨 먹고 볶아 먹고 갈아 먹는 콩입니다.

자주 보는데 새삼스럽게 웬 인사냐고요? 아니, 저를 찾는 분 중에 제가 어디에 어떻게 좋은지 잘 모르고 먹는 분들이 있더라고요. 서운하게도 말이죠. 또 요즘 값이 좀 싸다고 해외파 친구들을 찾는 분들이 많아서 제 매력 발산 좀 하러 나왔습니다. 들어주실 거죠?

저를 보면 왠지 모르게 끌리지 않나요? 사실 여러분처럼 저도 이 땅이 고향이거든요. 많은 학자가 제 조상을 야생대두, 즉 돌콩으로 꼽는데요, 바로 이 돌콩이 한반도 전역과 만주 땅에 광범위하게 분포해 있답니다. 고문헌을 살펴보면 여러분의 선조인 동이족이 기골이 장대하고 지능이 우수했다는 기록이 자주 나오는데 영양덩어리인 저를 즐겨 먹어서 그럴 겁니다. 또 1929~1931년 미국이 콩 유전자원 수집을 위해 동양식물탐험원정대를 파견했는데 당시 수집한 4000여점의 콩 중 조선에서 가져간 것만 3000여점이라고 해요. 이를 계기로 제가 전 세계로 퍼져 나가게 됐죠.

그러니 콩 종주국에 사는 여러분이 저를 더 아껴주셔야 하는데 요즘 젊은 분들은 밥 먹을 때 저를 골라내기도 하더라고요. 이럴 때면 가슴이 참 답답합니다.

저를 두고 '밭에서 나는 쇠고기'라고들 하는데요, 그게 다 40%나 되는 풍부한 단백질 함량 때문에 얻은 별명이라고요. '콩고기'라는 말도 들어보셨다고요? 그건 별명이 아니라 제가 단백질이 풍부하니까 곱게 갈아서 고기처럼 만든 가공식품이에요. 콩 단백질은 동물성 단백질보다 소화·흡수가 잘되고 몸속 나쁜 콜레스테롤과 지방 수치도 함께 낮춰준다네요. 그러니 살 좀 찌셨다는 분들, 밥상에서 저한테 눈길 좀 주시라고요.

혹시 '이소플라본'이라고 들어본 적 있나요? 요게 있어서 또 제가 이렇게 고개를 빳빳이 들고 다니지요. 이소플라본은 식물성 에스트로겐의 일종인데, 여성들의 갱년기 증상을 완화하는 데 그렇게 좋다네요. 남성분들 전립선암을 예방하는 데도 아주 좋고요. 그래서 콩음식을 자주 먹는 동남아시아인들이 서양인들보다 유방암이나 전립선암 발생률이 낮다는 사실, 놀랍지 않나요? 여기서 끝이면 제가 매력 발산 시작도 안 했습니다. 면역력을 향상시키는 사포닌과 장 건강에 좋은 올리고당도 제 안에 다 들어 있다고요. 레시틴도 함유하고 있어요. 레시틴을 섭취하면 혈관이 깨끗해지고 기억력도 좋아진다네요. 그러니 특히 어르신들, 잊지 말고 저를 챙겨 드세요.

여러분 표정을 보아 하니 자랑 좀 그만하라는 것 같은데, 뭐 그러면 이제 제 가족들을 소개할게요. 워낙 많지만 인기쟁이들 위주로 말씀드리죠. 요즘 잘나가는 애가 서리태예요. 겉은 검고 속은 좀 파랗지요. 검은 껍질에 항산화작용을 하는 안토시아닌이 풍부하다고 알려져서 밥 지을 때마다 어머님들이 많이 찾으시더라고요. 작고 까만 것이 꼭 쥐눈처럼 생겼다고 이름이 쥐눈이콩인 애도 있어요. 해독작용이 뛰어나 예부터 약재로 쓰였는데 밥밑용으로도 좋답니다.

여러분이 가장 많이 먹는 콩은 무엇일까요? 바로 메주콩이에요. 된장·고추장을 담글 때 필요한 메주도, 3~4일 만에 숙성해서 먹는 청국장도 바로 이 메주콩으로 만드니까요. 두유랑 두부도 메주콩으로 만들 수 있지요. 나물용으로 쓰는 작고 노란 콩나물콩을 모르시는 분들은 없겠죠? 여름날 빙수 위에 올리는 팥도, 비 오는 날 빈대떡 해먹는 녹두도 우리 친척이에요. 아 참, 색이 예쁜 강낭콩은 삶아서 샐러드로 먹어도 좋답니다. 모두 모두 많이 찾아주시길.

어라? 거기 할머니·아주머니, 제 얘기 다 안 끝났는데 어디 가시는 거예요? 할머니는 쥐눈이콩 사러, 아주머니는 녹두 사러 가신다고요? 어머, 오늘 제 매력발산이 벌써 통했나 봐요. 그럼 저도 이만 콩콩 물러갈 테니 즐겁게 식사하세요.

콩, 이것이 궁금하다

콩이 몸에 좋다는 건 다 아는 사실이다. 하지만 애매하게 또는 아예 잘

못 아는 내용은 없는지 짚어볼 필요가 있다. '아는 것이 힘'이라는 말을 조금 고친 '아는 것이 건강'이라는 말을 이때 써봄 직하다.

콩 단백질이 인체에서 소화가 잘 안 된다는 속설이 있다. 하지만 정확하게 따져보면 사실과 다르다. 콩의 주요 단백질 성분은 글리시닌인데 특별히 소화 장애를 일으키는 성분이 아니기 때문이다. 다만 콩에는 다당류를 함유한 탄수화물 성분이 들어 있어 소화가 다소 지연될 수는 있으나, 이것도 문제가 될 정도는 아니다.

콩을 많이 먹으면 어린이의 성장 호르몬 분비가 저해될까 봐 우려하는 경우도 있다. 이런 논리에서다. 콩의 주요 성분인 이소플라본은 여성 호르몬 유사물질. 여성 호르몬이 과다할 때 콩을 먹으면 여성 호르몬인 리셉터에 이소플라본이 결합, 체내 여성 호르몬 분비를 감소시킨다. 하지만 여성 호르몬이 부족해지는 갱년기에 콩을 섭취하면 이소플라본이 여성 호르몬처럼 작용해 갱년기 증세를 완화시킨다.

그러니까 어린이가 콩을 많이 먹으면 후자처럼 작용해 성호르몬 농도가 높아지고, 이 때문에 성장호르몬 분비는 감소되지 않을까 하고 우려하는 것이다. 현재로선 어느 정도가 과다섭취인지에 대한 기준이 없지만 상식선은 넘지 않는 게 좋다. 일반적인 콩 섭취량이라면 걱정하지 않아도 된다.

치즈와 함께 먹으면 안 된다? 그럴 필요가 없다. 콩의 단백질 속에는 필수 아미노산인 메티오닌이 다른 성분들에 비해 부족하다. 반대로 치즈의 원료인 우유 단백질에는 메티오닌이 풍부하다. 그래서 콩과 치즈를 함께 먹으면 메티오닌, 즉 단백질 보완 효과가 생긴다. 그만큼 인체에서 단백질의 영양적 가치나 효율이 높아지는 것이다.

마지막으로 출소자는 왜 두부를 먹을까? 영양학적인 풀이에서 보면 과거 교도소에서 나오는 식사는 부실했다.

그런데 두부는 급하게 먹어도 체할 염려가 없고 수용성 성분의 체내 흡수도 원활해 이를 먹으면 약해진 체력을 빠른 시간 안에 회복할 수 있기 때문이란다.

🌱 콩나물, 주전자에서 손쉽게 길러보세요

햇빛을 차단하고 물만 주면 쑥쑥 잘 자라는 콩나물. 예전엔 집집마다 안방 아랫목에 시루를 두고 콩나물을 길러 먹었다. 수시로 물을 주며 또 르르 물 떨어지는 소리를 듣는 재미도 있었다.

시루를 구하기 어려운 요즘에도 예전 콩나물 맛과 재미를 즐기는 방법이 있다. 주둥이가 있어 물을 따라 버리기 편하고 뚜껑이 있어 햇빛 차단도 가능한 주전자를 이용하는 것이다.

주전자는 모양과 크기는 상관없으나 안에서 콩나물이 한뼘 정도 자라야 하므로 너무 작은 것은 피한다. 콩은 백태·서리태 등 어느 것이든 가능하다. 하지만 블로그 '후둥이의 베란다채소밭&옥상텃밭(blog.naver.com/h0000jjj)'을 운영하는 파워 블로거 장진주씨(30)는 "물에 불리면 콩나물 대가리가 두배 이상 커져 씹는 맛이 떨어지니 알이 작은 콩나물콩(오리알태)을 활용하는 게 바람직하다"고 조언한다.

콩은 우선 8시간 정도 물에 불려 수분을 충분히 머금게 한다. 여름엔 콩이 이보다 빨리 붇지만 겨울엔 좀 더 시간이 걸린다. 만져 봐서 콩 껍질이 벗겨질 정도면 충분히 불은 것이다. 물 위에 뜨는 콩은 싹이 나지 않으니 골라낸다. 불린 콩은 소금물에 2~3분 담근 후 깨끗한 물로 헹구면 소독이 돼 콩나물이 더욱 잘 자란다.

이후 주전자 바닥에 촘촘히 깔릴 정도로 콩을 넣고 뚜껑을 닫는다. 이때 주전자 주둥이는 막을 필요 없다. 주전자 안으로 공기가 드나들 숨구멍이 필요하기 때문이다.

하루 정도 두면 발아가 되지만 요즘같이 추운 날씨엔 발아가 안 될 수 있으므로 따뜻한 곳에 주전자를 두고 담요를 덮어 온도를 25℃ 내외로 유지한다.

가장 중요한 물주기는 어떻게 할까. 물은 콩나물에 붙은 미생물을 헹궈버린다는 생각으로 하루에 2회 이상 충분히 주고 바로 따라 낸다. 장씨는 "싹이 움트는 동안엔 콩나물에서 열기가 나오기 때문에 부패하기 쉽다"며 "처음 며칠은 특히 물을 자주 줘야 한다"고 조언한다.

5일만 지나면 콩나물이 충분히 자란다. 콩나물국밥·콩나물무침·콩
나물밥 등의 콩나물 요리를 식탁에 올릴 수 있다.

아이도 좋아하는 콩간식 만들어볼까

"와, 내가 좋아하는 콩이다!"

이렇게 말하는 아이들, 보신 적 있나요? 아니면 가슴에 손을 얹고 오
래전 학창 시절을 떠올려봅시다. 엄마가 싸준 도시락 반찬통에 든 콩자
반을 보고 환호했는지 탄식했는지.

그래서 준비했습니다. 강원 횡성 산골마을로 귀농해 태평농법으로 별
의별 작물을 키우는 농민 블로거 '자운'의 색다른 콩간식 요리법. 그의
고백도 들어보시죠.

"원래 밥보다 빵을 더 좋아하고, 콩이라면 고개를 내저었어요. 요샛
말로 '어린이 입맛'이었죠. 그런데 제가 직접 농사지어 이것저것 해먹어
보니 콩이 그렇게 맛있을 수가 없어요. 그러니 아이들도 좋아하겠죠?"

이참에 그의 블로그 '산골농부 자연밥상(blog.naver.com/jaun000)'도
방문해보세요. 60가지가 넘는 콩요리를 들여다보노라면 어른들도 군침
이 꿀떡 넘어갈 겁니다. 곁눈질만 하지 말고 직접 따라 해보면 우리 집
밥상도 훨씬 건강해질 테고요.

【 칡콩양갱 】
▶ 재료: 삶은 칡콩(시중에서 까치콩·제비콩이라고도 함) 4컵, 황설탕
　　　　 3큰술, 소금 약간, 실한천 20g, 물400㎖, 올리고당 100㎖,
　　　　 볶은 땅콩 약간
▶ 만들기
① 푹 삶은 칡콩에 황설탕·소금을 넣고 식기 전에 곱게 으깬다.
② 실한천은 물에 담가 통통하게 불린 다음 건져내 물 400㎖를 붓고
　 끓이다가 올리고당을 넣고 좀 더 끓인다.

칡콩양갱

③ 잠시 불을 끄고 ①의 칡콩앙금을 넣어 푼 다음 중간불에서 주걱으로 저어가며 걸쭉해지도록 끓인 후 한김 나가도록 식힌다.

④ 사각형 틀에 비닐을 깔고 땅콩을 으깨 뿌린 다음 적당히 식은 ③의 양갱을 부어 굳힌다. 완전히 굳으면 뒤집어 먹기 좋은 크기로 자른다.

【 나물콩전 】

나물콩전

▶ 재료: 나물콩 ⅔컵, 현미멥쌀가루 1컵, 밀가루 ⅛컵, 소금 1작은술, 물 180㎖, 식용유 적당량

▶ 만들기

① 나물콩은 물에 불렸다가 가볍게 삶은 다음 믹서에 굵게 간다. 너무 곱게 갈면 반죽이 죽처럼 된다.

② 나물콩 간 것에 현미멥쌀가루·밀가루·소금을 섞고 물을 조금씩 넣어가며 반죽한다.

③ 팬에 기름을 두르고 반죽을 한숟갈씩 얹어 숟가락으로 토닥여가며 부친다.

④ 부친 전은 한김 나가도록 채반에 놓았다가 접시에 옮겨 담는다.

【 검은콩슈크림 】

검은콩슈크림

▶ 재료: 삶은 서리태 2컵, 우유 500㎖, 달걀 3개, 보릿가루 100g, 황설탕 90~100g, 소금 1작은술

▶ 만들기

① 삶은 서리태는 믹서에 굵게 간다.

② 팬에 달걀·보릿가루·황설탕·소금을 넣고 거품기로 고루 섞은 다음 우유를 끓여서 부은 뒤 센 불에서 저어가며 끓인다.

③ 말랑말랑하게 엉겨 붙으면 ①의 서리태를 넣고 저어가며 뻑뻑해질 때까지 끓인다.

④ 완성된 슈크림은 식혀서 냉장 보관했다가 빵이나 떡 사이에 넣어 먹는다.

2013년 11월 18일 기사

검은콩으로
남편 건강 회복
시킨 정남수씨

● "식물인간 상태에서 의식을 회복한 남편이
검은콩 효능의 증인입니다."

정남수씨(65·충남 아산시 탕정면)는 누구보
다 검은콩(서리태)의 우수성을 확신했다. 그리
고 그 확신은 다름 아닌 그녀의 경험에서 우러나
왔다. 아직도 그녀는 1989년 12월을 선명히 기
억했다. 남편이 교통사고로 의식불명 상태가 된
때였기 때문이다.

그 무렵 건국대 농축대학원에서 박사과정을 밟
고 있던 그녀는 교수들과 상의 끝에 검은콩을 선

*"식물인간 상태에서 의식 회복…
매일 먹은 검은콩 효능 덕 좀 봤죠."*

택했다. 또 옛날엔 검은콩이 두통 등에 효과가 좋은 집안 상비약이었던 점도 검은콩을 고집한 이유였다. 그
녀는 매일 새벽마다 검은콩으로 죽을 쒀 병원 중환자실로 갔다. 그럼 간호사가 튜브를 통해 입안으로 죽을 흘
려 넣었다. 그로부터 28일가량 지나자 남편의 눈가가 미미하게 떨렸다. 사고를 당한 지 40여 일 후엔 마침내
의식이 돌아왔다.

"제 자신이 놀랐어요. 지금도 부축해야 움직일 수 있는 상태지만 대화가 가능할 정도로 의식은 정상이거든
요. 남편은 교통사고 이후 꾸준히 검은콩 죽을 먹다가 5년 전부터는 검은콩 분말을 하루도 거르지 않고 먹고
있습니다."

병원 환자 등을 통해 소문이 퍼지면서 여기저기서 '남편이 먹는 죽 만드는 방법을 가르쳐달라'는 부탁이 들어
왔다. 그후 그녀는 쉽게 싱하는 죽의 보관문제 해결을 위해 검은콩 분말을 만들었다. 그 분말을 가져간 이들
이 '탈모가 덜 된다'라든지 '갱년기 장애가 나아졌다'라는 이야기를 할 때마다 다시 한번 검은콩의 효능을 확
인한단다.

"콩은 두뇌에 좋은 식품이에요. 콩에는 레시틴 성분이 풍부해요. 이 성분이 몸에서 분해되면서 아세틸콜린을
생성하죠. 아세틸콜린은 기억력을 관장하는 신경전달물질인데 치매의 원인이 바로 이 물질부족 때문이에요.
특히 서리태의 검은 껍질에는 안토시아닌 성분이 많아 항산화 기능이 강력하답니다."

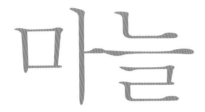

세계인의 슈퍼푸드

　놀랍군요. 이렇게 많이 모이실 줄 미처 예상을 못했습니다. 자리가 모자라 서 계신 분들도 상당하네요. 여러분의 뜨거운 관심에 감사드립니다.

　참, 제 소개를 해야겠네요. 보시다시피 저는 마늘입니다. 저로 말씀드릴 것 같으면 '민족의 신령초'라고 할 수 있습니다. 제가 백합과의 여러해살이풀이란 사실은 다 아실 겁니다. 그런데 거창하게 무슨 민족의 신령스러운 풀이냐고요? 저는 그런 질문을 들을 때마다 '단군신화'를 예로 듭니다. 곰과 호랑이가 환웅을 찾아와 사람이 되고 싶다고 간청하죠. 하지만 세상에 공짜가 어디 있나요. 환웅은 그들에게 '마늘과 쑥을 먹으며 100일 동안 햇빛을 보지 말라'는 조건을 내겁니다. 호랑이는 버티지 못하고 중간에 동굴 밖으로 뛰쳐나갔지만, 마늘 등으로 버틴 곰은 여자로 변해 환웅과 결혼, 단군을 낳았다죠. 생각해 보세요. 곰을 사람으로 변화시킨 마늘의 영기(靈氣)! 얼마나 신령스럽습니까.

　제 선조가 건국신화에 등장하긴 합니다만, 역사적으로 따지자면 〈삼국사기〉에 통일신라시대 때 이미 재배됐다는 기록이 있습니다. 서양에서도 저희들의 역사는 오래됐죠. 고대 그리스의 올림픽 선수들이나 검

투사들이 마늘을 먹었다고 알려져 있어요. 로마의 장군들은 병사들의 용기를 북돋기 위해 마늘을 먹게 했다는군요. 그 유명한 네로 황제가 정기적으로 마늘을 섭취했다는 당시 주치의의 기록을 직접 보여드리지 못해 안타깝습니다.

좀 지루해하시는 듯싶네요. 잠깐 쉬자는 뜻에서 퀴즈 하나 낼게요. 제1차 세계대전 때 러시아 군대에서 페니실린 대용품으로 이용돼 '러시안 페니실린'이라 불린 이것은 무엇일까요? 어이구, 대부분 손을 드셨네요. 네, 맞습니다. 마늘입니다. 조금만 눈치 있는 분들은 다 맞힐 수 있는 문제이기 때문에 상품은 없습니다. 하하하.

우리나라에서도 마찬가지였습니다. 옛날 염병이 번지면 마늘을 엮어 사립문이나 방문 앞에 주렁주렁 내어 걸었던 것도 저의 항균 효과 때문이었죠. 저의 그런 효능은 과학적으로도 증명이 됐어요. 미국의 국립암연구소(NCI)는 식품의 항암성분 연구 결과 암을 예방하는 48가지 식품 가운데 가장 뛰어난 식품으로 마늘을 지정했답니다. 또 제 몸 안에는 알리신과 같은 유황화합물이 많이 들어 있어서 혈액 응고를 감소시키죠.

거기다 곰팡이와 세균의 성장을 억제하면서 면역체계 작용을 향상시

킨다고 전문가들은 말합니다. 그리고 여러분의 귀가 번쩍 뜨일 만한 효능, 바로 강장 효과입니다. 과거에 여인네들은 밭일 갔다 집에 돌아오는 길에 풋마늘 한두 뿌리를 뽑아 치맛자락에 숨겨서 갔답니다. 도둑질이라서가 아니라, 마늘이 남편의 정력을 돕는 전통 '비아그라'이기에 속보일까 싶어 두리번거렸다는 거죠. 아이고, 저 두 분은 부부 같으신데, 사모님 얼굴이 빨개지셨네요. 혹시 오늘 댁에 돌아가시면 당장 남편 분께 마늘부터 챙겨 주시려나요?

마늘을 가장 많이 먹는 곳은 아마 고깃집에서겠죠. 특히 삼겹살! 상추에 삼겹살을 쌌는데 마늘이 빠진다면 '앙꼬 없는 찐빵'이나 다름없을 겁니다. 오늘 어떻습니까. 친구나 선후배, 직장 동료끼리 둘러 앉아 삼겹살에 마늘, 그리고 소주 한잔! 잔들을 부딪칠 때 외치는 이런 건배사를 저는 듣고 싶습니다. '마늘의 무궁한 소비를 위하여!'

감사합니다.

🧄 좋은 마늘을 골라보자

한국인이 음식을 만들 때 빠뜨리지 않는 양념이 마늘이다. 음식의 고유한 맛을 내는 데 꼭 필요한 마늘은 손질과 보관이 무엇보다 중요하다. 한알도 허투루 할 수 없는 귀중한 마늘. 어떤 걸 고르고 어떻게 손질해 보관하면 좋을지 그 비법을 알아본다.

땅속의 줄기가 변해서 된 마늘은 다른 채소와 달리 여러 층의 껍질이 감싸고 있다. 모든 인편을 감싸는 겉껍질은 은은한 흰 빛깔을 띤다. 마늘 인편 하나하나를 감싸는 속껍질은 붉은 빛깔이고, 그 속에 투명한 막의 껍질이 마늘을 보호하는 구조다.

마늘을 고를 때는 겉껍질이 잘 말라 제 빛깔이 나고, 인편의 크기가 일정한 것이 좋다. 너무 가볍거나 속이 빈 것, 싹이 난 것은 맛이 덜할 수 있으므로 주의한다. 또 뿌리를 잡아당겼을 때 밑이 쏙 빠지는 것은 오래됐거나 바이러스에 감염된 것일 수 있다.

구입한 마늘은 가능한 한 주대와 잔뿌리를 없애는 게 좋다. 오염원을 차단해 오랫동안 품질을 보존할 수 있기 때문이다. 통마늘은 뿌리 부분을 적당히 자른 다음 접시에 담아 전자레인지에서 20초 동안 가열하면 껍질을 쉽게 벗길 수 있다. 통마늘을 하나씩 분리해 물에 담가 뒀다가 끝부분을 자르고 문질러도 껍질이 잘 벗겨진다.

마늘은 보관방법에 따라 품질 차이가 크게 난다. 보통 통마늘은 제대로 말린 다음 그물 자루에 넣어 바람이 잘 통하는 응달진 곳에 매달아 두면 2개월가량 보관할 수 있다. 통마늘을 보다 안전하게 보관하고자 한다면 저장고의 습도는 70~75%, 온도는 0~2℃로 맞추면 된다. 이때 주대를 제거한 마늘을 양파 자루에 담은 뒤 신문지 등에 싸서 플라스틱 용기에 넣어 냉장보관하면 1년 가까이 품질이 그대로 유지된다. 다만 비닐봉지에 담아 완전히 밀폐해 보관하면 마늘이 호흡을 할 수 없어 썩을 수있다. 통마늘과 달리 깐 마늘은 비닐에 담아 밀봉해서 냉장고의 냉동실에 보관해도 괜찮다.

🧄 마늘의 무한도전!

'마늘, 피부에 양보하세요!' 하지만 마늘즙을 그대로 피부에 발랐다간 피부염을 유발할 수도 있다. 주변에서 손쉽게 구할 수 있는 재료와 마늘을 혼합해 자극은 적고 미용엔 좋은 '마늘피부용품'을 만들어보자.

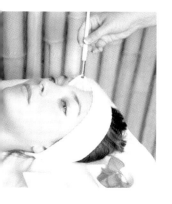

• 마늘팩

병에 꿀을 넣고 얇게 썬 마늘을 3일 정도 재우면 하얀 진액이 나와 병 위쪽에 뜬다. 이것만을 따로 건져내 팩으로 써도 되고, 그대로 꿀과 섞어 써도 된다.

다만 얼굴에 바른 후 10분 이내에 미지근한 물로 씻어내야 피부 트러블이 생기지 않는다. 마늘팩은 노폐물 배출을 원활히 해 피부를 탄력있게 하고 멜라닌 색소의 침착을 막아 피부를 밝게 가꾸어 준다.

• 마늘오일

마늘 가루를 사거나 마늘을 저며 말린 후 곱게 간다. 준비한 마늘가루와 피부노화 방지에 좋은 해바라기씨유를 1대 9 비율로 섞는다. 이를 2주간 숙성시키면 훌륭한 보디오일로 변한다. 목욕 후 전신에 바르면 피부 속 수분이 달아나는 것을 막고, 탈모가 있는 건성 두피에 바르고 지압하면 수분유지는 물론 혈액순환을 촉진해 모발 성장에도 도움을 준다.

• 마늘화장수

피부에 좋은 마늘을 매일같이 바르기엔 화장수만 한 게 없다. 껍질을 벗겨 깨끗이 손질한 마늘과 레몬을 소주에 6개월간 담그면 마늘과 레몬의 성분이 소주에 스며든다. 이후 마늘과 레몬은 건져내고 남은 액체만을 끓여 알코올을 날리면 마늘화장수가 된다. 마늘화장수를 평소 바르던 크림과 섞어 써도 좋다.

• 마늘입욕제

마늘 10쪽을 찜통에 넣고 완전히 흐물흐물해질 정도로 찐 후 면주머니에 담자. 이를 따뜻한 물을 채운 욕조에 넣고 몸을 담그면 피부미용에 좋고 피로 해소에도 그만이다. 마늘입욕제는 여성들이 걸리기 쉬운 냉증이나 요즘 아이들에게 잦은 아토피 치료에도 도움이 된다.

🧄 마늘로 건강한 밥상 차려요

만날 다른 음식 양념하는 데 쓰던 마늘. 오늘부턴 위풍당당한 주인공으로 밥상에 자주 올리자. 가마솥 저리 가라 하는 요즘 더위를 이기는 데 마늘만 한 음식이 없다. 오죽했으면 동서양 가릴 것 없이 수도자는 못 먹게 하면서 일꾼에게는 많이 먹으라 했을까.

마늘구이

【 마늘 찜과 구이, 그리고 튀김 】

마늘의 알싸한 맛과 냄새를 내는 알리신은 열을 가하면 단맛으로 바뀌고 향도 그윽해진다. 그래서 찌고 굽고 튀기기만 해도 맛있는 게 마늘이다. 그런데 이렇게 조리하면 생마늘보다 효능이 떨어지지 않을까? 가열한 마늘 2쪽 먹으면 생마늘 1쪽 먹는 것과 효능상 같다는 게 전문가들의 실험 결과다. 마늘찜은 껍질을 깐 마늘을 10분 정도 찐 다음 소금이나 간장에 찍어 먹는다. 마요네즈와도 잘 어울린다. 마늘구이는 깐 마늘을 은박지에 싼 다음 미리 달군 팬이나 석쇠에 2~3분 굽는다. 굽기 전 간장이나 버터를 살짝 바르면 더 맛있다. 마늘튀김은 중간 불로 달군 식용유에 통마늘을 껍질째 넣고 천천히 튀긴 다음 껍질을 벗기고 소금을 살짝 뿌려 먹으면 고소한 맛을 즐길 수 있다.

마늘꼬치

【 마늘꼬치 】

마늘과 브로콜리는 살짝 데치고, 가래떡과 닭가슴살은 노릇하게 구워 소금·후추로 간한다. 토마토케첩·물·고춧가루·고추장·간장·물엿 등을 팬에 끓여 매콤달콤한 소스를 만든다. 꼬치에 마늘-가래떡-브로콜리-닭가슴살-마늘 순으로 끼운 다음 소스를 끼얹어 가며 졸이면 끝.

【 마늘대추말이 】

냄비에 물을 붓고 소금·참기름을 조금 넣어 끓이다 마늘을 삶아 건진다. 대추는 돌려 깎아 씨를 뺀다. 삶은 마늘에 꿀을 바르고 대추로 말아 꼬치에 끼운 다음 밀가루와 튀김옷을 입혀 바삭하게 튀긴다. 먹기 직전에 꿀을 조금 끼얹는다.

【 마늘소스 】

마늘 1통, 양파 ½개, 잣 50g, 고추기름 2큰술, 소금 ½작은술, 꿀 1작은술, 생크림 3큰술을 준비한다. 잣은 마른 팬에 살짝 볶고, 마늘과 양파는 잘게 썰어 고추기름에 볶는다. 그런 다음 모든 재료를 믹서에 넣고 곱게 간다.

【 흑마늘 】

통마늘째로 사용하되, 대와 뿌리 부분은 잘라내고 껍질은 한겹 정도만 벗긴다. 물에 씻거나 불려서 다듬으면 숙성 중에 물러지니 주의한다. 전기밥솥에 마늘대나 채반을 깔고 손질한 마늘을 채운 다음 밥솥을 보온으로 설정하고 1주일 동안 숙성시킨다. 이때 중간에 뚜껑을 열지 않는게 좋다. 1주일 뒤 반쯤 숙성된 마늘을 꺼내 하루이틀 선선한 곳에서 건조하고 다시 1주일을 숙성시킨다. 이후 다시 말리면 쌉쌀하고 쫀득쫀득한 흑마늘이 된다.

【 마늘꿀 】

깐마늘이 물렁물렁해질 때까지 약한 불로 천천히 삶는다. 삶은 물은 버린 후 마늘이 절반가량 잠길 정도로 꿀을 붓고 주걱으로 저으면서 다시 끓인다. 마늘이 부드러운 크림처럼 변하면 용기에 옮겨 담고 식힌다. 1주일 동안 숙성시킨 뒤 뜨거운 물에 1 큰술씩 타 차로 마시면 피로해소 및 피부미용에 좋다.

【 마늘잼 】

깐마늘을 물과 함께 냄비에 넣고 30분간 끓이되 뚜껑을 닫아야 매운 향이 집안에 가득 차지 않는다. 이후 물을 따라내 버리고 프락토올리고당이나 설탕을 적당량 넣고 약불에 졸이면 달콤한 마늘잼이 완성된다. 취향에 따라 레몬주스나 사과과즙 등을 첨가해 향과 맛을 더해도 좋다.

【 마늘커피 】

기름을 두르지 않은 프라이팬에 얇게 저민 마늘을 올리고 약한 불에 굽듯이 볶다가 짙은 갈색을 띠면 불을 끈다. 이렇게 볶은 마늘을 곱게 갈면 커피가루와 흡사해진다. 가루를 뜨거운 물에 타 마시면 색은 물론이고 향도 구수해 커피를 마시는 듯한 분위기를 낼 수 있다.

2013년 8월 19일 기사

'마늘 전도사'
최문우 할아버지

"농사짓고부터 마늘을 꾸준히 먹으니까 위장병이 싹 없어졌죠."

● "제대로 왔구먼. 그 양반이 마늘 박사여, 박사. 이 길 따라 쭉 내려가믄 댜."

최문우 할아버지(78·충남 태안군 근흥면)는 마을 주민들 사이에서 '마늘 박사' '육쪽마늘 홍보대사'로 통한다. 50년 넘게 마늘농사를 지으면서 유황마늘 재배법을 전파한 것은 물론 마늘 홍보에도 앞장서 왔기 때문. "큰 행사가 열리면 전국 어디라도 달려갔어요. 만리포해수욕장에서는 띠를 두르고 소포장된 마늘을 공짜로 나눠주기도 하고요."

최 할아버지의 마늘 사랑이 유별난 것은 마늘의 효능을 몸소 체험해서란다. "어릴 적에는 위장이 약해 먹기만 하면 억지 트림을 백번씩 했어요. 그런데 농사짓고부터 마늘을 꾸준히 먹으니까 위장병이 싹 없어졌죠."

마늘의 효능은 곳곳에서 나타났다. 여든을 바라보는 나이에 머리숱이 풍성하고 흑발이 훨씬 많은 것도 마늘 덕이란다. 감기 같은 잔병치레도 하지 않았단다. 대화 도중 최 할아버지가 갑자기 양말을 벗었다. 마늘 우린 물에 족욕을 하다 보니 무좀이 사라졌다며 뽀얀 발바닥을 보여준 것. '예찬이 이 정도면 대체 마늘은 얼마나 많이 드실까?' 하고 궁금해 하던 찰나, 최 할아버지의 밥상이 등장했다. 마늘밭이었다. 마늘장아찌·생마늘·마늘조림처럼 눈에 익은 반찬도 있고 처음 보는 요리도 있었다.

"이건 마늘밥이에요. 콩 대신 마늘이라고 할까? 알이 작은 것만 모아서 넣은 건데 밥맛이 달고 좋아요." 이렇게 자주 먹고 많이 먹으니 집 안 구석구석에서 깐마늘, 통마늘, 전인 마늘들이 항시 대기(?) 중이다. 그중 한 유리병에 시선이 꽂혔다. 여느 장아찌 병과 달리 뚜껑에 '2013. 06. 25'라고 날짜까지 적혀 있는 걸로 보아 뭔가 귀한 냄새가 풍겼다. 올해 처음 담가 본 마늘술이란다. 색은 벌써 노랗게 우러나왔지만, 앞으로 2년이나 숙성시켜야 한다고. "이 좋은 마늘로 만들었으니 2년 뒤면 이게 술이 아니고 약이죠, 약."

쌈

입 크게 벌리고 한입

요새는 고기 먹는 날이 쌈 먹는 날이다. 하우스도 냉장고도 없던 시절엔 사정이 달랐다는 게 어르신들 말씀이다.

"여름날 시골집 밥상이야 풀밭이지. 상추부터 시작해 깻잎, 쑥갓, 김치, 된장, 풋고추, 마늘…. 죄다 풀 이파리나 열매 아니면 뿌리지. 고기? 김치 속 멸치젓이나 보리새우 볶은 반찬도 고기로 쳐주나? 그래도 맛만 좋았지. 주먹만 한 쌈을 입에 밀어넣느라 반찬 투정할 틈도 없었어."

서울 중랑구 망우동에서 20년 넘게 쌈밥집을 하고 있는 유옥희씨(65)의 이야기도 이와 비슷하다. "쌈의 주인공은 건강한 쌈채소"라는 게 유씨의 지론이다. 그래서 쌈채소만큼은 경기 남양주의 유기농가에서 직거래로 구입한다고. 그러나 이미 고기 맛을 알아버린 우리네 입. 더구나 불볕더위에 비지땀 흘리느라 허해진 몸 생각하면 한점 안 씹을 수 있나? 지글거리는 불판 옆에 각색 쌈채소가 놓이자마자 "이럴 땐 다다익선"이라며 이것저것 손에 집어 드는 찰나 유씨의 맏딸 이근희씨(41)가 "이왕이면 다홍치마"라며 밥상머리에 앉아 훈수를 시작한다.

"쌈채소가 거기서 거기인 듯해도 맛과 향이 저마다 달라요. 참, 쌈채

소 이름은 다 아시나요?"

　채소 이름은 다 몰라도 요게 삼겹살이란 건 안다. 이씨는 "삼겹살구이
는 향이 강한 채소, 특히 우리 고유의 산채가 잘 어울린다"며 곰취 · 당
귀 · 신선초를 손에 얹어준다. 쌉싸래한 치콘이나 맵싸한 겨자채도 삼겹
살구이의 고소한 향은 남기면서 느끼한 맛은 확 잡아준다고.

　여름날 인기 보양식 오리고기엔 뭐가 좋을까? 훈제오리구이는 단맛이
감도는 쌈추나 비트잎에 싸먹으면 특유의 풍미가 제대로 산다. 잎 뒷면
이 보라색인 늘보라깻잎도 향이 은은해 좋다고. 생오리구이를 먹을 땐
회향이나 고수 같은 향채소를 곁들이면 누릿한 냄새가 가신다. 매콤한
양념불고기는 휴가철 야외에서도 자주 해먹는 음식. 이건 상추 · 질경
이 · 로즈케일처럼 맛과 질감이 부드러운 채소와 먹어야 양념 맛이 죽지
않는다. 너무 맵다 싶을 때 배추나 쌈추처럼 물이 많은 채소에 싸먹는 것
도 좋은 방법이다. 그제야 눈에 띄는 하얀 쌈무와 까만 생김. 쌈무야 여
느 고깃집에서도 내는 것이니 그렇다 쳐도 아직 밥 먹기엔 이른데 난데
없이 생김이 왜? 이 씨가 직접 쌈을 싸 보이며 설명한다.

　"손에 생김 먼저 올리면 물 안 묻지요. 그 위에 쌈무 얹고 다른 채소 올
리면 뜨거운 밥이나 고기 올려도 끄떡없어요. 당연히 맛도 더 좋고요."

밥이야 뭘로 싼들 맛이 없을까마는 여름에는 숙쌈이 제격이다. 찐 호
박잎이나 양배추잎을 손바닥 위에 척 얹은 다음 밥 한술, 강된장 반술
올려 야무지게 감싸서 입에 넣으면…. 밥 배는 따로 있다는 말이 실감
난다. 머위잎·우엉잎·깻잎도 살짝 쪄 숙쌈으로 먹기 좋은 채소라고.

쌈채소 이름도 알았겠다. 먹는 방법도 배웠겠다. 이번 주말 점심땐 집
에서 '쌈판' 한번 벌여보면 되겠다. 끝으로 이씨에게 마지막 한 수를 청
했다.

"쌈채소 살 때 맛과 향은 따져도 모양은 너무 따지지 마세요. 올여름
날씨 때문에 농민들이 얼마나 고생했는지 모른답니다. 그 정성까지 알
고 먹으면 그냥 쌈이 아니라 보약이 될 거예요."

🌿 우리나라의 쌈 문화 이야기

우리나라는 사시사철 계절의 변화에 맞춰 다양한 쌈을 개발해 왔다.
최근엔 한류열풍과 함께 K-Food(케이-푸드)에 대한 관심이 고조되면
서 쌈의 가치도 재조명되고 있다. 우리나라 쌈 문화의 유래와 특징 등
을 알아본다.

된장·간장 등 발효식품과 함께 우리나라 식문화의 또 다른 특징이 바
로 쌈이다. 우리 조상들은 밭에서 일하다가 즉석에서 채취한 상추와 깻
잎·배춧잎은 물론 산나물을 이용해 다양하게 쌈을 즐겼다. 그렇다면
우리나라의 쌈 문화는 어디서 유래했을까? 우리나라 쌈에 대한 기록은
삼국시대로 거슬러 올라간다. 한치문은 〈해동역사〉를 통해 고구려인들
이 중국에서 무와 함께 쌈으로 먹는 상추를 들여와 재배했다고 밝히고
있다. 또 중국문헌인 〈천록지여(天祿識餘)〉에는 고려사신이 가져온 상
추는 품질이 좋아 천금을 주어야만 그 씨앗을 얻을 수 있다고 해서 천금
채(千金菜)라 불렀다고 기록돼 있다. 이익의 〈성호사설〉, 작자 미상의
〈시의전서〉, 조선 헌종 때 정학유가 지은 〈농가월령가〉 등도 우리나라
에서 쌈이 어떻게 활용됐는가를 잘 보여주고 있다.

조상들은 정월 대보름에 복쌈을 즐겨 먹었다. 우리나라 쌈 문화의 특징을 잘 보여주는 복쌈은 취나물 등에 밥을 싸서 입을 크게 벌리고 먹는 것을 말한다. 입을 크게 벌린 것은 복이 덩굴째 들어온다는 느낌이 들도록 하기 위해서다. 복쌈은 눈을 밝게 하고 생명을 길게 한다고 해서 명쌈이라고도 했다. 이는 복쌈이 영양 면에서 매우 훌륭한 식사가 되는 것과도 관련이 있다. 탄수화물의 주원료인 밥뿐만 아니라 단백질원인 고기나 쌈장 등을 한꺼번에 섭취할 수 있기 때문이다.

그런데 언제부터인가 이러한 쌈 문화를 스스로 과소평가해 드러내놓지 못한 게 사실이다. 심지어 야만스럽게 여기는 의식도 저변에 깔려 있다. 하지만 우리의 쌈 문화를 접한 외국인들은 큰 호기심을 보인다. 미국 시카고 고급 식당가인 클라스트리트에서는 '딤쌈(dim ssam)'이라는 한국식 쌈 메뉴가 인기를 끌고 있고, 뉴욕 맨해튼의 '모모푸쿠 쌈바'는 미국에서 가장 인기 있는 식당으로 자리 잡은 지 오래다. 우리 식문화의 진수이자 매력적인 쌈 문화에 대해 자긍심을 가질 때가 됐다.

쌈채소, 어떻게 손질할까

쌈채소는 흐르는 물에 씻는 게 가장 안전할까? 그렇지 않다. 권찬혁 식품의약품안전처 식품기준과 주무관은 "쌈채소는 받아놓은 물에 5분 정도 담가두었다가 흐르는 물에 헹구는 것이 좋다"고 설명한다. 이렇게 하면 쌈채소 표면이 물에 닿는 시간이 길어져 남아 있을지 모를 흙이나 먼지를 제거하는 데 효과적이기 때문이다.

쌈채소는 쉽게 물러질 수 있어 되도록이면 물을 묻히지 않은 채로 신문지에 싸 냉장 보관하는 것이 좋다. 종이타월 한두 장과 함께 밀폐용기에 넣어두면 보다 오랫동안 싱싱함을 유지할 수 있다. 휴가철 아이스박스에 여러 식재료와 함께 쌈채소를 담을 때 유의해야 할 점도 있다. 권 주무관은 "육류나 생선보다 위쪽에 놓아야 육즙이 흘러 유해한 세균에 의해 쌈채소가 오염되는 것을 막을 수 있다"고 말한다.

색다른 쌈장을 만들어요

모락모락 김 나는 쌀밥과 노릇노릇 구운 삼겹살을 파릇파릇한 상추로 먹음직스럽게 싼 주먹만 한 쌈도 이게 빠지면 영 '아니올시다'다. 반대로 이것만 있으면 모든 재료가 입속에서 착착 감긴다. 게다가 잘 만든 요 녀석 하나면 열 반찬이 부럽지 않다. 쌈 요리의 핵심, 쌈장 얘기다.

쌈장은 된장·고추장과 같은 전통 장류에 갖은 재료를 넣어 만든다. 국립농업과학원 농식품자원부 김태영 박사는 "레시틴 성분이 함유된 된장을 많이 넣으면 콜레스테롤 저하에 좋은 쌈장, 캡사이신 성분이 있는 고추장을 듬뿍 넣으면 지방분해를 돕는 쌈장이 된다"고 설명한다.

몸에 좋은 장류로 만든 쌈장도 단점은 있단다. 짜다는 것. 그러면 염도는 낮으면서 입맛에 꼭 맞는 쌈장을 만드는 방법은 없을까? 다양한 천연 식재료를 썰고 볶고 끓여서 섞어 주면 짠맛은 줄이고 원하는 맛과 향은 더할 수 있다.

아작아작 씹는 맛을 즐기려면 호두·잣·땅콩과 같은 견과류를 으깨넣어 보자. 쫄깃쫄깃한 식감을 느끼려면 다져 볶은 닭고기나 새우가 제격이다. 쌈장에 다진 육류나 해산물을 넣으면 육즙이 장과 어우러져 감칠맛까지 선사한다고.

은근한 단맛을 원하면 다양한 채소를 품은 강된장이 딱이다. 익으면 단맛이 강해지는 파프리카·양파·애호박 등의 채소를 넣어 끓인 강된장은 아이들 입맛에도 안성맞춤! 여기에 콩가루나 쌀가루 같은 곡물가루를 첨가하면 굳이 장을 졸이지 않아도 적당히 되직해진다.

매콤한 게 좋다고? 고추장은 줄이고 대신 송송 썬 청양고추를 넣어 보자. 또 참기름 두세 방울이면 장 특유의 향과 자극적인 맛이 한결 부드러워진다.

이제 쌈 요리의 명품 조연, 저염 쌈장을 식탁에 올릴 차례. 단, 덜 짜다고 너무 많이 먹으면 염도를 낮추려고 쏟아 넣은 재료들이 말짱 도루묵이니 주의하시길!

감자쌈장

【 감자쌈장 】

▶ 재료: 감자 2개, 청양고추 2개, 고추장 1큰술, 된장 ½작은술, 마요네즈 3큰술

▶ 만들기

① 감자는 껍질을 벗기고 큼직하게 썰어서 삶는다. 충분히 익으면 포크로 으깬다.

② 청양고추를 송송 썰어 ①에 넣고, 나머지 고추장 · 된장 · 마요네즈도 넣어 고루 섞는다.

콩가루파프리카강된장

【 콩가루파프리카강된장 】

▶ 재료: 빨강 · 노랑 파프리카 ⅓개씩, 애호박 ¼개, 양파 ½개, 물 1컵, 된장 2큰술, 고추장 ½큰술, 고춧가루 1작은술, 다진 마늘 ½작은술, 콩가루 2~3큰술, 참기름 · 식용유 약간씩

▶ 만들기

① 파프리카 · 애호박 · 양파를 각각 사방 1㎝ 크기로 네모나게 썬다.

② 달군 뚝배기에 식용유를 두르고 ①을 넣어 볶다가 양파가 투명해지면 물과 된장 · 고추장 · 고춧가루 · 마늘을 넣고 끓인다.

③ 재료들이 다 익으면 콩가루를 넣고 한소끔 끓인 다음 불을 끄고 참기름 2~3방울을 넣는다.

검은깨두부쌈장

【 검은깨두부쌈장 】

▶ 재료: 두부 1모, 검은깨 1큰술, 참기름 1작은술, 된장 1¼작은술

▶ 만들기

① 두부는 큼직하게 썰어 끓는 물에 데친 다음 한김 식으면 곱게 으깬다.

② 검은깨를 갈아 ①에 넣고 참기름과 된장을 넣어 고루 섞는다.

【 청양고추멸치쌈장 】

▶ 재료: 국물용 멸치 1컵, 물 3큰술, 국간장 1큰술, 맛술 1큰술, 청양고추 · 홍고추 1개씩, 참깨 1작은술, 참기름 약간

청양고추멸치쌈장

▶ 만들기

① 국물용 멸치는 머리와 내장을 손질하고 나서 잘게 찢는다. 청양고추와 홍고추도 다진다.

② 기름기 없이 달군 팬에 준비한 멸치를 넣고 바삭해질 때까지 볶는다.

③ ②에 물과 국간장 · 맛술을 넣은 다음 다진 청양고추 · 홍고추와 참깨를 넣고 살짝 볶는다. 불을 끄고 참기름 2~3방울을 섞는다.

청국장새우연겨자쌈장

【 청국장새우연겨자쌈장 】

▶ 재료: 청국장 4큰술, 연겨자 1큰술, 설탕 2작은술, 칵테일새우 15마리, 실파 약간

▶ 만들기

① 칵테일새우는 끓는 물에 살짝 데친 후 큼직하게 다진다. 실파는 송송 썬다.

② 넓은 그릇에 ①과 청국장 · 연겨자 · 설탕을 넣고 고루 섞은 다음 종지에 담고 썰어 놓은 실파를 얹는다.

2013년 8월 5일 기사

쌈채소로
건강을 되찾은
최봉선 씨

● "건강하고 행복하게 살고 싶으세요? 그럼 쌈채소를 많이 드세요."

㈜한국식생활문화협회장인 최봉선씨(55·경기수원시 팔달구 교동)의 말에서는 진심이 느껴졌다. 그도 그럴 것이 건강을 잃었던 그녀 자신의 체험에서 우러나왔기 때문이다.

최씨의 기억은 2006년으로 거슬러 올라갔다. 당시 경기장애인복지회 사무총장을 맡고 있던 그녀의 건강은 최악의 상태였다. 사회생활을 하다 보니 밖에서 식사를 하는 경우가 빈번했다.

"쌈채소는 피를 깨끗하게 해주는
최고의 식품이에요."

살이 쪘을 뿐만 아니라 두드러기에 가려움증, 비염, 무릎관절염까지 각종 병들을 달고 살았다. 병원 문턱이 닳게 드나들었고, 약은 끊이지 않았다.

"지인이 '그동안 음식에 들어 있던 화학첨가제가 몸에 들어와 쌓인 탓이니 식생활을 바꾸라'고 권유하더군요. 음식 유혹을 뿌리치기가 힘들었지만 살기 위해 독한 마음을 먹었어요."

그때부터 그녀는 외식을 줄이고 집에서 식사하기 시작했다. 된장과 간장을 집에서 담그고 현미밥을 먹었다. 특히 상추와 깻잎, 치커리 같은 쌈채소 등 채소위주로 식단을 싹 바꿨다. 그러자 4개월 후부터 몸이 편안해지고 건강이 회복되기 시작했다. 지금도 1주일에 3끼씩 8년째 꼬박꼬박 먹고 있다. 최씨에게서 과거의 병은 말끔히 사라졌다. 더욱이 요즘 그녀는 겨울에 감기 한번 걸린 적이 없을 정도로 건강해졌다.

"쌈채소는 피를 깨끗하게 해주는 최고의 식품이에요."

최씨는 이 놀라운 체험을 혼자만 간직하기 아까워 자비를 들여가며 식생활개선교육에 적극 나섰고, 결국 지금의 한국식생활문화협회 활동으로까지 발을 넓혔다.

"어떤 이들은 쌈채소를 먹다가 중간에 포기하기도 하죠. 그런데 병원에 직접 가보세요. 뇌졸중으로 쓰러져 지내는 환자가 되고 싶은가요? 그걸 직접 눈으로 확인하면 '쌈채소를 먹기 싫다'는 생각은 금방 바뀔 겁니다."

매실

오뉴월의 힐링푸드

매실 하면 떠오르는 궁금증이 있다. 바로 '청매(靑梅)'와 '황매(黃梅)'에 관한 것이다. 먼저 청매와 황매 이름에 대한 오해부터 풀자. 둘은 품종 이름이 아니라 수확시기에 따른 명칭이다. 말 그대로 익기 전 파랄 때 따는 매실이 청매고, 익어서 노르스름한 색을 띠는 매실을 황매라 일컫는다. 그래서 청매와 황매가 등장해 사람처럼 대화하는 자리를 마련했다. 청매와 황매의 입을 통해 관련된 궁금증을 조금이라도 해소하기 위해서다.

황매: 청매야, 오늘 한번 따져보자. 자고로 과일은 익어야 제맛이 나지 않겠느냐. 상큼한 맛과 독특한 향, 그것이 나의 장점이라고 자신 있게 말할 수 있지. 음식에서 향을 얻자면 나를 써야 하고, 맛이라면 더 이상 말할 필요도 없다고 확신해.

청매: 황매야, 하나는 알고 둘은 모르는구나. 이 세상 모든 것은 다 용도가 따로 있는 법. 네가 맛과 향 덕분에 술 담그기에 좋다면 나는 과육이 단단해 무르면 안 되는 매실청에 적합하지. 또 아삭거리는

식감은 너에게 없는 것이지. 물론 향기는 너보다 적지만 쉽게 무르지 않아야 할 가공원료로서 나만한 매실이 어디 있니?

황매: 구연산 함량은 너보다 내가 훨씬 많지. 익으면 익을수록 구연산 함량이 높아진다고 알려져 있어. 구연산이 피로회복 등에 도움을 주는 이로운 성분이라는 건 잘 알지?

청매: 반대로 익으면 익을수록 사과산 함량은 떨어지지. 내가 내는 신맛은 바로 사과산에서 나오는 거야. 특히 그 사과산 덕분에 나는 상할 염려가 별로 없다고 당당하게 말하고 싶어. 그도 그렇지만 이 기회에 나에 대한 오해를 바로 잡자고. 행여 내가 몸에 좋지 않다고 생각하는 사람들한테 한마디 할게. 나랑 '녹매(綠梅)'를 혼동하지 말 것! 녹매가 씨가 덜 여문 풋매실인 데 비해 내 씨는 잘 여물어 단단하거든. 녹매로 술을 담그거나 하면 씨에서 '아미그다린'이라는 성분이 나와 자칫 안 좋은 물질을 생성시킬 수 있지만, 나는 그럴 우려가 거의 없다고 봐도 돼. 그러니 조심해야 할 매실은 내가 아니라 바로 녹매야.

황매: 나에 대한 오해도 바로잡자고. 내가 노랗다고 해서 완전히 노란색은 아니야. 녹색이면서 노란색을 띠는 게 나야. 온통 노란 완숙과

와는 엄연히 다르지. 그리고 말야, 소비자들이 나에 대해 잘 모르는 것 같아. 수확 후 유통과정에서 물러질 우려가 크기 때문에 시장에 잘 나오지 않아. 소비자들이 구하기 어렵지. 또 같은 나무에 달렸다고 한날한시에 다 익는 게 아니거든. 기다렸다가 익는 순서대로 골라 따야 하니 농민들이 얼마나 번거롭겠어. 그래도 나를 키우는 농민들이 있다는 것은 나에 대한 기대가 있다는 뜻 아닐까? 소비자들에게 내 존재가 널리 알려지면 날 선택하는 소비자가 생길 테고, 그것은 곧 너와 나를 포함한 전체 매실 시장 확대로 이어질 테니 이보다 더 행복한 경우가 어디 있을까.

청매: 듣고 보니 그러네. 소비자의 취향이나 용도에 따라 너나 나를 고르면 되니까. 오히려 우리 둘이 있음으로 해서 소비자들도 행복할 수 있겠지? 참, 나도 말이야, 상온에서 2~3일 정도만 지나면 너처럼 노래지고 향기도 제법 풍겨. 너와 나, 같은 나무에서 태어나고 자랐기 때문이겠지. 세상에 나가는 시기가 다를 뿐 우리가 어디 남남이겠니.

황매: 그렇구나. 남남처럼 아웅다웅, 이러니 저러니 서로 제 자랑만 할 필요가 없겠구나. 둘 다 똑같이 농민들이 땀 흘려 키웠으니 또 오죽할까. 그러니, 청매야. 우리 사이좋게 어깨동무하고 소비자들을 찾아가 보자고. 그게 농민과 소비자들 모두를 위한 일일거야. 틀림없어.

⬤ 향긋한 매실청·매실주 제대로 알고 담그자

오뉴월 이맘때의 즐거운 일거리. 바로 매실청·매실주 담그기다. 설탕이나 소주와 섞기만 하면 되니 어려울 것도 없다. 하지만 재료 선택부터 익히고 거르고 보관하는 방법까지, 알고 담근 것과 그냥 담근 것은 맛과 향이 하늘과 땅 차이라는데…. 국립농업과학원 발효식품과 정석태 농업연구사에게 배운 '매실청·매실주 성공비법'을 소개한다.

【 새콤달콤 매실청 만들기 】

　매실청은 청매로 담그는 것이 좋다. 막 노란빛이 들기 시작한 것도 괜찮다. 농익어 물러지기 시작하면 과육 속의 유효성분이 깨끗이 우러나지 않거나 도중에 발효가 일어날 수 있다.

▶ 재료: 청매 5kg, 설탕 5kg, 10ℓ들이 유리병이나 항아리(담글 때), 거름망, 과일주스용 페트병(거를 때)

▶ 담그기

① 청매는 깨끗이 씻은 다음 물기를 턴다. 표면에 물기가 약간 있어야 설탕이 빨리 녹으므로 바싹 말리지 않아도 된다.

② 깨끗한 항아리나 유리병에 매실을 먼저 깔고 설탕을 넣어 빈 공간을 채운 다음 다시 매실과 설탕을 켜켜이 깐다. 마지막으로 설탕을 두껍게 덮어 매실이 공기와 접촉하지 않게 한다.

③ 용기 입구를 막는다. 항아리는 맨 위에 접시를 얹어 눌러준 다음 뚜껑을 덮는다. 유리병은 발효가스에 의한 폭발을 막기 위해 마개를 조금 덜 잠근다.

④ 햇볕이 들지 않는 서늘한 곳에 보관하되, 처음 15~20일 동안은 바닥에 가라앉은 설탕이 녹도록 하루 1~2회 저어준다.

▶ 거르기

① 2~3개월 후 설탕이 다 녹고 매실이 쪼글쪼글해지면 거름망으로 청만 걸러낸다.

② 거른 청은 한소끔 후루룩 끓여 살균한 다음 뜨거울 때 병에 붓고 마개를 잠근다. 가정에서는 과일주스용 내열페트병을 쓰면 편리하다. 유리병은 깨질 염려가 있으므로 처음에 조금만 따라 병을 팽창시킨 다음 서서히 나머지를 따른다.

③ 병에 담은 매실청은 서늘한 곳에 둔다. 살균한 것이라 몇 년을 보관해도 변하지 않는다.

황매실주

【 그윽한 매실주 만들기 】

매실주를 담글 땐 익어서 노란빛이 돌기 시작한 황매를 쓰자. 황매는 향기가 좋고 신맛이 덜해 술을 담갔을 때 풍미가 좋다. 단, 관리를 잘못하면 술이 흐려질 수 있다. 청매밖에 없다면 상온에 2~3일 보관했다 쓴다.

▶ 준비하기: 황매 5kg, 20도 소주 15ℓ, 20ℓ들이 유리병이나 항아리(담글 때), 거름망, 설탕 500g, 입구가 좁은 유리병(거를 때)

▶ 담그기

① 황매는 깨끗이 씻은 다음 하루 정도 채반에 펼쳐놓고 바싹 말린다.

② 깨끗한 유리병이나 항아리를 준비한다. 쓰던 항아리는 락스로 소독하고 따뜻한 물로 냄새가 가실 때까지 완전히 헹궈야 한다. 금속용기나 플라스틱은 매실의 산에 의해 부식·변성될 수 있으므로 절대 쓰면 안 된다.

③ 황매를 용기에 담고 소주를 붓는다. 담금주용 소주(30도)를 쓰는 경우 소주 10ℓ에 생수 5ℓ를 섞어 붓거나 거른 후 생수 5ℓ를 더한다.

④ 입구를 단단히 봉한 다음 김치냉장고나 햇볕이 들지 않는 서늘한 곳에 보관한다.

▶거르기

① 100일 정도 후 거름망으로 술만 걸러낸 다음 설탕을 섞어 유리병에 붓고 밀봉한다. 가정에서 매실주를 담글 때 설탕은 술 무게의 3~5%, 꿀은 4~6% 정도를 더하면 적당한 단맛을 낼 수 있다.

② 밀봉한 술병은 서늘한 곳에 둔다. 바로 마셔도 되지만 3~6개월 숙성시키면 맛이 더욱 좋다.

매실, 버릴 게 없네

① 매실주

매실청을 거르고 남은 쪼글쪼글한 매실로 매실주를 담가보자. 20도

매실장아찌

소주를 매실 양의 2배 정도 붓고 15~20일 서늘한 곳에 두면 설탕을 따로 넣지 않아도 새콤달콤한 매실주가 된다.

② 매실장아찌

매실주에서 건진 매실 중 손으로 만져보아 과육이 어느 정도 단단한 것만 추린다. 이를 세로로 4~6등분해 씨를 발라낸 다음 찬물에 헹구고 채반에 널어 2~3일 말린다. 이렇게 말린 과육을 고추장에 버무려 숙성시키면 과육 속의 알코올과 유기산이 어우러져 풍미가 뛰어난 고추장매실장아찌가 된다.

③ 매실잼

잘 익은 황매를 푹 찐 다음 채반에 놓고 손으로 주물러 과육과 씨를 분리한다. 이렇게 얻은 과육을 믹서에 곱게 간 다음 설탕과 펙틴을 섞는다. 과육 1kg당 설탕 1.2kg, 펙틴 20g이면 된다. 설탕의 3분의 1은 미리 과육에 버무리고, 나머지는 불에서 졸이는 동안 나눠 넣으면서 나무주걱으로 저어 준다. 잼이 끓기 시작하면 불을 줄이고 펙틴을 조금씩 넣으면서 잘 풀리도록 젓는다. 숟가락으로 조금 떠서 식힌 다음 얼음물이 든 컵에 떨어뜨렸을 때 완전히 풀어지지 않고 바닥에 닿으면 완성된 것. 이를 소독한 유리병에 뜨거울 때 담고 밀봉한다. 작은 병을 여러 개 준비해 나눠 담는 것이 좋다.

④ 매실베개

매실씨를 푹 삶아 식힌 다음 손으로 비벼 남은 과육을 제거한다. 이를 햇볕에 1주일가량 바싹 말린 다음 뾰족한 양쪽 끝을 전정가위로 잘라낸다. 그런 다음 도톰한 베갯잇으로 싸면 끝. 지압 효과가 있어 숙면을 취하는 데 좋다. 같은 방법으로 발 지압판을 만들어도 된다.

2013년 5월 20일 기사

매실로
참살이(웰빙)하는
의학박사 김용주

● 김용주 의학박사(정형외과 전문의·전남 광
양시 광양읍)를 만난 때는 늦은 저녁이었다. 김
박사의 눈빛은 반짝거렸고 목소리는 힘이 넘쳤
다. 자리에 앉자마자 김 박사가 꺼낸 화두는 참
살이(웰빙)였다.

"매실 문화주 한잔 맛보면
우리 매실에 푹 빠질 겁니다!"

그는 "요즘 참살이는 너무 거창해져 유기농식품이나 헬스클럽 등 돈이 많이 드는 것만 생각한다"며 "우선 마
시는 것부터 바꾸라"고 권한다. 우리 몸의 70%를 차지하면서 신체 대사 및 노폐물 배출에 관여하는 수분의
중요성은 말하지 않아도 누구나 아는 것. 그러니 카페인 음료나 탄산음료를 먹기보다 깨끗한 물을 자주 마시
는 게 좋단다.

"물이 심심해서 싫으세요? 그럼 매실청을 타 먹으세요. 간편하게 매실음료를 만들어 즐길 수 있습니다."

매실은 각종 비타민이 풍부할 뿐 아니라 신맛을 내는 구연산이 입맛을 돋우고 해독 및 항균 작용도 하기 때문
이다. 이런 이유로 김 박사는 오래 전부터 매실청을 가까이하고 있다. 식욕이 떨어지는 여름엔 시원하고 새콤
한 매실음료로 입맛을 돋우고, 기름진 식사와 부족한 운동으로 소화가 되지 않을 땐 따뜻한 매실차로 속을 다
스린다. 아이들이 체했을 때도 매실청을 약 대신 쓸 정도란다.

김 박사는 또 "7년 전부턴 익어서 노란빛이 돌기 시작한 황매로 매실청을 담근다"며 "황매엔 청매보다 비타
민이 2배, 구연산은 10배나 많다"고 강조한다. 황매는 향과 맛도 청매보다 뛰어나다고 한다. 전국 매실의 4
분의 1이 생산되는 광양에선 매실청이 간장이나 식초만큼 흔하다. 매실청을 고기 양념에 넣으면 육질이 부
드러워지고 잡내가 사라지며, 각종 요리에 더하면 감칠맛이 산다. 광양에선 매실청이 '주방의 감초'나 다름없
는 셈이다.

매실청이 쓰이는 데가 또 있다. 바로 '매실 문화주'다. 매실청을 소주에 섞어 마시는 것으로 김 박사는 이를 김
휘석 광양문화원 원장(64)에게 배워 요즘 즐기고 있다. 이렇게 하니 술맛도 좋고 다음날 숙취도 덜하더란다.
광양에선 어느 식당을 가든 "매실청 주세요" 하면 한잔은 그냥 얻어 마실 수 있단다.

"매실 문화주 한잔 맛보면 우리 매실에 푹 빠질 겁니다!" 하고 잔을 권하는 김 박사. 그의 말마따나 한잔 맛보
니 매실을 구해서 장독에 매실청 담글 생각밖에 나지 않았다.

감귤

제주가 키운 국민과일

어릴 적 겨울이면 할머니 옆에 앉아 "아이~ 셔" 하면서도 잘만 까먹던 귤. 그 귤은 이 세상 수많은 감귤류 중 한품종인 온주밀감이란다. 제주에서 나는 감귤의 92%가 이 온주밀감이고, 나머지 8%를 만감류와 금감류가 차지한다고.

엥? 감귤이 귤이고 귤이 밀감 아닌감? 제주도 감귤박사에게 물어보자. "박사님! 밀감은 뭐고 만감은 또 뭐랍니까?" 농촌진흥청 감귤시험장 현재욱 박사가 전화기 너머로 답한다.

"그런 얘긴 제주도에 와서 새콤달콤한 밀감 까먹으면서 들어야 머리에 쏙쏙 들어오는데…." 군침을 달래 가며 들은 설명을 정리하면 이렇다.

감귤은 감귤속 · 금감속 · 탱자속 나무의 열매를 모두 합해 부르는 말이다. 오늘날 세계 100여나라에서 1000여품종의 감귤을 재배한다고. 이들 감귤 가족은 크게 ▲우리나라 대표 감귤인 밀감류 ▲서양의 대표 감귤인 오렌지 ▲유자를 비롯한 시트론 ▲문단 · 자몽처럼 감귤류 중 가장 큰 문단류 ▲식용 감귤 중 가장 작은 금감 ▲신맛의 대명사 레몬 ▲열매를 먹진 않아도 나무를 감귤류 대목으로 쓰는 탱자로 나뉜다.

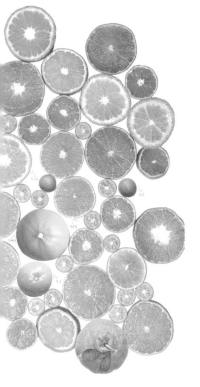

밀감류와 오렌지류를 교잡시켜 만든 품종은 탄골류라고 한다. 〈천혜향〉과 〈청견〉이 대표적이다. 밀감류와 문단류를 교잡시킨 것들은 탄젤로류라고 하는데 국내에서는 보기 힘들다.

감귤 가족의 '출생의 비밀'은 여기서 끝나지 않는다. 〈청견〉과 〈폰칸〉(밀감류)이 만나 탄생시킨 〈한라봉〉, 이 〈한라봉〉과 〈천혜향〉 슬하에서 난 〈황금향〉. 〈한라봉〉이 〈서지향〉(밀감류)과 눈이 맞으면 〈레드향〉….

"이들 교잡종 감귤을 국내에서는 만감류라고 합니다. 완전히 익도록 오래 두었다가 늦게 수확하기 때문이에요."

자, 그러니 우리가 볼 수 있는 국산 감귤들은 이렇게 정리하면 되겠다. 옛날부터 먹던 밀감, 요새 나온 만감류, 껍질째 먹는 금감, 차로 즐기는 유자, 그리고 마지막으로 탱자.

이참에 짚고 갈 게 또 있다. 감귤은 더 이상 겨울 과일이 아니다. 10월이면 노지에서 재배된 극조생 밀감이, 11월 상순부터 이듬해 2월까지는 조생 밀감이 출하된다. 이후 3~4월 월동 밀감에 이어 5~10월에는 하우스 밀감이 나온다. 1년 내내 밀감을 맛볼 수 있는 것이다. 만감류도 가장 먼저 수확하는 〈황금향〉은 이미 끝물. 지금 마트에 가면 탐스러운 〈한라봉〉〈천혜향〉〈레드향〉을 만날 수 있고, 머잖아 2월이면 〈청견〉도 선보인다.

2009년 농진청 조사에 따르면 감귤은 1인당 연간 소비량이 15.4kg으로 국내 과일 중 1위다. 제주가 키워서 온 국민이 즐기는 '국민 과일'이 된 것이다. 그 대표주자는 역시나 밀감이다.

우리네 밀감은 오렌지와 달리 풍부한 단맛에 적당한 신맛까지 갖춰 많이 먹어도 물리지 않는다. 비타민C의 보고임은 물론이요, 다른 감귤에는 없는 베타크립토크산틴이 있어 암 예방에도 효과적이다. 게다가 어디서든 손으로 쉽게 까먹을 수 있다.

감귤공부도 제법 했겠다, 이젠 맛을 볼 차례다. 눈으로 보기만 해도 전해지는 새콤함. 껍질을 벗기자마자 밀려오는 향긋함. 한점 입에 넣으면 온몸을 깨우는 상큼함…. 탱글탱글한 감귤 두어개면 안방이 제주요, 입안이 봄이다.

🌑 감귤의 오해와 상식

밀감의 하얀 속껍질은 벗기지 않고 그냥 먹는 게 좋다. 속껍질에는 우리 몸에 좋은 비타민B1· C · P 등이 들어 있다. 감귤 껍질 안쪽의 흰 섬유 부분에 많은 헤스페리딘이라는 비타민P는 모세혈관을 튼튼하게 하고 동맥경화와 고혈압을 예방하는 데 더없이 좋다. 또한 알맹이를 싸고 있는 속껍질에는 식이섬유인 펙틴성분이 많다. 칼로리가 거의 없으면서 대장 운동 속도를 높여 변비 예방 및 다이어트 효과가 크다.

요즘 유독 손이 노랗게 변하는 사람은 십중팔구 감귤을 좋아하는 사람이다. 이런 사람은 겨울철에도 감기에 잘 걸리지 않고, 생활하는 모습조차 탱글탱글한 감귤 알갱이처럼 상큼발랄하다. 감귤 주스를 자주 먹는 어린이들은 얼굴빛이 일시적으로 노랗게 변할 수 있다.

밀감은 지름에 따라 0호에서 10호로 분류되는데, 농가 소득 보호를 위해 2호(52~54㎜)에서 8호(67~70㎜)까지만 유통할 수 있다. 이밖에 0호(46㎜미만), 1호(46~51㎜), 9호(71~77㎜), 10호(78㎜이상)에 해당하는 밀감은 특정기간(명령시행기간)에 유통할 수 없다. 밀감은 일반적으로 클수록 산도가 낮고, 작을수록 산도가 높다. 6~8호는 산도가 낮아 신맛이 적어 어르신들의 입맛에 맞고, 새콤한 맛이 강한 2~3호는 젊은 여성이나 임산부가 선호한다. 구입할 땐 껍질색이 짙은 주황색을 띠고 둥글납작한 것, 껍질이 얇고 만졌을 때 말랑말랑한 것, 껍질 표면이 매끈하고 촘촘한 느낌이 드는 것, 열매꼭지가 녹색이나 노란색을 띠는 것, 열매꼭지에 붙어 있는 가지가 가는 것, 껍질과 알맹이 사이가 비어 있지 않은 것을 고른다.

감귤은 생것을 그냥 먹어도 되지만 믹서에 갈아 마셔도 좋다. 아침밥을 먹기 전에 감귤주스 한컵씩을 마시면 갈증이 가시고 속이 편안해진다. 또한 감귤은 초콜릿 · 쿠키 · 차 등 다양한 음식으로 만들어 먹을 수 있다.

감귤은 농가에서 수확한 지 2~4일이면 식탁에 오른다. 금방 수확한 것은 신선도가 높지만 신맛이 강하기 때문에 3~4일 집안에 두었다가 먹으면 단맛이 좋게 느껴진다. 온도 5℃와 습도 75% 이상 되는 곳에 보관하는 것이 좋다. 거실같이 너무 건조한 곳에 두면 껍질이 쭈글쭈글해지므로 습도가 높은 곳에 두는 것이 좋다. 신선도 유지를 위해 랩을 씌우거나 비닐봉지에 넣어 보관하는 것도 좋은 방법.

감귤은 껍질부터 알맹이까지 영양소가 가득하다. 감귤 껍질에는 비타민C가 알맹이보다 4배나 많으며, 고지혈증을 예방하는 데 도움을 주는 플라보노이드가 들어 있다. 또 비만을 억제하고 콜레스테롤을 감소시키는 성분이 들어 있다. 지혜로운 우리 선조들은 예부터 감귤 껍질을 한약재로 사용하고, 잘 말렸다가 겨우내 차로 끓여 먹었다.

● 감귤 어디에 좋을까

'비타민의 보고'로 알려진 감귤류. 국내 소비량 1위이자 겨울철 대표 과일인 감귤을 이제는 〈한라봉〉 〈천혜향〉 〈레드향〉 등 만감류의 보급과 시설하우스 재배로 사시사철 맛볼 수 있게 됐다. 최근 미국산 오렌지의 범람으로 소비가 다소 위축됐지만 밀감을 비롯한 국내산 감귤이 여전히 겨울 과일의 최강자로 군림하고 있는 것은 새콤달콤한 맛과 빼어난 효능 덕분이다.

감귤 하면 가장 먼저 떠오르는 것이 비타민C. 비타민C는 겨울철 신진대사를 원활히 해 감기를 예방하며 잇몸과 혈관을 튼튼하게 하고 피부가 거칠어지는 것을 막아 준다. 감귤 100g에는 비타민C 36mg이 함유돼 감귤 두개만 먹어도 성인의 하루 비타민C 요구량인 50mg을 충족시켜 준다. 과일 중 감귤에만 들어 있는 비타민P는 모세혈관을 튼튼하게 해 주고 혈액순환을 촉진시켜 뇌졸중·고혈압·동맥경화 예방에 효과가 있다. 감귤 색소에 포함된 베타카로틴은 항암 및 성인병 억제 등의 효과를 지니며 체내로 흡수되면 비타민A로 변한다.

미국 화학학회의 연구에 따르면 감귤 껍질 속 리모노이드 성분은 암세포 확산을 억제하고, 혈중 콜레스테롤 중에서 나쁜 작용을 하는 저밀도 지질단백질(LDL 콜레스테롤) 수치를 떨어뜨리는 것으로 밝혀졌다. 또한 고지혈증을 예방하는 플라보노이드도 함유돼 있다.

치매 예방을 위해서도 감귤을 자주 먹는 게 좋다. 일본 오카야마대학은 감귤에 들어 있는 베타크립토크산틴이 치매 예방에 효과가 있다는 연구 결과를 발표했는데, 이 성분은 이미 발암 억제와 당뇨병 예방에도 효과가 있는 것으로 알려졌다.

◉ 이색 감귤 가공품

최근 감귤 가공품이 크게 늘고 있다. 좀 더 맛있게 감귤을 맛보기 위한 노력의 하나다. 개발중인 가공품도 많아 앞으로 더욱 종류가 다양해질 듯하다. 최근 선보인 이색적인 감귤 가공품을 소개한다.

감귤필

• 감귤필(Peel)

친환경 재배한 감귤의 껍질을 채 썰고 설탕에 절여 덖어 말린 것이다. 감귤 껍질을 활용하려는 농가들이 늘면서 나온 가공품이다. 술안주용으로 안성맞춤.

• 수제초콜릿

졸인 귤 껍질을 생크림가루 · 카카오가루와 버무려 완자 모양으로 만든다. 그리고 녹차와 감귤가루 · 슈가파우더 등을 덧씌운다. 마지막으로 카카오가루를 뿌려 완성한다. 차진 초콜릿에 〈한라봉〉의 향과 맛이 잘 스며 독특한 맛을 낸다.

건조감귤
(사진=제주도농업기술원)

• 건조감귤

친환경농법으로 생산한 감귤을 잘 씻고 3~4㎜ 두께로 얇게 저민 뒤 50℃에서 30시간 동안 말린 것이다. 생과가 나오지 않는 계절을 비롯해 연중 즐길 수 있다. 과자처럼 파삭파삭한 맛으로 어른들 간식으로도 좋다.

• 한라봉쿠키

말린 〈한라봉〉 분말을 찰현미·보릿가루 등과 일정한 비율로 섞고 쿠키용 버터와 계란노른자 등으로 반죽해 오븐에서 구운 것이다. 아이들의 영양간식으로 알맞다.

● 감귤로 새콤달콤한 요리 만들어요

감귤류는 그냥 먹어도 맛있지만 요리에 활용해도 맛있다. 열을 가하면 더욱 단맛이 날 뿐 아니라 감귤류 특유의 향과 색은 요리를 더욱 화려하게 해준다. 아이들 간식이나 후식으로도 그만. 상큼하고 달콤한 맛이 살아 있어 입맛을 돋우고 비타민이 풍부해 영양까지 챙길 수 있다. 또 껍질 부분을 요리에 활용하면 더욱 향긋해진다. 추운 날씨로 어깨가 움츠러드는 요즘, 무거운 겨울 분위기를 단박에 걷어낼 새콤달콤한 감귤류 요리 세가지를 소개한다.

밀감구이

【 밀감구이 】
▶ 재료: 밀감 6개, 설탕 3큰술, 계핏가루 1작은술, 달걀흰자 1개, 시나몬스틱 3개, 슈가파우더 적당량
▶ 만들기
① 밀감은 껍질을 깐 다음 표면에 달걀흰자를 고루 바른다.
② 설탕과 계핏가루를 섞어 ①에 고루 묻힌 다음 시나몬스틱을 반 잘라 가운데에 꽂아 180℃로 예열된 오븐에서 15~20분 굽는다.
③ 접시에 담아 슈가파우더를 뿌린다.

한라봉크림핫케이크

【 한라봉크림핫케이크 】
▶ 재료: 핫케이크 믹스 250g, 〈한라봉〉 간 것 1컵, 〈한라봉〉 껍질 간 것 ½개 분량, 〈한라봉〉 1개, 달걀 1개, 〈한라봉〉 크림(생크림 ½컵, 설탕 2작은술, 〈한라봉〉 껍질 간 것 ½개 분량)

▶ 만들기

① 볼에 〈한라봉〉 간 것과 껍질 간 것, 달걀, 핫케이크 믹스를 넣어 반
   죽한다.

② 볼에 생크림과 설탕을 넣어 거품기로 젓는다. 거꾸로 들어도 떨어
   지지 않을 정도가 되면 〈한라봉〉 껍질 간 것을 넣어 〈한라봉〉 크림
   을 만든다.

③ 달군 팬에 포도씨유를 약간 두르고 ①의 반죽을 한 국자씩 떠넣어 노
   릇하게 굽는다. 구운 핫케이크에 ②와 〈한라봉〉 과육을 곁들인다.

【 밀감젤리 】

밀감젤리

▶ 재료: 밀감 6개, 판젤라틴 7장, 설탕 ½큰술

▶ 만들기

① 밀감은 껍질을 벗기고 믹서에 곱게 갈아 설탕과 섞는다.

② 젤라틴을 물에 넣고 불려 물기를 꼭 짜 중탕해 녹인 다음 곱게 간 밀
   감에 넣고 고루 섞는다.

③ ②를 모양틀에 담아 냉장고에 넣고 4~5시간 동안 차갑게 굳힌 뒤 틀
   에서 빼내 그릇에 담아낸다.

2013년 1월 21일 기사

국내최초
'감귤와인'
개발한
강동협·노상희씨
부부

"*감귤와인 한잔 마셔 보실래요?
독특한 매력을 느낄 겁니다.*"

● "감귤와인 한잔 마셔 보실래요? 독특한 매력을 느낄 겁니다."

국내 처음으로 감귤와인을 만들었을 뿐 아니라 감귤와인 제조과정을 이색적인 체험프로그램으로 만들어 제주도를 방문하는 관광객들에게 제공하고 있는 제주시 한경면 저지리의 강동협(43)·노상희씨(41) 부부.

강씨 부부는 대를 이어 하우스감귤 6600㎡(2000평)에다 노지감귤 3300㎡(1000평) 등 모두 1만3212㎡(4000평)의 농사를 지으면서도 감귤의 맛을 다양화하고 부가가치를 높이는 데 누구보다 앞장서고 있다. 카페테리아처럼 단장한 감귤와인 매장과 체험장은 깔끔하면서도 제주에서만 맛볼 수 있는 정취가 물씬 풍긴다.

이번에는 수제품 〈마시카(Masica·'마실래'의 제주 사투리)〉라는 감귤와인을 새롭게 내놓았다. 〈마시카〉는 감귤와인 체험프로그램에 참여한 관광객들이 제조한 감귤와인에도 똑같이 붙게 되는 상표다. 이는 제주도를 방문하는 관광객들이 감귤와인을 직접 만들어 보면 제주 감귤에 대한 애정이 더욱 커질 것이라는 판단 때문이다. 이를 위해 강씨 부부는 일반인들이 감귤와인을 직접 만들 수 있도록 모든 시설을 갖춘 660㎡(200평) 규모의 체험장도 마련했다. 이 체험장은 하루 30~40명을 수용할 수 있는 규모이다.

이렇게 강씨 부부가 감귤와인을 자신 있게 내놓고 일반인들이 체험할 수 있는 프로그램까지 만들 수 있었던 데는 특이한 경력이 한몫했다. 강씨는 감귤농사를 지으면서 10여년간 과일주류회사에 근무했다. 이때 생과의 멸균처리기술과 술을 만드는 핵심요소인 효모에 눈을 뜰 수 있었다는 것. 지금은 감귤와인을 담그는 데 적합한 효모 3종류를 포함해 모두 15종류의 효모를 갖고 있다.

감귤와인 체험장에서는 하루 4~5시간 동안 감귤을 씻고 껍질을 까며 파쇄와 멸균, 병에 담는 과정 등을 경험해 볼 수 있다. 이후 발효·숙성을 거쳐 6개월 후 알코올 11%의 산뜻하면서도 깊은 맛의 감귤와인을 택배로 받게 된다.

강씨 부부는 앞으로는 감귤 증류주도 만들 계획이다. "한해 외국인관광객 200만명을 포함해 1200만명이 제주도를 방문하는데 특별한 체험거리가 없어 안타까웠다"는 강씨 부부는 "감귤와인 체험·대중화에 열정을 바칠 것"이라고 말했다.

시래기

이젠 귀하신 몸

때는 옛날 하고도 오래전 어느 날, 장소는 아마도 어느 산골짝 마을. 아무개는 먹고살기가 하 고생스러워 새끼를 들고 뒷산에 올랐다. 올가미를 지어 목에 걸치는데, 차디찬 손이 홱 낚아채면서 호통을 치더란다.

"임마! 시래기 스무동을 타고난 놈이 이제 간신히 석동 먹고는, 나머지는 누구더러 먹으라고 죽으려는 거야?"

일설에는 이렇게 속삭였다고도 한다.

"시래기 다섯동을 타고나서 이제 석동 먹었으니 좀 참아 봐."

아무튼, 석동은 더 먹었겠거니 하고 다시 올가미를 쓴 아무개에게 이번에도 그 목소리가 말했다.

"스무동 디고난 놈이 이제 간신히 다섯동 먹고 죽으면 어떡해?"

"앞서는 다섯동이라더니 이제 와 스무동이 웬 소리요?"

"그때 스무동이라고 하면 진짜 죽어버릴까 봐 그랬지."

전해오는 옛이야기를 모은 〈이훈종의 사랑방이야기〉(이훈종 지음, 전통문화연구회)의 한 토막을 옮겨 봤다. 고생길에 들어 죽도 살도 못하던 사람들이 자조적으로 주고받던 이야기란다. 못생긴 사람을 두고 '시래

기뭉치'라 하는 것도, 물론 물에서 건져 꽉 짜 뭉친 시래기가 워낙 볼품 없기 때문이기도 하지만, 어쩌면 스무동이나 먹어야 했던 시래기가 그 만 딱 보기 싫어서가 아니었을까.

그랬던 시래기가 요즘 인기 절정이다. 여러 지자체에서 시래기 상품 화에 나섰고, 강원 양구나 홍천에선 시래기로 축제도 한다. 신문 기사며 방송 뉴스도 시래기 소식을 실어 나르고, 전국 곳곳에 시래기 전문 음식 점도 생겼다. 먹을 게 없어서 신물 나게 먹던 구황음식, 배 좀 부르고 나 선 안 먹고 버리던 부산물에서 웰빙 음식의 대표 주자로 거듭난 것이다.

물론 시래기는 몸에 좋다. 무보다는 그 위에 달린 무청이, 그냥 무청 보다는 이를 말린 무시래기에 비타민과 미네랄이 풍부하다. 더구나 시 래기는 식이섬유소 덩어리다. 몸에 들어오면 물을 먹고 부풀어 오른다. 그래서 변을 보기 쉽게 만든다. 그뿐인가. 몸에 나쁜 독소와 노폐물도 함께 배출시킨다. 한마디로 우리 몸을 가볍고 깨끗하게 해주는 것이다.

어디라도 좋다. 온갖 것들 심고 거둔 끝에 이제야 한적해진 어느 시골 마을로 가 보시라. 누군가의 고향인 그곳의 빈 밭 가장자리나 낮은 담장 그늘이나 낡은 처마 아래, 덕에 널리거나 줄에 매여 시들시들 말라가는 그것이 무엇인가. 안 그래도 곱은 손이 칼바람에 잘 펴지지도 않는데, 어머니는 무 이파리며 배추 우거지가 뭣이나 된다고 고이 거두고 때론 데쳐서 볕에 바랠세라 눈에 얼세라 이리 걸었다가 저리 뒤집었다가….

"그냥 주면 요새 애들이 먹을 줄이나 아나. 푹 삶아서 한나절 찬물에 담가 놨다가 물기 꼭 짜고 된장에 조물조물 무쳐서 한번 먹을 만치씩 나눠서 비닐봉지에 싸 주면 냉동실에 넣어 두고 끓여 먹는다더라. 우리 며느리한테도 그래 줄라고."

첫눈이 드문드문 남은 강원도의 어느 마을에서 만난, 어느 일복 많은 시어머님 이야기다. 먹을 복 많은 그 며느님, 머잖아 밥상에 식구 수대로 뜨끈한 시래깃국 한그릇씩 차려내겠다. 사락사락 눈이라도 내리는 저녁이면 더 좋겠다.

🌿 시래기 맛있게 먹으려면?

과거에는 배고픔을 달래 주었던 시래기가 지금은 겨울철 건강식으로 주목받고 있다. 시래기를 만드는 데 쓰는 무청은 서리를 맞으며 자란 게 좋다. 이 무청을 우선 가지런히 손질하고서 통풍이 잘되면서도 햇빛이 직접 비치지 않는 비닐하우스나 아파트 베란다 등에서 충분히 말린다. 보통 12월 초에 채취한 무청을 비닐하우스에 걸어두면 이듬해 1월 초·중순까지 얼었다 녹기를 반복하면서 숙성되고 자연스럽게 마른다. 무청을 삶아 말리기도 한다. 무청을 삶을 때는 소금을 약간 넣으면 빛깔이 그대로 살아 있게 된다. 탄산나트륨, 일명 '소다'는 영양소를 파괴할 수 있어 피한다. 시래기를 삶을 때는 가마솥이 좋지만, 압력밥솥을 이용해도 된다. 압력밥솥으로 삶을 때는 시래기를 넣고 나서 떡을 찔 때 쓰는 용기로 잘 눌러 시래기가 끓으면서 위로 올라오지 않도록 하고 25~30분 정도 삶는다. 삶은 시래기의 경우 겉껍질을 벗기고 나서 햇볕이 잘 드는 곳에서 완전히 말려 나중에 무침용으로 사용해도 좋다. 또한 이를 말리지 않고 비닐 등에 담아 냉동상태로 보관해뒀다가 찌개나 국에 활용할 수 있다.

보관할 때는 과일 상자 등에 담아 그늘에 두자. 그러면 원형대로 보관할 수 있다. 더욱 안전하게 오랫동안 시래기를 즐기려면 공기가 통하지 않는 비닐팩에 넣고 냉장고 등에 일정한 온도로 저장하는 게 좋다. 말린 시래기는 습도가 높으면 곰팡이가 생기거나 부패할 수 있어 주의한다. 삶은 시래기는 비닐 팩에 넣고 영하 20℃ 전후에서 얼려 보관하기도 한다. 냉동 보관할 때는 물기가 없으면 질겨질 수 있다. 물기가 조금 남아 있는 상태로 얼리면 연하면서도 맛있는 시래기를 즐길 수 있다.

집에서 만들기 어렵다면 말린 시래기를 시장에서 사야 한다. 자잘한 벌레가 있다면 보관을 잘못한 것이므로 사지 말 것. 말린 시래기는 색이 누렇다. 볕에 말리면서 색이 변한 것인데 불려서 삶으면 다시 원래 색으로 돌아온다. 데친 시래기라면 반드시 냄새를 맡아 쉰내 또는 군내가 없는 것을 골라 끓는 물에 한번 데쳐서 사용하는 게 좋다. 대부분 살짝 삶아 팔기 때문에 그냥 사용하면 질겨서 맛이 없을 수 있다.

시래기 만들기 체험에 참여한 관광객들
(사진＝양구군)

말린 시래기는 쌀뜨물에 삶은 다음 그 물에 반나절 정도 담가두었다가 요리하는 게 좋다. 쌀뜨물이 시래기의 잡내와 아린맛을 없애주기 때문. 미지근한 물에 하루 정도 담가 부드럽게 한 후 다시 삶아서 찬물에 우려도 군내를 없앨 수 있다.

시래기를 양념하거나 무르게 지질 때, 또는 국을 끓일 때는 고추장·된장·국간장을 이용한다. 시래기를 볶거나 조린다면 액젓이나 참치액을 사용해 보자. 감칠맛을 낼 뿐 아니라 오래 볶거나 조리지 않아도 질기지 않고 부드럽게 조리할 수 있다. 시래기 요리는 된장·고추장·국간장, 액젓 등으로 미리 조물조물 무쳐 밑간을 충분히 한 후 조리할 것. 간이 겉돌면 시래기의 질감이 질기고 맛이 제대로 우러나지 않는다.

🌿 지자체, 시래기 상품화 각축

최근 시래기가 웰빙 건강식품으로 알려지면서 지자체들마다 앞다퉈 시래기 상품화에 뛰어들고 있다. 맨 먼저 시래기의 본고장을 자처하며 나선 지자체는 강원 양구군. 커다란 화채 그릇을 닮았다 하여 일명 '펀치볼'로 불리는 양구군 해안면은 서늘한 고랭지 기후와 적절하게 불어오는 바람으로 무청을 말리는 데 있어 최적지로 꼽힌다. 양구 시래기는 덕장에서 두달가량 서리를 맞으며 하루에도 몇번씩 얼었다 녹았다를 반복해 부드럽고 연한 까닭에 소비자들이 즐겨 찾는다. 강원 홍천군의 친환경 무청 시래기도 소비자들로부터 호평을 얻고 있다. 배추의 주산지 전남 해남군은 무청 시래기뿐아니라 배추 우거지도 생산한다.

🌿 시래기로 건강한 밥상 차려요

요리연구가 이보은씨는 "시래기는 비타민D와 식이섬유가 풍부해 건강에도 매우 좋은 식품"이라며 "동태나 꾸둑꾸둑하게 말린 대구·가자미 등의 생선을 활용하는 요리에 콩나물 대신 사용하면 씹는 느낌도 좋고 구수한 맛을 느낄 수 있다"고 말했다. 조림이나 찌개뿐 아니라 볶음 요리나 각종 고기 요리와도 잘 어울린다. 아이들을 위해서는 삶은 시래기와 견과류를 잘게 썰어 파·마늘·깨소금·간장 등으로 양념해 섞은 소로 만두를 빚어 보자. 한번 쪄낸 다음 군만두로 요리하면 아이들 간식으로 손색이 없다.

시래기생두부무침

【 시래기생두부무침 】
▶ 재료: 시래기 250g, 생두부 ½모, 국간장·참치액 1작은술씩, 다진 마늘 1큰술, 청주 1큰술, 대파 1대, 붉은 고추 1개, 소금 약간
▶ 만들기
① 시래기는 끓는 물에 부드럽게 삶아 찬물에 여러 번 헹궈 물기를 꼭 짜고 2㎝ 길이로 썬다.
② 생두부는 찬물에 헹궈 물기를 빼고 체에 으깨 내린다.
③ 시래기에 국간장과 참치액, 다진 마늘, 청주를 넣은 다음 조물조물 무쳐 30분 정도 간이 배도록 둔다.
④ 기름을 두른 팬에 간이 밴 시래기를 넣고 볶아 나른하게 만든다.
⑤ 생두부 으깬 것을 넣고 버무린 후 송송 썬 붉은 고추와 대파를 넣는다.

동태시래기찜

【 동태시래기찜 】
▶ 재료: 동태 1마리, 시래기 200g, 쪽파 5대, 붉은 고추 1개, 양파 ¼개, 청양고추 2개, 된장·고춧가루 1작은술씩, 다진 마늘 1큰술, 다진 생강·참기름 ½작은술씩, 소금 약간, 다시마 우린 물 1컵
▶ 만들기
① 동태는 해동해 비늘을 긁어내고 내장과 알을 꺼내 옅은 소금물에 씻어 4㎝ 길이로 토막 낸다. 동태 머리와 지리, 알은 버리지 말고 소금물에 헹궈 건진다.
② 시래기는 삶아 찬물에 헹군 다음 물기를 꼭 짠 후 4㎝ 길이로 자른다.
③ 붉은 고추, 청양고추는 썰어 씨를 털고 양파는 굵게 채 썬다. 쪽파

는 씻어서 4㎝ 길이로 썬다. 시래기는 된장 · 고춧가루로 양념한다.

④ 시래기를 편평하게 깔고 그 위에 동태살과 동태머리, 알, 지리를 올린다. 마늘과 생강, 참기름으로 양념한 다음 다시마 우린 물을 붓고 뚜껑을 덮어 중간불에서 찐다.

⑤ 동태살이 익으면 쪽파, 붉은 고추, 청양고추, 양파를 올리고 국물을 끼얹어 가면서 약한 불에서 찐다.

⑥ 은근하게 찌다가 동태와 시래기가 부드럽게 익으면 소금으로 간을 맞춘다.

【 시래기무밥 】

시래기무밥

▸ 재료: 시래기 150g, 무 100g, 멥쌀 1½컵, 물 1⅖컵, 소금 약간, 들기름 1작은술, 김미나리양념장(구운 김 1장, 미나리 30g, 간장 · 다시마 우린 물 각 2큰술씩, 고운 고춧가루 · 다진 마늘 · 맛술 · 들기름 1작은술씩, 들깻가루 1큰술)

▸ 만들기

① 시래기는 부드럽게 삶아 찬물에 담가 군내를 없앤 후 여러 번 물에 헹궈 건져 1㎝ 길이로 송송 썬다.

② 무는 씻어서 3㎝ 길이로 채 썬다.

③ 쌀은 씻어 물에 30분 정도 담가 불린 후 체에 건져 젖은 면보를 덮어 1시간 이상 충분히 불린다.

④ 솥에 들기름을 두르고 시래기와 무, 쌀을 넣고 볶아 쌀 알갱이가 투명하게 익으면 분량의 물을 붓고 밥을 짓는다. 밥물이 잦아들면 불을 줄여 뜸을 들인다.

⑤ 구운 김을 잘게 부수고 미나리를 송송 썰어 나머지 양념장 재료를 넣어 양념장을 만든다.

⑥ 뜸을 들인 시래기무밥을 뒤섞어 그릇에 담고 양념장을 곁들인다.

2012년 12월 3일 기사

'자연건강 전도사'
임락경의 시래기 예찬

"시래기 꾸준히 먹으면 대장암도 예방할 수 있어요."

● "어렸을 적에 배 아프다고 하면 어른들이 '3년 묵은 시래기 삶아 먹어라' 그랬어요. 제가 아는 한약사도 시래기와 말린 미나리로만 약을 지어 온갖 병을 고칩니다. 얼었다 녹았다 하며 서서히 마르는 동안 영양소 함량이 높아지고 눈에는 안 보이지만 몸에 좋은 미생물도 많이 생기지요."

보름 전 김장하며 널어둔 무시래기를 살펴보며 임락경 목사(67·강원 화천군 사내면 시골교회)가 이야기한다. 임 목사는 〈흥부처럼 먹어라, 그래야 병 안 난다〉(농민신문사)의 저자로 친환경 농업과 바른 먹거리에 관심 있는 이들 사이에서 '자연건강 전도사' '돌파리(突破理·이치를 몸소 부딪혀 깨달은 사람)'로 유명하다.

시래기의 영양과 효능은 이미 널리 알려져 있다. 칼슘 함량이 높아 성장기 어린이의 골격형성과 갱년기 여성의 골다공증 예방에 좋고, 철분이 많아 빈혈을 개선하는 데도 효과적이다. 또 하나, 식이섬유소를 빼놓을 수 없다. 시래기에 풍부한 식이섬유소는 배변을 원활하게 해 독성물질이 대장에 머무르는 시간을 줄여준다. 그래서 임 목사도 "겨우내 시래기밥과 시래깃국을 꾸준히 먹으면 변비는 걱정거리도 아니고 대장암도 예방할 수 있다"고 말한다.

예전과 달리 요샌 사철 온갖 채소를 먹을 수 있는데 아직도 '겨우내' 시래기를 먹어야 한다? 그의 설명이 이어진다. "철모르는 사람들이 겨울에도 봄나물이며 열매채소를 찾지요. 봄에 나는 잎채소는 봄에, 여름에 나는 열매채소는 여름에 먹어야 합니다. 그럼 겨울에는 무얼 먹어야 하나? 무·도라지·마늘·생강·양파 같은 뿌리채소와 가을에 말린 나물, 특히 그늘에서 잘 말린 시래기를 먹어야 몸을 따뜻하게 유지하고 잡병을 물리칠 수 있어요."

그는 겨울철 건강을 위해 시래기와 함께 무도 가까이 할 것을 권한다. 성질이 따뜻해 기침감기 예방에 특히 좋다는 것. "시래깃국 끓일 때 무를 넣으면 맛이 한결 개운해진다"는 귀띔도 곁들인다.

"시래기가 생각보다 질겨요. 그래서 오래도록 끓여야 하는데, 이 때문에 청국장보다 된장과 어울립니다. 된장은 청국장과 달리 끓일수록 맛이 좋아지거든요. 그러면 영양소가 파괴되지 않느냐고요? 시간이 지날수록 해로운 균은 죽고 이로운 균이 이깁니다. 오래된 발효식품이 그래서 값어치가 있는 것이지요."

기름

고소한 건강 한방울

한 인터넷 포털사이트의 우수 블로그를 운영하는 '파리아줌마(필명)'가 얼마 전 반가운 소식을 전해왔다. 우리나라의 참기름과 들기름이 프랑스 농산물개발협회가 주최한 '세계의 기름 콩쿠르'에서 금상과 은상에 나란히 올랐다는 것이었다. 20년 동안 향수병으로 고생했다는 '파리아줌마'는 우리나라의 참기름과 들기름이 까다롭기로 소문난 프랑스인들의 입맛을 완전히 사로잡았다며 감탄과 놀라움을 금치 못했다. 무엇이 프랑스인들의 입맛을 사로잡았을까? 이참에 참기름과 들기름을 제대로 한번 알아보기로 했다. 먼저 금상을 받은 참기름은 참깨에서 채취하는 것으로 고소한 냄새가 일품이다. 참기름은 단순 불포화지방산인 올레산(오메가-9)이 지방산의 40%를 차지한다. 올레산은 몸에 좋은 고밀도 콜레스테롤(HDL)의 수치를 높여 주지만, 혈관을 막는 저밀도 콜레스테롤(LDL)의 수치는 낮춰 준다.

또 지방산의 45%에 달하는 리놀레산(오메가-6)은 남성호르몬 분비를 활발하게 하고 스트레스를 완화하는 작용을 한다. 또 참깨의 리그난 성분은 참기름을 상온에 보관해도 산패되거나 변성되는 것을 막아준다.

참기름은 여러 가지 필수 아미노산을 포함하고 있는 단백질은 물론 비타민E의 함량도 높다. 그 자체로 완벽한 영양의 조화를 갖춘 것이다. 그러다 보니 합당한 평가를 받은 듯했다. 참기름은 보통 음식의 풍미를 더해주는 것으로 마지막 단계에서 양념으로 사용하면 좋다.

그런데 들기름이 은상을 받은 것은 아무도 예상하지 못한 성과로 평가되고 있다. 보통 깻잎을 생산하고자 재배하는 들깨에서 채취하는 들기름은 한국·일본·중국 등 동아시아권에서 주로 먹는다. 사실 알고 보면 우리나라에서 대부분 생산되고 활용된다. 그래서 우리나라 고유의 기름이라고 해도 지나친 말이 아니다. 놀랍게도 들기름의 지방산은 알파-리놀렌산(오메가-3)이 60%를 차지한다. 여기에다 리놀레산(오메가-6)이 14%, 올레산(오메가-9) 20% 등으로 구성돼 있다. 사람에게 유익한 성분인 오메가-3·6·9 성분이 모두 포함된 데다 비율도 이상적이다. 들기름에 다량 함유된 오메가-3는 항암효과는 물론 동맥경화와 고혈압 예방·치료에다 칼슘 철분도 풍부해 성장기의 어린이나 노인들에게도 좋다.

다만 들기름은 상온에서 보관하면 산화되기 쉬운 게 단점이다. 나물을 볶거나 무칠 때, 샐러드드레싱과 찌개를 만들 때 맛과 영양을 높이는 용도로 활용한다. 특히 건강을 위해서는 오메가-3와 오메가-6의 비율이 가장 중요하다. 따라서 오메가-3가풍부한 들기름과 오메가-6가 많은 참기름을 50대 50, 30대 70 등의 비율로 섞어 활용하면 기름의 고유 기능을 살리면서도 단점을 보완할 수 있다. 취재를 하면서 우연히 프랑스에서 열린 '세계의 기름 콩쿠르'에 출품된 참기름·들기름을 제조하는 업체 관계자를 만났다. 그는 우리의 참기름과 들기름은 먹거리 한류를 이끌어 갈 소중한 자원이라는 강한 신념을 갖고 있었다.

기름을 오래 두고 먹으려면?

불포화지방산이 많은 식물성 기름은 공기·빛·고온에 장시간 방치됐을 때 냄새와 함께 맛이 나빠지거나 색깔이 변하는 산패 현상이 빠르게 진행된다. 따라서 빛이 없는 어두운 곳에 보관하고 고온·고열 역시

피하도록 한다. 물이나 음식물 찌꺼기가 들어가지 않도록 하고, 사용 후 반드시 뚜껑을 닫아 놓는다. 참기름을 포함한 식용유의 유통기한은 개봉 전 1년~1년 6개월이지만, 개봉 후에는 가능한 한 빨리 사용하도록 한다. 한번 튀김에 사용한 기름은 가급적 재사용하지 않는 것이 좋다. 사용하고 남은 기름은 미세한 여과지로 걸러 깨끗한 상태로 유리병에 밀봉해 보관한다.

참기름은 밀봉해 햇빛에 노출되지 않으며 바람이 잘 통하고 습기가 적은 곳, 온도 변화가 없는 곳에 보관한다. 입구가 좁고 색깔이 짙은 병에 여러 개로 나눠 밀봉한 뒤 냉장 보관해도 괜찮다.

참기름을 냉장 보관하면 응고되는 현상이 발생할 수 있으나 사용 전에 상온에 꺼내 놓으면 원래의 상태로 돌아간다. 상온에서 보관하려면 소금 항아리에 참기름 병을 묻어 놓아도 좋고, 참기름 병에 굵은 소금 한 스푼을 넣어 놓으면 소금은 참기름에 녹지 않기 때문에 맛이 짜지거나 변하지 않으면서 참기름 특유의 고소한 향과 맛을 신선하게 오래 보관할 수 있다.

들기름은 참기름에 비해 산패가 더 빠르므로 냉장고에 보관하되 1개월 이내에 사용하도록 한다. 1개월이 지나면 오메가-3 지방산인 알파-리놀렌산의 산패가 시작되므로 냉장고에 보관해 놓고 개봉하지 않았더라도 3개월 이상 된 것은 먹지 않는 것이 좋다. 상온에 보관할 때는 소금 항아리에 넣어두고 들기름과 참기름을 8대 2 비율로 섞어 주거나 마른 고추와 함께 넣어 보관하면 좀더 오래 보관할 수 있다.

종류별 식용유, 제대로 쓰자

• 식용유 종류와 특징

콩기름 · 옥수수기름
고소하면서도 담백해 음식 고유의 풍미를 해치지 않는다. 튀김 · 볶음 · 부침 등 조리 온도가 높은 음식에 적합.

올리브유

몸에 좋은 오메가-9지방산이 풍부. 샐러드드레싱이나 빵을 찍어 먹는 용도로 적합. 고온 요리에는 부적합.

포도씨유

오메가-6지방산이 풍부. 향이 깔끔해 모든 요리에 적합. 산패속도가 느려 튀김 용으로 여러 번 써도 된다.

현미유(쌀눈유)

현미의 영양성분을 함유. 향이 고소하고 맛이 깔끔하다. 볶음 · 부침 · 샐러드 등에 두루 쓸 수 있다.

카놀라유(채종유)

오메가-3지방산이 풍부. 발연점이 높아 튀김 요리에 특히 좋고, 바삭바삭한 맛도 살릴 수 있다.

해바라기유

맛이 깔끔하고 산뜻하며 비타민E(토코페롤)가 풍부. 튀김 · 볶음을 비롯한 여러 요리에 사용 가능.

이색 기름을 소개합니다

　요리에 기름을 사용하는 것이 건강의 적인 양 생각되는 요즘, 그렇다고 전혀 기름을 사용하지 않은 음식을 먹는 게 어디 그리 쉬운가. 게다가 모든 기름이 다 똑같지는 않다. 건강에 도움 되는 기름도 있다는 것. 구하기가 쉽지 않고 가격이 비싼 게 흠이라면 흠이다. 민간요법으로, 요리연구가만의 비법으로 사용되는 이색 기름을 모았다.

• 녹차씨기름

　차나무 씨를 압착해 얻는다. 카테킨 · 사포닌 같은 노화예방 성분이 풍부하게 들어 있어 건강 식용유로 인기가 높다. 물처럼 맑고 냄새도 거의 없어서 요리하면 느끼하지 않고 깔끔하다. 항산화물질인 토코페롤과 스쿠알렌이 다량 함유돼 있다. 특히 스쿠알렌을 2.37% 함유하고 있는데,

이는 올리브유가 함유한 양보다 10배 이상 많은 것이다. 스쿠알렌은 피부 산소공급, 항산화작용, 피부 탄력 유지에 탁월한 효과를 보인다. 이밖에 진통 작용과 살균 작용도 하는 것으로 알려져 있다.

녹차씨기름은 혈중 콜레스테롤을 억제하고 장기적으로는 체력을 향상시킨다고도 한다. 올리브유와 성분 조성이 비슷해 고급 샐러드유나 드레싱오일로 활용할 수 있다. 나물을 무치거나 샐러드드레싱을 만들 때 요긴하다.

고추씨

• 고추씨기름

고추씨로 만든 기름으로 고추기름과 다르다. 고추기름은 마른 고추를 기름에 볶아서 만든다. 고추씨기름은 느끼하지 않은 매운맛이 특징이다. 고추의 매운맛을 내는 성분인 캡사이신이 지방을 태우고 신진대사율을 높인다는 것은 알려진 사실. 캡사이신은 고추씨에 가장 많이 들어 있다. 찌개류나 볶음국수를 만들 때 활용하면 칼칼하면서도 톡 쏘는 듯한 매운맛을 낼 수 있다.

• 산초기름

산초는 예로부터 소염, 식욕증진, 냉증 완화 등에 효능이 있는 것으로 정평이 나 있다. 산초의 겉껍질은 분말로 해 추어탕과 같은 음식의 양념으로 활용하고 속에 든 열매를 압착해 기름을 짠다. 산초기름에는 올레인산과 리놀산 같은 불포화지방산이 많이 함유돼 있다. 민간요법으로는 산초기름이 소화기 계통 질환에 효과가 있는 것으로 알려져 있다. 위장병, 기관지 천식에 좋으며 특히 소화기암 환자는 하루에 두번, 식사 후 작은 한숟갈을 복용하면 효과를 볼 수 있다.

산초 열매는 냄새가 독특하지만 산초기름은 박하향 비슷한 향이 난다. 한번 입맛을 들이면 중독성이 있다. 스님들은 사찰 음식에 주로 활용한다. 부침이나 볶음 요리에 활용하면 향과 맛이 좋아 산초기름으로 부친 두부부침을 선보이는 식당도 인기다. 들기름과 함께 요리에 활용해도 그만이다.

홍화씨

• 홍화씨기름

홍화는 노란색과 붉은색이 우러나는 잇꽃을 한방에서 부르는 이름이다. 본래 꽃을 염료로만 이용했지만 홍화씨의 효능이 알려지면서 약용으로 재배한 지 오래다. 홍화는 약성이 따뜻해 피를 맑게 해준다.

홍화씨는 골절과 골수염·골다공증 치료에 탁월한 효과를 나타낸다. 홍화씨로부터 추출한 기름은 불포화지방산이 76%나 함유돼 있어 고혈압과 동맥경화의 원인이 되는 콜레스테롤 수치를 크게 낮춘다고 알려져 있다. 통증 완화에도 도움이 된다고 한다. 홍화씨유는 참기름 못지않게 식용유로서의 가치도 높다. 샐러드드레싱은 물론 튀김, 각종 부침과 볶음에 두루 사용할 수 있다.

• 호두기름

부드럽고 담백하며 고소한 호두 맛이 난다. 동맥경화 예방, 관절기능 강화, 자양강장, 천식 완화 등에 효과가 있다고 한다. 〈신약본초〉에 따르면 호두기름은 단백질과 불포화지방산, 비타민A와 E, 칼슘, 인, 철분, 섬유질 등 몸에 좋은 영양소를 다량 함유해 건강에 좋다. 기관지·폐가 좋지 않아 감기에 잘 걸리거나 천식으로 말미암은 기침에도 효과가 있다고 알려져 있다.

호두기름은 면역력 강화에 특히 효과가 있다. 풍습성 관절이나 노화로 오는 관절에도 도움이 된다. 호두가 뇌에 좋다는 것은 익히 알려져 있다. 호두기름은 두뇌활동에 효과를 나타내고 마음을 안정시키는 작용을 해 볶음밥 등에 활용해 청소년들에게 자주 먹이면 좋다. 갱년기 여성에게도 권할 만하다. 그냥 먹기에는 부담스러울 수 있지만 하루에 밥숟갈로 한숟갈씩 먹으면 효과가 있다. 고소한 맛이 있어 샐러드나 무침 요리에 활용하면 좋다. 상온에 두면 산화하기 쉬우므로 반드시 냉장고에 보관한다.

칼칼하고 산뜻한 '향신유' 만들어요

향신유는 이름처럼 각종 향신료로 맛과 향을 더한 기름이다. 집에서 만들기도 어렵지 않다. 콩기름이나 옥수수기름에 갖은 양념 재료를 넣고 끓였다 건져내면 된다. 대개는 파·고추·마늘·생강처럼 매운 양념을 이용하지만 로즈메리·바질 같은 허브나 셀러리·토마토 같은 채소를 넣어도 독특한 풍미의 향신유가 된다.

요리 전문 블로거 '늄늄시아'(gorsia.egloos.com)의 도움말로 파기름·고추기름 등 기본적인 향신료 몇 가지 만드는 방법을 소개한다. 주의할 점은 식용유를 팔팔 끓이면 양념 재료가 탈 수 있다는 것. 또 재료를 넣고 한번 가열한 것이므로 면보에 잘 거른 다음 밀폐용기에 넣어 냉장 보관해야 한다.

【 파기름 】

▶ 재료: 식용유 1병(1.8ℓ), 대파 5~6개, 양파 ½개, 생강 1개

▶ 만들기

① 냄비에 식용유를 붓고 중간 불에서 160℃로 가열한다.

② 식용유에 대파·양파·생강을 넣고 바삭바삭해질 때까지 끓인다.

③ 양념 재료를 건져내고 기름을 식힌 다음 거른다.

※ 고추·마늘을 넣지 않은 볶음 요리에 식용유 대신 쓰면 느끼한 맛이 덜하다.

【 고추기름 】

▶ 재료: 파기름 500㎖, 고춧가루 200g, 건고추(또는 마른 쥐똥고추) 30~50g

▶ 만들기

① 파기름에 건고추를 넣고 고추씨가 갈색이 될 때까지 중간 불에서 끓인다.

② 체에 고춧가루를 담고 끓는 기름을 끼얹어 우려낸다.

③ 붉게 우러난 기름을 식힌 다음 거른다.

※ 육개장 · 순두부찌개 · 제육볶음 등에 쓰면 칼칼하고 깊은 맛이 난다.

【 카레기름 】

▶ 재료: 파기름 500㎖, 카레가루 100g, 건고추 3~4개, 월계수잎 2장,
　　　　 칠리파우더 10g, 가람마살라 5g

▶ 만들기

① 넓은 그릇에 준비한 양념 재료를 담는다. 양념은 취향껏 넣는다.

② 뜨겁게 데운 파기름을 ①에 붓고 재료가 기름에 우러나도록 기다린다.

③ 양념 재료가 바닥에 가라앉으면 위의 기름만 면보에 거른다.

※ 카레라이스 만들 때 식용유 대신 쓰면 좋다. 볶음밥에 넣어도 일품.

2012년 11월 5일 기사

들기름
건강법 전도사
전명희씨

● "들기름은 기름 이상의 기름입니다. 들기름은 우리 먹거리 중에서 건강을 지키는 데 최고라고 자부합니다."

자신을 자칭 들기름 건강법 전도사라고 소개하는 경기 화성의 전명희씨(56)는 "5년 전부터 하루 한숟가락씩(6~8㎖) 규칙적으로 들기름을 복용하면서부터 삶이 새로워졌다"고 밝혔다.

사실 그는 들기름을 복용하기 전에는 의료사고에다 50대 들어서 찾아오는 갱년기 무기력증, 기억력 감퇴, 고지혈증, 관절염 등으로 정상 생

*"들기름은 우리 먹거리 중에서 건강을
지키는 데 최고라고 자부합니다."*

활이 거의 불가능할 정도였다. 병원에서 많은 약을 처방해 주었지만 약을 제대로 삼키지 못해 어려움을 겪었던 전씨에게 이는 또 다른 고통이었다. 하루하루 힘겨웠던 상황에서 어렸을 적 아프면 할아버지가 달걀노른자에 들기름을 섞어 주던 것이 떠올랐다. 그리고 수소문한 끝에 생들기름을 구해 복용하기 시작했다. 단순히 하루 한숟가락씩 저녁식사 전에 먹는 것이 전부였다.

그런데 오랫동안 괴롭혔던 의료사고 후유증이 사라지고 몸에 활력이 생길 뿐 아니라 전에는 기억나지 않던 단어도 잘 떠오르는 등 완전히 자신감을 회복했다. 새로운 삶을 되찾은 전씨는 각종 모임이 있을 때마다 들기름을 샐러드 등과 함께 복용할 것을 친지들에게 적극적으로 권하고 있다. 그의 권유 덕분에 들기름을 먹는 사람들이 주위에서 한두 명씩 생겨나고 있을 정도다.

"들기름은 구하기 쉽고 복용하기 쉬운 게 가장 큰 장점"이라는 전씨는 "건강에 이상이 없더라도 평소 들기름 섭취를 생활화한다면 건강을 지키는 데 많은 도움이 될 것"이라며 밝게 웃었다.

송영옥 부산대 식품영양학과 교수는 전씨의 건강법에 대해 콕 집어 말하기는 어렵지만 들기름에 함유된 '오메가-3'의 효과를 특별히 크게 본 사례라고 밝혔다. 송 교수는 그러면서 들기름에 포함된 오메가-3가 혈액의 지질성분을 낮춰 건강을 개선하는 효과가 있다는 것은 이미 과학적으로 검증됐다고 설명했다. 송 교수는 다만 들기름을 약처럼 직접적으로 복용하기보다는 음식 등에 첨가해 섭취하는 게 중요하다고 강조했다.

발효액

잘나가는 건강음료

효소, 효소액, 효소음료, 발효음료…. '먹을 수 있는 식물에 설탕을 섞어 발효시킨 다음 일정 기간 숙성시켜 만든 액체'의 여러 이름이다. 요즘 들어 건강 음료로 찾는 이도, 직접 만들어 보겠다고 나서는 이도 많다. 아무튼 이걸 뭐라 불러야 할까. 농촌진흥청의 발효 전문가 김태영 박사(농식품자원부 발효식품 과장)에게 물었다.

"발효액이 정확한 명칭입니다. 제대로 된 발효액은 당도가 30% 내외이면서 초산발효와 알코올발효에 의해 특유의 새콤한 맛이 납니다. 재료와 설탕을 그냥 1대 1로 버무려 놓은 것은 당절임이나 액체잼이라고 해야겠지요."

발효액은 1920년대 일본에서 친환경 토지개량제로 처음 등장했고, 1940년대부터 음료로 개발돼 상품화됐다. 이와 함께 효소의 기능성에 대한 연구도 잇따랐다. 국내에 알려진 효소 건강법과 발효액 제조법도 일본에서 도입됐다. 하지만 이 분야 전문가 중 첫손에 꼽히는 박국문 효소나라 대표는 "종주국은 일본이지만 이제 국내 발효액 품질이 더 높다"고 이야기한다. 전기밥솥이 그런 것처럼 말이다.

생명 유지에 필요한 모든 물질은 세포 내의 화학반응을 통해 만들어
진다. 그런데 온도(38℃), 기압(1기압), 산성도(중성)가 비교적 온화한
생체에서는 화학반응이 좀체 쉽게 일어나지 않는다. 이때 작용하는 촉
매가 효소다. 대상 물질을 들뜬 상태로 만들어 화학반응이 쉽게 일어나
게 하는 것이다.

인체에서는 수많은 효소가 만들어지고 기능이 다하면 폐기된다. 우리
가 음식을 소화하고 영양분을 저장하고 근육을 움직이고 노폐물을 걸러
내는 것은 이들 효소가 세포 안에서 제대로 기능하기 때문이다. 이 같은
중요 효소의 기능이 상실되면 결국 생명도 멈춘다.

흔히 효소 하면 효모를 같이 떠올린다. 효소는 생명체 내에서 만들어
진 단백질 덩어리요, 효모는 특정 효소를 지닌 미생물이다. 그렇다면 발
효는? 어떤 재료가 미생물(효모)이 지닌 효소의 작용에 의해 인간이 의
도한 대로 변하는 것을 말한다. 변하긴 했는데 그 결과가 의도와 다를 때
는? 부패라고 한다.

"설탕의 삼투압 작용과 미생물 발효에 의해 식물 속 효소는 물론 엽록소·미네랄·비타민 약성 등도 함께 빠져나옵니다. 식물의 정수를 고스란히 추출하는 것이지요."

박국문 대표의 설명을 요약하면 이렇다. 발효액을 통해 생명 유지에 필요한 효소를 효과적으로 공급받을 수 있다는 것이다.

신현재 조선대 교수(생명화학공학과)가 소개하는 미국 에드워드 하웰 박사의 '효소 수명 결정설'도 들어보자. 인체가 평생 생산하는 효소의 양은 한정돼 있으며, 몸속에 효소가 적을수록 수명이 짧아진다. 더구나 현대인은 효소가 결핍된 식생활을 하고 있다.

하지만 식품을 통해 외부에서 효소를 공급하면 체내 효소가 절약되고, 이는 건강과 장수로 이어진다. 신 교수는 현명한 효소 공급 방법으로 신선한 과일과 채소, 다양한 발효식품과 함께 제철 재료로 만든 발효액을 권한다.

20~30년 전부터 생산을 시작한 국내 발효액 1세대 상당수는 유기농 1세대이기도 하다. 전양순 우리원 대표는 "천연 농자재와 바른 먹을거리에 대한 관심이 높았고, 이 때문에 남보다 앞서 발효액을 이용한 것"이라 설명한다. 다른 농산물 가공보다 접근이 쉽다는 점에서 최근에는 귀농인 사이에서도 관심이 높다. 많은 지자체에서 관련 교육을 실시하고 있으며, 몇몇 전문가나 단체는 자체 프로그램을 운영하기도 한다.

"무작정 굶기는 힘들지만 발효액을 마시면 열량과 비타민, 미네랄 등이 보충돼 한결 견디기 쉽지요."

30년째 발효액을 생산하고 있는 정상묵 두물머리농장 대표는 "건강이나 미용을 위해 단식을 하는 사람이 특히 많이 찾는다"고 한다. 소화 기능이 약한 사람도 주요 고객이라고. 소화가 잘되도록 영양소를 분해하는 것은 효소의 대표적인 작용이다. 고기를 연하게 하려고 재울 때 과일즙을 쓰는 것도 효소 때문이요. 우리가 먹는 소화제에도 효소가 들어 있다.

"요즘은 귀농해서 항아리 두개만 있으면 발효액을 만든다더군요. 하지만 정식판매허가를 받으려면 넘어야 할 산이 한둘이 아니에요."

식품의약품안전청의 허가증을 받기까지 12년이 걸렸다는 김성호 성마리오농장 대표의 이야기다. 전양순 우리원 대표의 충고도 들어보자.

"가족이 마시는 음료다 생각하며 정성껏 만들고, 남으면 도시 소비자와 직거래로 나눠보고, 그리고 나서 자신이 붙으면 본격적으로 도전해도 늦지 않아요."

또 명심할 점이 있다. 발효액이나 효소는 만병통치약이 아니다. 건강증진이나 질병 치료 효과를 거둔 사례가 드물지 않지만 그 효능이 100% 검증된 것은 아니다.

더 나아가 식품을 통해 섭취하는 효소는 무효하다는 주장도 있다. 효소를 이루는 단백질이 너무 커서 소화기관을 통해 흡수될 수 없을 뿐더러 강한 위산에 의해 대부분 파괴된다는 것이다.

효소 건강법을 옹호하는 이들이 제안하는 건강법도 끝까지 들어야 한다. 섬유질이 풍부한 채소와 과일, 덜 가공되거나 조리된 식품은 효소가 많으므로 가까이 할 것. 지나친 동물성 단백질과 지방, 각종 가공식품과 식품첨가물은 효소를 소모하므로 피할 것. 효소 이야기만 빼면 일반적인 건강법과 똑같다. 박국문 대표의 당부도 마찬가지다.

"건강하기 위해서는 밥상이 살아야 하고, 밥상이 살기 위해서는 땅이 먼저 살아야 합니다. 그래서 옛날부터 농자천하지대본이라고 했지요."

● 발효액, 뭐로 만드나

산야초란 산과 들에서 자라는 모든 식물을 말한다. 발효액을 담그는 데는 좋고 나쁜 산야초가 따로 없다. 제철의 산야초를 제때 채취해 발효액을 만들고서 용도에 맞춰 활용하면 그것이 곧 가장 좋다.

• 민들레

이른 봄에 꽃피는 여러해살이풀로서 감기로 인한 열, 기관지염, 간염, 변비 등에 효과적이다. 세균이나 바이러스 등을 잡는 항균·항염 작용도 뛰어나다. 줄기·꽃·잎·뿌리 등을 채취, 모든 부분을 활용할 수 있다.

쇠비름

• 쇠비름

한해살이풀로 다육질이며 전체에 털이 없고 적갈색이다. 잎은 푸르고, 줄기는 붉으며, 꽃은 노랗고, 뿌리는 희며, 씨앗은 까맣다고 해서 오행초라고 부르기도 한다. 고혈압·당뇨병·암 등에 좋은데, 7~8월이 채취 적기다.

쑥

• 쑥

단군신화에 등장할 정도로 오래전부터 한국인의 건강식품으로 주목받아 왔다. 〈동의보감〉에 따르면 쑥은 따뜻한 성질을 갖고 있으며 위장·간장·신장의 기능 강화에 좋다. 연중 채취, 다양하게 활용한다.

솔순

• 솔순

〈동의보감〉에서는 '솔잎을 오랫동안 생식하면 원기가 왕성해지고 머리가 검어지며 추위와 배고픔을 모른다'고 했다. 솔잎은 비타민A가 풍부해 혈액을 깨끗하게 하고 고혈압을 예방하는 효과가 있다. 보통 5~6월께 나온 새순을 활용한다.

• 마늘

마늘은 강한 냄새를 제외하고는 100가지 이로움이 있다고 하여 일해백리(一害百利)라고 부른다. 마늘의 대표적인 성분인 알리신은 소화를 돕고 면역력도 높이며 콜레스테롤 수치를 낮춘다. 최소 1년 이상 발효해야 한다.

오미자

• 오미자

단맛·신맛·쓴맛·짠맛·매운맛의 5가지 맛이 나며 그중에서도 신맛이 강하다. 시잔드린·고미신·시트럴·사과산·시트르산 등의 성분이 들어 있어 심장을 강하게 하고 혈압을 내리는 데 도움이 된다. 완전히 익기 전에 수확해 발효액으로 담그는 게 좋다.

● 발효액 집에서 만들어요

발효액 하면 첫손에 꼽히는 곳 중 하나가 전남 보성군 벌교읍의 우리원(www.wooriwon.com)이다. 전양순 대표(53)는 남편 고(故) 강대인 정농회장과 함께 1979년부터 유기농업을 고집해온 우리나라 유기농업의 산증인. "힘은 들고 돈은 안 되는 유기농을 하면서 버틸 수 있었던 것이 발효액 덕분"이라는 게 전 대표의 이야기다. 28년 전, 팔고 남은 유기농 당근과 케일로 발효액을 담가 소비자에게 한두 병 선물로 보낸 것이 입소문을 타면서 농장의 대표 상품이 됐단다. 전 대표와 함께 발효액을 만들어보자.

우선 제철 과일, 야생 열매, 재배한 채소, 채취한 나물 등 먹을 수 있는 식물은 어떤 것이든 발효액의 재료가 될 수 있다. 단, 유기농으로 재배하거나 오염되지 않은 곳에서 채취한 것이어야 한다. 설탕 역시 유기농 설탕이 좋다. 여의치 않으면 덜 정제된 중백당(황설탕)을 쓴다. 흑설탕은 맛과 색이 강해 적합하지 않다.다음으로 발효액을 담그는 용기는 '살아있는 그릇'이라 불리는 전통옹기가 가장 좋다. 단, 장류나 김치를 보관했던 항아리는 물에 오랫동안 담가 잡내를 씻어낸 다음 안쪽에 신문지를 넣고 태워 소독해 써야 한다. 스테인리스 통이나 유리병은 숨구멍을 내주거나 한지로 막는 등 공기가 어느 정도 통하게 한다.

마지막으로 설탕과 섞기. 일반적인 과일이나 채소는 설탕과 1대 1로 섞으면 된다. 하지만 뽕잎·솔순·칡뿌리 등 물기가 적은 재료는 설탕과 1대 0.6 비율로, 반면 배, 사과, 포도처럼 수분 함량이 높은 과일은 설탕과 1대 1.2 비율로 배합한다. 즙이 많이 나오는 재료와 그렇지 않은 재료를 적당히 섞어도 된다.

【 과일 · 채소 발효액 만들기 】

① 과일과 채소는 깨끗이 씻은 다음 물기를 닦고 큼직하게 썬다. 너무 잘게 썰면 과육이 물러져 거를 때 찌꺼기가 남고 통째로 쓰면 발효가 더뎌진다.

과일·채소를 큼직하게 썬다. 　　　설탕을 뿌려 살살 버무린다. 　　　항아리에 차곡차곡 담는다.

② 썬 재료를 넓은 그릇에 담고 설탕을 뿌려 살살 버무린다.

③ 버무린 재료를 소독한 항아리에 차곡차곡 담은 다음 그릇에 남은 설탕을 맨 위에 덮고 손으로 꼭꼭 눌러준다.

④ 항아리 입구를 한지로 덮은 다음 햇볕이 들지 않는 곳에 두고 발효시킨다. 봄~가을에는 20~30일, 겨울에는 30~45일 정도면 발효가 완료된다. 단, 중간에 5일마다 한 번씩 뒤집어줘야 발효가 잘된다.

⑤ 재료가 위로 뜨면 아래쪽 즙만 거른다. 고운 체에 2~3회 걸러 맑은 액체만 받은 다음 이를 깨끗한 항아리에 넣고 온도 변화가 없는 곳에 보관하며 6개월 이상 숙성시킨다.

⑥ 완성된 발효액은 냉장 보관하고, 마실 때는 물에 4배 정도 희석하면 된다.

2012년 9월 3일 기사

발효액으로
음식 맛내는
황요순씨

● 음식 솜씨 좋기로 소문난 황요순씨(55 · 충남 서천군 비인면). 지난 6월 서천군이 주최한 '한산모시 맛 자랑 전국경연대회'에서 대상을 받아 그 솜씨를 더욱 인정받았다. 7월부터는 서천군농업기술센터 지원으로 '고수록'이라는 향토음식 체험장을 운영하면서 다양한 향토요리를 선보이고 있다.

그가 만드는 요리는 화학조미료를 전혀 사용하지 않고 발효액을 활용하는 게 특징.

"화학조미료 대신 발효액 쓰면 강하지 않으면서 깊은 맛 나요."

"발효액은 음식을 강하지 않으면서 묘한 맛이 나게 해요. 찌개나 국 외에 간을 하는 요리라면 어디든 활용할 수 있어 저는 음료용과 요리용으로 나눠 담가 용도에 맞춰 사용합니다."

황씨는 발효액이 건강에 좋다는 말을 듣고 2005년부터 담그기 시작했다. 2010년부터는 본격적으로 공부해 ㈔한국농경문화원으로부터 산야초효소제조사 1급 자격증도 땄다.

평소 파뿌리·부추·마늘·고추·양파·생강 등으로 발효액을 담가두었다가 음식을 만들 때 양념을 조금 줄이고 발효액을 넣는다. 다양한 양념 채소로 만든 발효액은 특히 김치에서 그 진가를 발휘한다. 다른 양념을 조금 줄이고 갖가지 발효액을 넣으면 훨씬 깊은 맛이 난다는 것. 고추장도 마찬가지. 요리용으로 만든 발효액을 넣어 담근 고추장은 음식의 맛을 일반 고추장보다 더욱 칼칼하게 해준다.

그이가 평소 자주 담그는 것은 파뿌리발효액이다. 쪽파 주산지다 보니 파 생산이 많은데, 출하를 위해 다듬는 과정에서 버려지는 파뿌리를 보고 생각하게 됐다.

파뿌리발효액은 파뿌리에 수분이 적어 설탕 시럽으로 만든다. 설탕과 물을 1대 1 비율로 녹여 만든 설탕시럽을 파뿌리가 잠기게 부은 다음 3일에 한번씩 휘저어 준다. 파뿌리가 말랑해지거나 노르스름해질 때까지 30일 정도 이를 반복하면 된다. 이후 30일 정도 더 두었다가 걸러 액만 보관하면 된다.

양파

벗길수록 매력덩어리

요즘이야 시설하우스에서 신선채소가 매일 쏟아져 나오지만 남녘 땅에서도 밭에 구덩이를 파고 배추와 무를 묻어두지 않았다면 겨우내 파릇파릇한 채소를 먹는 건 꿈도 꿀 수 없던 때가 있었다. 그러다 보니 겨우내 김장김치가 매일 한끼도 빠짐없이 식탁에 오르는 단골 반찬인지라 집집마다 배추 200~300포기씩을 담그곤 했다. 그 시절 김장철에는 사내아이들도 단단히 한몫 거들어야만 했다.

어머니가 배추와 무를 소금에 절이고 나면 양파와 마늘 껍질을 벗기는 고된 일은 으레 사내아이들 몫이었다. 한접이 넘는 마늘을 물에 불려 껍질을 벗기는 것도 손가락이 무르고 부풀어 올라 지겹고 힘든 노동이었지만, 양파 껍질을 벗기는 일은 고약하기까지 했다. 양파 껍질을 벗기노라면 눈이 따갑고 쓰라려 눈물이 주르륵 흘러내리고 급기야 콧물마저 훌쩍거리게 되기 때문이었다.

김장 담글 때 잔치판 같은 분위기를 일순간 눈물바다로 만들어버리기도 한 양파는 동서양 음식에 두루 쓰이는 식재료로 재배 역사가 가장 오래된 채소로 꼽힌다. 기원전 5000년경 페르시아에서는 양파를 부적으로

사용했으며, 고대 이집트 분묘 벽화에는 피라미드를 쌓는 노예들에게 양파를 날마다 먹였다는 기록이 남아 있다. 그리스에서는 운동선수들에게 많은 양의 양파를 먹도록 하였는데, 혈액의 균형을 바로잡아 준다고 믿었기 때문이다. 또한 로마 시대의 검투사들은 근육을 강화하기 위해 양파를 으깨 몸에 발랐다고 한다. 아주 오랜 옛날부터 양파가 강력한 에너지를 제공하는 최고의 스태미나 식품임을 입증하는 예가 아닐 수 없다.

문화권마다 다소 차이는 있지만 양파는 생 것, 얼린 것, 통조림에 넣은 것, 절인 것, 말린 것의 형태로 유통되고 다지거나 썰어서 양념 형태로도 쓰며, 조리된 요리와 샐러드 등 거의 모든 요리에 다 쓸 수 있다. 2006년 보건복지부 조사에 따르면 한국인의 1일 양파 섭취량은 20.6g으로 채소류 중 2위를 차지할 만큼 소비가 많은 것으로 확인됐다.

흔히 아무리 껍질을 벗기고 벗겨도 알맹이가 나오지 않는 실체를 양파에 비유하곤 한다. 그런 양파의 신비가 한꺼풀씩 벗겨지고 있다. 지금까지 알려진 양파의 유효성분만 150여종에 이른다고 하니 벗기면 벗길수록 신비롭다. 양파의 성분 중 최근 주목받고 있는 것은 폴리페

놀 성분인 케르세틴(Quercetin)이다. 혈중콜레스테롤 감소, 고혈압 개선 효과뿐 아니라 항산화·항암·항균 등의 다양한 생리적 활성이 밝혀졌다. 양파의 케르세틴 성분이 혈액 속의 불필요한 지방과 콜레스테롤을 녹여 없애 혈전이 생기지 않도록 하고 심장을 튼튼하게 지켜주는 것이다.

양파의 겉껍질에는 황색 색소인 케르세틴이, 한꺼풀 벗긴 껍질에는 세포생리 활성물질인 셀레늄이 함유돼 각종 성인병과 암 예방에 뛰어난 작용을 한다. 중국인들이 미국인들에 비해 심장병 발병률이 낮고, 러시아 남부 카프카스지역이 세계 장수마을로 인정받게 된 것은 양파를 즐겨 먹기 때문이라 한다.

양파가 천연 비아그라라는 사실을 아는가. 양파에 들어 있는 비타민A는 정자생성을 돕고 비타민B는 부교감 신경의 기능을 자극해서 성기능을 강화시켜주기 때문에 강정제로서도 인기가 높다. 또 지방 함량이 적은 대신 단백질이 많이 들어 있고 칼슘과 철분 함량이 높아 혈기가 왕성해지는 강장효과도 있다.

양파는 특히 자라나는 어린이와 노인들이 많이 먹으면 좋다. 발육기에는 튼튼한 뼈를 형성하기 위해 많은 칼슘이 필요하고, 노년에는 칼슘 흡수부족으로 인한 병이 생기기 쉽기 때문이다.

애주가들은 양파를 즐겨야 숙취해소가 빠르다. 술을 마실 때 양파를 함께 먹으면 알코올로 인해 파괴되기 쉬운 비타민B₁의 흡수를 높이고 술을 중화시켜 간장을 보호해 주기 때문이다. 유럽에서는 양파와인을 약용술로 이용한다. 깨끗이 씻어 물기를 없앤 양파 300g을 적당한 크기로 썰어 병에 담은 다음 적포도주 750㎖(1병)를 붓고 뚜껑을 닫아 3일가량 두면 양파 와인이 되는데, 양파를 건져낸 뒤 냉장고에 넣어 두고 마신다.

약방에 감초가 있다면 주방에는 단연 양파다. 약리 작용이 뛰어난 양파는 식재료로서의 이용 가치가 높아 인류가 식탁에 올린 채소 가운데 최고의 걸작품으로 꼽힌다. 각종 성인병에 시달리는 현대인들의 건강을 책임지는 가정주부들이 요리에 양파를 애용하는 것은 가족 사랑을 실천하는 방법 아닐까.

양파의 효능 끝이 없어라

포털사이트 검색창에 '양파의 효능' 다섯 글자를 넣어 보시라. '만병통치약이 따로 없네' 싶은 놀라움 한편으로 '이게 다 진짜야?' 하는 의구심도 들지 않으신지. 그래서 식품영양학 논문 뒤져가며 확인했다. 결과는 '양파 승!'

우리 몸에는 '활성산소'란 게 있다. 스트레스 · 음주 · 흡연 · 공해 · 자외선 등에 의해 과잉 생성되는 이 말썽꾸러기들(그래서 '유해산소'라고도 한다)은 세포를 공격해 산화작용을 일으킨다. 한마디로 여기저기 고장을 내 늙게 만드는 것이다. 현대인의 질병 90%는 활성산소와 관계 있다고 할 정도. 양파의 노르스름한 색을 내는 천연색소인 '케르세틴'은 이 활성산소를 효과적으로 제거하는 강력한 항산화물질이다. 특히 저밀도(LDL)콜레스테롤 같은 나쁜 물질의 배출을 유도해 '한국인 사망원인 2위'를 차지하는 고혈압 · 뇌졸중 · 협심증 등 각종 심혈관질환을 예방한다.

양파에는 이 케르세틴이 브로콜리의 3배, 사과의 6배 가까이 들어 있다. 양파의 효능에 관한 논문의 단골 주역이 바로 케르세틴이다. 식당에서 "양파 한접시 더요!" 하는 당신. 누군가 유별나다 핀잔주면 "케르세틴도 몰라?" 하면 된다. 케르세틴은 양파 겉껍질 100g당 함량이 322㎎으로 속껍질보다 10배가량 많다. 기왕이면 겉껍질을 버리지 말고 잘 말려 두었다가 보리차처럼 물에 끓여 마시면 양파를 더욱 효과적으로 활용할 수 있다.

한편 양파는 줄기 · 잎 · 겉껍질 등 모든 것을 염료로 사용할 수 있다. 이 중에서도 겉껍질이 가장 좋은 염료로, 매염제에 따라 다양한 색으로 변하게 된다. 양파껍질은 면 · 모시 · 실크 · 모직물에 염색이 잘되고 땀이나 마찰 등에 잘 견디는 견뢰도가 뛰어나다. 특히 양파껍질로 염색한 옷감은 산과 알칼리가 닿아도 색상이 변하지 않고 몸의 기운도 원활히 해준다.

양파 특유의 매운맛과 향을 내는 물질은 황화합물이다. 양파에는 갖가지 황화합물(대개 '알릴' '프로필' '디설파이드' 같은 어려운 말이 붙는다)이 들어 있는데, 양파가 대표적인 항암식품으로 꼽히는 것이 이들 때문이다. 황화합물은 발암물질이 활성화되는 것을 억제하거나 반대로 이를 해독하는 효소를 활성화시킴으로써 항암 작용을 한다. 이 가운데 최루성 물질인 '술펜산'은 혈전(피떡)이 생기는 것을 막아 준다. 양파 깔 때 눈물 나고 먹고 나서 입냄새 나더라도 '기특한 황화합물 때문이려니' 하고 용서하시길.

양파에 포함된 식이섬유는 사과·딸기·무보다 많고 '식이섬유의 대명사' 고구마보다 조금 적다. 식이섬유는 당질과 지방의 흡수를 늦추고 콜레스테롤을 비롯한 장내 독성물질을 흡착해 원활히 배설시킨다. 변비 때문에 나온 똥배, 비만 때문에 불룩한 윗배 모두 잡으려면 양파와 친해지자. 그렇다면 어떻게 골라야 할까? 〈野(야)하게 먹자〉의 저자인 본지 노현숙 기자에게 들어보자.

"껍질이 붉고 투명하며 윤기가 흐르는 것, 만졌을 때 단단하고 무거운 게 싱싱한 양파예요. 성인 기준으로 하루에 큰 양파 4분의 1개 정도 섭취하면 좋습니다."

🔵 양파 요리 만들어요

양파의 기능성 물질은 열에 강한 편이다. 따라서 굽거나 끓이거나 튀겨 먹어도 손실이 크지 않다. 조리할 때 잘게 썰면 매운맛을 내는 황화합물이 나와 눈이 아리지만 몸에는 더 좋다.

눈물을 못 참겠다면 양파를 물에 잠깐 담그거나 칼에 물을 묻혀 썰면 된다. 오늘 저녁, 몸에 좋은 성분 많고 열 가해도 손실 적은 양파를 요리해보자.

양파김치

【 양파김치 】
▶ 재료: 양파 4개(800g), 김치양념(고춧가루 3½큰술, 까나리액젓 ½컵, 부추·쪽파·홍고추 적당량, 다진 마늘 1작은술, 다진 생강 ⅓작은술, 설탕 1큰술), 김칫국(물 1컵, 까나리액젓 1큰술)

▶ 만들기

① 양파는 깨끗이 씻은 다음 먹기 좋은 크기로 썬다.

② 부추와 쪽파는 1㎝ 길이로 썬다. 홍고추는 곱게 다진다.

③ 준비한 재료로 김치양념을 만들어 양파와 버무린 다음 항아리에 담는다.

④ 양념 그릇에 물과 액젓을 넣고 저어 김칫국을 만든 다음 양파에 붓고 4~5일 익힌다.

【 양파브로콜리수프 】

양파브로콜리수프

▶ 재료 : 양파 2개(400g), 브로콜리 300g, 물·육수 2컵씩, 우유 1컵, 버터·올리브유 1큰술씩, 다진 마늘 1큰술, 소금 약간

▶ 만들기

① 양파는 채 썰어 버터, 올리브유, 다진 마늘과 함께 볶는다. 브로콜리는 살짝 데친다.

② 익힌 양파와 브로콜리를 믹서에 넣고 물 1컵과 함께 곱게 간다.

③ 냄비에 양파와 브로콜리, 남은 물 1컵과 육수 2컵을 부어 끓이다가 우유를 넣고 불을 줄인다.

④ 마지막에 소금으로 간하고 접시에 담아낸다.

【 카레양파링튀김 】

카레양파링튀김

▶ 재료 : 양파 2개(400g), 튀김가루 1컵, 빵가루 1½컵, 물 ⅓컵, 카레가루 2작은술, 튀김기름 적당량, 소금 약간

▶ 만들기

① 양파는 동글게 썰어 소금을 약간 뿌린다.

② 튀김가루를 물에 풀어 튀김옷을 만든다.

③ 빵가루에 카레가루를 골고루 섞는다.

④ 양파에 튀김옷과 빵가루를 묻혀 튀겨 낸다.

양파와인으로 건강 챙기세요

지난해 이맘때 어느 고마운 분이 꼭 따라 해보라며 메일을 보내왔다. 제목은 '양파와인의 놀라운 효능'. 당뇨와 혈압 수치가 정상으로 돌아왔다, 무릎 관절통이 깨끗이 나았다, 변비와 두통이 싹 가셨다, 흰머리와 주름이 사라졌다…. 몇해 전 일본의 건강잡지 〈장쾌(壯快)〉에 소개된 내용으로 국내에서도 화제가 됐다는데, 너무 놀라워 오히려 믿기지 않았다.

한동안 잊었다가 최근 다시 확인했다. "양파와인 메일 말인데요, 그거 정말인가요?" "지난해 양파와인 석달 먹고는 혈중콜레스테롤·지방간·안압 수치가 정상으로 돌아왔지. 대신 약처럼 하루 두세잔만 마셔야지 술처럼 벌컥벌컥 마시면 안 돼!"

양파와 적포도주가 몸에 좋은 건 세상이 다 아는 사실. 이 두가지로 양파와인 만드는 법, 먹는 법은 다음과 같다.

① 중간 크기의 양파 4~5개를 채 썰어 적포도주에 넣고 봉한다. 이때 적포도주는 저렴한 제품이나 집에서 담근 것을 써도 무방하다.

② 3~4일 후 양파를 건져내고 포도주만 밀봉해 냉장고에 보관한다.

③ 하루 2~3회 공복에 소주잔 1잔(50㎖)씩 마신다. 술을 못하는 사람은 따뜻한 물에 타거나 살짝 끓여 알코올을 날리고 마신다.

2013년 4월 22일 기사

양파 전도사
김석연
서울시의료원
심혈관센터장

● "양파는 고혈압·당뇨·고지혈증 환자들이 건강을 되찾는 데 아주 좋은 농산물입니다. 혈압이 높지 않아도 평소 기름진 음식을 즐기는 분, 그리고 일반인들도 양파를 자주 드셔야 건강을 유지할 수 있습니다."

"양파는 고혈압·당뇨 환자들에게 아주 좋은 농산물입니다."

김석연 서울시의료원 심혈관센터장(47)은 환자를 대할 때는 물론 보건소 건강강좌, 학술세미나 등에서 양파 애용을 주창한다. 김 센터장이 '양파 전도사'로 나선 것은 직접 실험을 통해 효과를 확인했기 때문이다.

지난 2010년 여름, 김 센터장은 고혈압에 당뇨, 고지혈증을 앓고 있는 48~73세 환자 58명에게 양파즙을 1일 3~5회, 1회에 120㎖씩 4주 동안 섭취하게 하고 어떤 변화가 일어나는지를 추적, 관찰했다.

4주 후 혈압은 양파즙 복용 전 평균 137/81㎜Hg에서 130.7/76.4㎜Hg로 감소했다. 10년 이상 혈압약을 먹어도 더 이상 큰 변화가 없던 고혈압 환자들이 양파즙을 복용한 뒤 수축기 혈압은 6.3㎜Hg, 이완기 혈압은 4.6㎜Hg가 각각 감소되는 효과를 얻었다.

양파의 놀라운 효능은 겉껍질에 많이 함유된 케르세틴 성분 덕택이다. 김 센터장은 "혈압약과 양파즙을 꾸준히 복용한다면 점차 약을 줄여 나가도 될 만큼 건강이 좋아질 것"이라고 말했다.

지난 6일부터 김 센터장은 KBS의 〈생로병사의 비밀〉 프로그램 제작진과 함께 4주간 고혈압 환자들을 대상으로 양파즙 실험에 들어갔다. 이번에는 한층 발전된 첨단 의학 장비로 변화과정을 더욱 정밀하게 관찰할 수 있을 것으로 기대하고 있다.

평소 고혈압 환자들로부터 '어느 건강식품을 먹어야 효과가 있느냐'는 질문을 자주 받는다는 김 센터장. 그때마다 만능 건강식품을 찾아 소중한 시간과 재물을 허비하지 말고 먼저 그릇된 식생활 습관을 바로잡도록 권한다.

김 센터장은 "양파즙의 효능은 학계에서도 널리 알려진 사실"이라며 "값싸면서도 우리 몸에 좋은 양파를 즐겨 먹는다면 고혈압 등 심혈관 질환으로부터 건강을 지켜낼 수 있다"고 말했다.

인삼

한국인의 힘

　오늘은 최씨 가문에 제사가 있는 날. 아들 며느리 할 것 없이 온 가족이 한자리에 모였다. '막내 며느리 인삼희씨(41)는 요즘 걱정이 이만저만이 아니다. 공부깨나 해서 '드디어 우리 집안에도 큰 인물 나오겠다'는 희망을 주던 중1 딸내미는 성적이 예전만 못하고, 삼희씨 피부는 까칠해져서 엘리베이터에서 옆집 아줌마를 만날 때마다 반들반들한 '꿀피부'에 주눅이 들고. 엎친 데 덮친 격으로 남편은 기력이 예전만 못해서 밤에도 웃을 일이 없으니 "으이구 웬수, 돈 벌어오니 참아야지!" 할 뿐이다. 삼희씨는 친언니처럼 따르는 맏동서 홍삼례씨(48)에게 고민상담을 하기로 한다.

－ 인삼희 : 형님~ 잘 지내셨어요? 얼굴이 더 좋아지셨어요~!
－ 홍삼례 : 호호호 나야 여전하지 뭐. 자네는 왜 이리 얼굴이 까칠한가?
－ 인삼희 : 말두 마세요, 형님. 요즘 사는 게 영 재미가 없어요. 갱년기
　　　　　탓인지 의욕도 없고.
－ 홍삼례 : 으응~ 나도 그 나이 때 딱 그런 고민을 했지. 내가 겪어 보
　　　　　니까, 답은 내 이름이랑 자네 이름에 있더구먼!

- 인삼희 : 인삼희… 홍삼례…?

- 홍삼례 : 그래. 바로 삼이야! 우리 '인삼님'이 자네 고민을 해결해 줄 걸
세. 자. 내 애기를 잘 들어 보게나. 우선 가장 먼저 손을 써야
할 건 부부금실 회복이야. 안방이 편안해야 모든 일이 잘 풀
리는 법이니까. 자네 '인삼정과 없는 기생첩방'이란 속담 아
는가? '앙꼬 없는 찐빵'이랑 비슷한 뜻일세. 수삼을 꿀에 절
인 인삼정과가 옛날부터 정력제로 쓰여서, 기생첩방에는 항
상 인삼이 놓여 있었다는거야.

- 인삼희 : 오호… 그래요? 인삼이 그렇게 좋은가? 신랑한테 이제까지
무슨그라니 씨알뭐시기니 안 줘 본 게 없는데, 먹기만 하면
신랑이 머리가 아프고 소화가 잘 안 된다고 하더라고요. 인
삼은 괜찮으려나?

- 홍삼례 : 이리 가까이 와보게. 남자들 거시기에 문제가 있는 게 혈관
에 피가 잘 안 돌아서 그런 거래. 근데 인삼은 혈액순환을
도와서 아주 불끈불끈하게 해 준다는구먼. 서울에서 병원하
는 조카가 그러는데, 발기부전 치료 알약에는 호르몬을 자
극하는 성분이 있어서 부작용이 생길 수도 있는데, 인삼은
그런 게 없대.
숙취해소에도 아주 좋아. 자네 시숙이 술에 쩔어오면 꼴 보
기 싫어도 아침에 따뜻한 물에 홍삼정 한큰술이랑 꿀을 타
먹이는데, 몸이 가뿐하다더구먼.

- 인삼희 : 어머머, 그 좋은 얘기를 왜 이제 해주세요 형님~! 좋아. 남
편은 해결됐고…. 우리 딸 공부하는 데도 도움이 좀 될까요?

- 홍삼례 : 아무렴! 흠흠. 공부한 티 좀 내야겠구먼. 인삼이 학습능력 향
상에 도움이 된다는군. 사포닌이 기억력이랑 집중력은 높여
주고 스트레스는 줄여 준다네. 요건 학생들한테만 해당되는
건 아니지. 나도 요즘에 리모컨을 냉장고에 넣질 않나 외출
할 때 무선전화기를 들고 나가질 않나 아주 깜빡깜빡하는데,
치매 안 오도록 꾸준히 먹을 참이야.

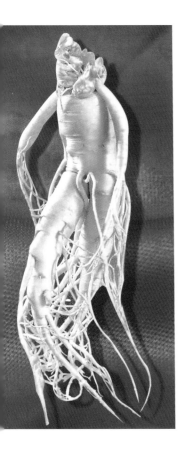

– 인삼희 : 그렇구나. 우리 딸내미 아침마다 수삼이랑 우유 갈아줘야겠어요. 공부하고 오면 홍삼차도 타 주고. 근데 형님, 요즘 유독 몸이 으슬으슬하고 손발이 차지 않아요? 10월 된 지가 언제인데 나만 날씨에 적응을 못하나?

– 홍삼례 : 에이, 어디 자네만 그런가. 작년까진 나도 그랬어. 손발이 하도 차서 전기장판을 9월부터 꺼내놓고 쌀쌀한 날엔 핫팩까지 배에 올리고 잤는데 인삼을 한 1년 꾸준히 먹으니까 몸에 열이 생기고 추위에 강해졌지 뭐야.

어디 그뿐인가. 자네 아까 옆집 꿀피부 아줌마한테 주눅 든댔지? 이제부터 인삼물로 세수해 봐. 옆집 아줌마 깨갱 하는 건 시간문제야. 수삼 살 때 아주머니 졸라서 잔뿌리를 꼭 얻어. 그걸로 음식도 할 수 있지만, 남은 걸 물에 달여서 바르거나 팩 재료로 쓰는 거야. 기미·잡티도 없어지고 주름살도 옅어져서 10년은 젊어 보인다니까. 오죽했으면 조선시대 궁녀들이 왕 눈에 들어보겠다고 인삼물로 목욕을 했겠어.

– 인삼희 : 세상에, 인삼이 아주 만병통치약이네요! 남편 기력부터 딸내미 성적에 내 피부까지 관리 못하는게 없구나! 근데 값이 너무 비싸진 않을까 걱정이네요.

– 홍삼례 : 걱정할 거 없어. 지금이 한창 햇수삼 캘 때라 다른 철보다 싸게 살 수 있거든. 가을 나들이도 할 겸 겸사겸사 가족들이랑 산지에 한번 다녀와 봐. 여의치 않으면 홍삼을 구입해 먹어도 좋고.

참, 내가 인삼 고르는 요령 하나 알려 줄게. 최대한 사람이랑 닮은 삼을 골라. 몸통이랑 팔다리가 균형 있게 발달된 삼이 조직도 치밀하고 속이 충실하다네. 양기 돋우는 데는 여자 몸처럼 예쁘장하게 생긴 '기생삼'이 최고니까 잘 고르고! 서방님한테는 내 모른 척할게. 올가을에 우리 집안 늦둥이 하나 봅세! 꺄르르~.

인삼, 잘 사서 제대로 먹자

식물 분류상 인삼은 두릅나뭇과의 여러해살이풀로, 보통 6년을 길러 캔다. 그런데 6년근의 인기가 단연 높다 보니 연수가 채 차지 않은 인삼까지 6년근으로 둔갑시키는 경우가 있다. 속지 않고 6년근을 사려면 인삼의 나이를 셀 줄 알아야 한다. 인삼의 나이를 확인하는 데는 다섯가지 방법이 있다.

인삼은 해마다 하나의 줄기가 자라나며, 머리 부분에는 그 흔적(노두)이 남는다. 이 노두의 수를 세면 인삼의 연수를 알 수 있다. 다만 첫해와 둘째 해에 생긴 노두는 인삼이 자라면서 몸통에 묻혀 버리기 때문에 이것을 감안해서 연수를 헤아려야 한다. 곧 3년근은 노두가 1개, 4년근은 2개, 5년근은 3개, 6년근은 4개다.

다른 여러해살이작물과 마찬가지로 인삼도 원뿌리에서 해마다 하나씩 가지를 친다. 정확하지는 않지만 이 곁뿌리의 수를 세어보면 나이를 가늠할 수 있다. 원뿌리에서 한번 갈라지면 2년근, 두번 갈라지면 3년근이며, 6년근은 다섯번 갈라진 것이다.

인삼은 또 연수가 오래될수록 원뿌리에서 갈라져 나온 곁뿌리가 선명해진다. 저년근은 이 곁뿌리가 발달하지 않은 반면 6년근은 곁뿌리가 확실히 굵고 뚜렷하다.

인삼은 다년생식물이기 때문에 한해에 하나씩 나이테가 생긴다. 둘째 해가 되면 한개의 나이테가 생기므로 2년근은 한개, 3년근은 두개 해서 6년근은 다섯개의 나이테가 보인다. 하지만 이 나이테 구별법은 전문가가 아니고서는 알아맞히기가 쉽지 않다.

줄기가 달린 상태에서 나이를 판별하려면 장엽(掌葉)의 수를 보자. 인삼은 하나의 줄기 끝에 5개의 잎이 손바닥 모양으로 달리는데, 이것을 손바닥 장(掌)자를 써서 장엽(掌葉)이라고 한다. 이 장엽이 1년생은 1장, 2년생은 2장 해서 6년생은 5~6장이 된다. 7년 이상 키우더라도 장엽수가 6장 이상 늘어나지는 않는다.

한편 시중의 인삼은 크게 수삼과 홍삼으로 유통된다. 햇수삼 수확철

(10~11월)을 맞아 갓 캐낸 삼을 구입하고 싶다면 주산지 농협을 통하는 게 가장 빠르고 안전하다. 전국엔 11개 인삼농협이 있는데 인삼농사를 짓는 농가로부터 직접 사들인 수삼만을 취급해 원산지 걱정 없고 가격까지 착하다. 경기의 개성인삼·경기동부인삼·김포파주인삼·안성인삼, 인천의 강화인삼, 강원의 강원인삼, 충북의 충북인삼, 충남의 백제금산인삼·서산인삼, 전북의 전북인삼, 경북의 풍기인삼 등이 믿을 수 있는 인삼을 취급하는 농협들이다.

홍삼은 인삼농협과 농협홍삼에서 출시하는 다양한 제품을 이용하면 편리하다. 특히 농협홍삼은 국내 최대의 우수건강기능식품제조기준(GMP) 인증 홍삼 가공공장을 보유해 최고 수준의 품질 관리를 자랑한다. GMP는 시설은 물론 원료의 구입에서 생산·포장·출하에 이르는 모든 공정이 우수하다고 식품의약품안전청이 인정한 시설이다.

알쏭달쏭 인삼 이야기

인삼과 인삼으로 만든 홍삼이 우리 몸에 좋다는 것은 누구나 다 아는 사실이다. 특히 6년근 인삼으로 만든 고려홍삼에는 인체에 유익한 사포닌(진세노사이드)이 32종이나 들어 있어 일본 죽절삼 8종, 미국 화기삼 14종, 중국 전칠삼 15종을 크게 넘어서는 것으로 파악되고 있다.

그렇다면 홍삼은 어떻게 만들까. 먼저 4~6년근 인삼을 골라 깨끗이 씻는다. 세척이 끝나면 90℃ 안팎에서 2~4시간 수증기로 찐다. 이를 증삼이라고 한다. 증삼 후엔 건조기에서 24시간 말린다(1차 건조). 온도는 65℃가 적당하다고 한다. 이어 삼에 달려 있는 잔뿌리를 없애는 '치미' 과정을 거친 다음 2차 건조에 들어간다. 2차 건조는 자연 상태에서 짧게는 30일, 길게는 90일 동안 하면 된다. 그러면 홍삼이 탄생한다. 평상시 우리가 마시는 홍삼추출액은 홍삼을 85℃ 되는 물에 넣고 36시간 정도 달인 것이다.

한편 인삼에 대한 오해가 많은데, 이에 대해서도 자세히 알아보자. 특히 소양인과 인삼은 상극이다. 열 많은 사람은 인삼 먹으면 안 된다. 어린이는 인삼을 피해야 한다 등 인삼의 약효를 두고 떠도는 이야기들도 많다. 과연 사실일까. 결론부터 말하면 '아니올시다'이다.

소양인이나 열이 많은 사람은 인삼의 약효를 덜 받는 것이지 안 맞는 것이 아니다. 사람에 따라 약 성분을 받아들이는 정도가 다른 것은 모든 약이 마찬가지다. 용법·용량만 제대로 지켜 복용하면 크게 문제되지 않는다. 인삼을 먹었을 때 열이 난다거나 맥박이 뛴다거나 하는 것은 부작용이 아니라 면역 조절 반응이다.

'홍삼은 체질과 상관없이 다 맞는다'는 말은 약효가 부드러워졌기 때문으로 이해하면 된다. 수삼을 찌고 말려 홍삼으로 만드는 과정에서 자극적인 약성분은 둥글둥글하게 완화된다.

아이들에게 인삼은 금지 식품이 아닌, 권장 식품이다. 인삼의 사포닌은 기억력 증진과 인지력 향상을 도와, 면학에 힘써야 하는 청소년기에 특히 좋다. 다만 과용은 피해야 한다. 교감신경을 항진시켜 주의력 결핍이 올 수 있기 때문이다. 모든 약이 다 그렇듯, 인삼도 유아기 때는 조심해야 한다. 유아에게 인삼을 먹이려 할 때는 믿을 만한 한의원의 처방을 받는 것이 좋다.

'인삼 먹으면 살찐다'는 얘기도 근거 없는 소리다. 인삼이 생리 기능을 활성화하고 신진대사를 촉진하다 보니 식욕이 좋아지기는 하지만, 비만으로까지 이어지지는 않는다. 오히려 과체중 당뇨 환자들은 홍삼 임상실험 결과 체중이 준다는 보고도 있었다. 인삼이 정력에 좋다는 말은 사실이다. 사포닌의 스테미너 강화 효과는 과학적으로도 검증이 됐다.

수삼으로 건강한 밥상 차려요

인삼을 막상 먹으려면 씹어 먹거나 우유에 갈아 먹거나 삼계탕용으로 이용하는 것 말고는 딱히 생각나는 것이 없다. 인삼(수삼)을 이용한 다양한 요리법을 알아본다.

수삼솥밥

【 수삼솥밥 】

▶ 재료: 수삼 1뿌리, 밤 6개, 불린 표고버섯 3개, 당근 ⅓개, 새우살 1컵, 불린 쌀 1½컵, 다시마 10㎝ 1조각, 들기름 조금, 양념간장 (간장 2큰술, 고춧가루·깨소금 1작은술씩, 송송 썬 실파와 들기름 1큰술씩)

▶ 만들기

① 수삼은 물에 담가 잔뿌리까지 솔로 말끔히 씻은 후 노두는 잘라내고 3㎝ 길이로 채썬다.

② 쌀은 씻어 물에 담가 30분간 불려 체에 건진다.

③ 밤은 속껍질까지 벗긴 뒤 작게 썰고, 당근은 1㎝ 크기로 썰고, 새우살은 씻어 건진다.

④ 냄비에 들기름을 두르고 불린 쌀을 넣어 볶다가 표고버섯·당근·새우살을 얹고 다시마를 넣은 후 물을 부어 밥을 짓는다.

⑤ 밥이 끓어오르면 뒤섞은 뒤 수삼을 넣고 중불로 줄여 익히다가 약불로 한번 더 줄여 뜸 들인다. 양념간장과 함께 낸다.

수삼떡갈비

【 수삼떡갈비 】

▶ 재료: 수삼 2뿌리, 다진 쇠고기 200g, 대추 2개, 찹쌀가루 2큰술, 식용유, 양념(다진 파와 양파 2큰술씩, 다진마늘 ½큰술, 깨소금·참기름 1큰술씩, 간장·설탕 ½작은술씩, 후춧가루), 간장소스 (간장·꿀 1큰술씩, 후춧가루 조금)

▶ 만들기

① 수삼은 잔뿌리까지 솔로 말끔히 씻은 후 노두를 제거하고 잔뿌리는 잘라둔다. 몸통은 8㎝ 폭으로 굵게 채 썰고 끓는 물에 살짝 데쳐낸다. 잔뿌리도 곱게 다진다.

② 대추는 씨를 발라 살만 곱게 다진다.

③ 다진 쇠고기에 다진 수삼 잔뿌리, 대추와 찹쌀가루를 넣고 양념재료를 모두 섞은 뒤 작게 뭉쳐 납작하게 빚는다. 이어 수삼채를 가운데 얹어 꼭꼭 쥐어 타원형이 되도록 빚는다.

④ 기름을 두른 팬에 얹어 표면이 갈색이 나도록 지진 후 약불로 줄여 돌려가며 고루 익힌다.

⑤ 간장소스를 떡갈비구이 위에 발라준 뒤 살짝 익힌다.

수삼닭날개강정

【 수삼닭날개강정 】

▶ 재료: 수삼 2뿌리, 닭날개 300g, 녹말가루 ⅓컵, 튀김기름 2컵, 잣가루 1작은술, 닭날개양념(청주 1큰술, 소금, 후춧가루), 강정소스 (간장 2큰술, 올리고당 1½큰술, 후춧가루)

▶ 만들기

① 수삼은 물에 담가 잔뿌리까지 솔로 말끔히 씻고 노두를 제거한 뒤 동글게 저며 썬다.

② 닭날개는 소금 · 후춧가루 · 청주로 버무려 밑간해 두었다가 녹말가루와 물 1큰술을 넣어 버무린다.

③ 끓는 기름에 닭날개를 넣어 노릇하게 튀겨 기름기를 뺀다.

④ 팬에 강정소스와 수삼 썬 것을 넣어 끓이다가 닭날개 튀긴 것을 넣어 버무린다. 접시에 담고 잣가루를 뿌린다.

수삼배단감냉채

【 수삼배단감냉채 】

▶ 재료: 수삼 1뿌리, 배 ⅓개, 단감 1개, 오이 ½개, 꿀소스(꿀 · 식초 2큰술씩, 소금 조금)

▶ 만들기

① 수삼은 솔로 말끔히 씻은 후 노두는 잘라내고 4㎝ 길이로 얇게 저며 썰이 친물에 담가둔다.

② 배는 껍질을 벗기고 반달 모양으로 저며 썰며, 단감은 껍질째 반달 모양으로 썰고 ,오이는 4㎝ 길이로 넓적채로 썬다.

③ 꿀소스를 만들고 ②를 버무려 낸다.

2011년 10월 10일 기사

찬면

더운 여름엔 역시

'그깟 면 한그릇'이라고 얕보지 마시라. 차가운 면 한그릇에도 과학적 원리가 숨어 있으니. 육수부터 양념, 고명에 이르기까지 찬 면 제대로 먹는 법을 알아보자.

냉면집에서는 주인공인 냉면이 나오기 전, 따뜻한 면수나 육수가 나온다. 갑자기 찬 음식이 들어가 위장이 놀라는 것을 막기 위해서다. 사골로 만든 육수는 영양을 보충해 주는 효과도 있다.

함흥냉면을 먹다가 입에 '불'이 날 것 같으면 사골·잡뼈·양지 등을 넣고 끓인 온육수를 마셔서 매운 기운을 가라앉힌다. 매운맛을 내는 성분인 캡사이신은 물에는 녹지 않고 지방에 잘 녹기 때문. 고기를 씹으면 매운맛이 빨리 사라지는 것처럼 고기 국물은 입안에 난 불을 꺼준다.

냉면이나 막국수, 비빔국수에는 어김없이 식초와 겨자가 함께 나온다. 취향에 따라 넣는 사람도 넣지 않는 사람도 있지만 영양학적으로는 넣는 편이 좋다. 식초는 새콤한 맛으로 입맛을 돋우는 조미료인 동시에 살균제이며 피로회복제 역할까지 한다. 식초의 산성 성분이 식중독균의 번식을 억제한다는 것은 잘 알려진 사실. 녹말 성분이나 육류를 먹으면 대사 과정에서 피로물질인 젖산이 쌓이는데, 이를 빨리 분해하는 데도 유기산인 식초가 도움이 된다. 이뿐 아니라 식초는 회냉면에 올라가는 홍어의 단백질을 단단하게 만들어 씹는 맛을 좋게 한다.

겨자 역시 취향껏 국물에 넣어 먹는 게 좋다. 한의학적 관점에서는 찬 성질의 냉면만 먹는 것보다는 뜨거운 성질의 겨자를 넣어 소화기관의 온도를 일시적이나마 높여 주는 게 바람직하다는 것.

이 밖에도 메밀국수를 먹을 때는 간 무를 장국에 넣어 먹는다. 맛을 좋게 하기도 하지만, 무는 유해물질인 살리실아민과 벤질아민을 해독하는 효능이 있기 때문. 메밀껍질에 있는 이들 성분은 소화를 방해하고 설사를 유발한다고 알려져 있다.

냉면 위의 꽃과도 같은 달걀과 편육 고명은 언제 먹는 것이 좋을까. 허영만 화백의 음식만화 〈식객〉의 '팔도냉면 여행기' 편의 한 대목을 옮긴다. 주인공들이 평양냉면 요리 대결을 벌이는 장면이다.

"고명과 함께 면을 드십시오. 이때 삶은 달걀을 육수에 풀어 드셔도 색다른 맛을 즐기실 수 있습니다. 참, 고기 고명은 남겨 주세요. 마무리입니다. 남기신 편육에는 식초와 겨자로 간을 한 육수 맛이 배어 있을 겁니다. 잡수시면서 느끼세요."

◉ 여름철의 별미, 국수

지겹게 내리던 비가 그치고 나니 더운 열기가 전국을 강타하고 있다. 가만히 있어노 땀이 송골송골 맺히는 이 여름, 한입 후루룩 먹으면 뼛속까지 시원한 한국식 면 요리로 더위를 쫓아 보자.

• 콩국수

불린 콩을 삶아 껍질을 벗기고 곱게 갈아 만든 콩국에 국수를 만 것. 콩의 고소한 맛과 풍부한 영양이 어우러져 여름철 대표 보양식으로 손색이 없다.

콩국수

콩국수는 지방에 따라 만드는 방법이 조금씩 다르다. 질 좋은 수수가 많이 나는 황해도 지방에서는 수수경단을 만들어 콩국에 띄우고, 경상도에서는 우뭇가사리로 만든 묵을 국수 모양으로 잘게 썰어 넣기도 한다. 최근엔 깨나 잣·땅콩·호두 등을 함께 넣어서 만들기도 하고 검은콩과 검은깨를 사용하기도 한다. 콩국수를 집에서 간단하게 만들고 싶을 땐 우유 200㎖에 두부 4분의 1모를 넣고 믹서에 갈아 삶은 국수를 넣은 뒤 소금 간을 해서 먹으면 된다.

막국수

• 막국수

겉껍질만 벗겨낸 거친 메밀가루로 굵게 뽑은 국수로 만든 강원도 향토음식. 1950년대 내려온 이북 사람들이 고향의 냉면 맛을 그리워하다 대신 해 먹었다는 설부터 뚝뚝 끊기는 메밀국수를 젓가락과 숟가락으로 '막' 먹은 데서 비롯됐다는 설, 화전민이 끼니를 때우기 위해 '마구' 뽑아 만든 국수였다는 설, '막' 먹어도 탈이 나지 않아 막국수라는 설 등 유래에 얽힌 얘기들이 다양하다.

최근엔 메밀이 혈압을 떨어뜨리고 체중 감량에 도움이 된다는 건강기능성이 주목받으면서 '막국수촌'이 형성될 정도로 대중화됐다.

막국수 명가들은 강원과 경기 일대에 몰려 있는데, 저마다 메밀가루·밀가루·전분가루의 비율을 달리한 것을 비법으로 내세운다. 김칫국물이나 동치미 육수에 말아 먹기도 하고, 고춧가루로 만든 양념장을 넣어 비벼 먹기도 한다.

• 기타

면을 밥만큼이나 즐겨 먹는 영남지방엔 여름철 별미 국수가 여럿 있다. 대표적인 게 '진주냉면'과 '부산밀면'.

교방문화가 꽃 피었던 경남 진주에서 생겨난 진주냉면은 고기 육수를 사용하는 평양냉면과 달리 멸치·홍합·문어·바지락 따위의 해산물을 끓인 물과 조선간장으로 육수를 만든다. 면은 고구마 전분을 사용해 평양냉면보다 쫄깃하다.

부산밀면은 평양냉면의 사촌 격이다. 1950년대 부산에 내려온 이북 사람들이 만든 음식으로 메밀가루 대신 원조 물자로 흔해진 밀가루에 고구마 전분을 섞어 면을 만들어 하얗고 쫄깃하다. 밀냉면·부산냉면으로 불리다 지금의 이름으로 굳어졌다. 함흥냉면처럼 질기지 않지만, 이로 끊어 먹을 정도론 질기다.

🍜 시원한 평양냉면 vs 매콤한 함흥냉면

"오늘 냉면 어때?"

무더위가 기승인 이맘때, 냉면의 인기는 가히 타의 추종을 불허한다. 세간 사람들이 주고받는 대화에 '냉면'이란 단어가 빠지는 날이 없을 정도다. 실로 냉면 전성 시절인 것이다. 그리고 이 냉면의 세계에는 천하를 양분하고 있는 두 지존이 있으니 바로 평양냉면과 함흥냉면이다.

용호상박인 두 냉면은 곧잘 맛 대결을 벌이는 데다 자기들끼리도 원조 논쟁을 주고받기 일쑤여서, 그 광경을 텔레비전이나 신문을 통해 지켜보는 구경꾼들은 자못 신이 난다. 게다가 '냉면 맛 좀 안다' 해야 식도락가 내지는 미식가의 반열에 들 수 있기에, 음식의 세계에서 냉면이 갖는 위상은 교양필수와도 같다.

이북에서 시작된 냉면이 한반도 남쪽까지 널리 퍼진 것은 6·25 이후다. 냉면이란 존재야 여러 문헌이나 사람들의 입을 통해 알려지긴 했지만, 냉면집은 피란민들이 대거 남하해 자리 잡기 전만 해도 거의 없었다.

'평양냉면'과 '함흥냉면'이란 이름도 남한에 와서 대결하듯 정착했다. '이 반가운 것은 무엇인가. 이 히수무레하고 부드럽고 수수하고 슴슴한 것은 무엇인가(중략).' 시인 백석이 〈국수〉란 시에서 예찬한 국수는 바로 냉면이었다. 이렇게 북한에서는 냉면을 그냥 국수라고 불렀다. 함경도에서는 냉면을 '농마국수'라고 했는데, 농마는 녹말(綠末)의 사투리다. 평안도 실향민들이 남한에 정착하며 '평양냉면'이란 말을 대중화하자, 함경도 실향민들도 이에 대항하기 위해 '함흥냉면'을 만들어낸 것이다.

함흥냉면

평양냉면

냉면을 잘 모르는 사람들은 "그게 그거 아니냐"며 반문하지만, 사실 평양냉면과 함흥냉면은 전혀 다른 음식이다. 냉면 마니아들은 평양냉면파와 함흥냉면파가 뚜렷이 구분될 정도다.

가장 큰 차이점은 면의 재료와 면발의 식감이 다르다는 것. 평양냉면은 메밀가루를 반죽해 면을 뽑는다. 평양냉면에서 나는 독특한 향은 사실 메밀 향이다. 평양냉면집들은 이 메밀 향이 날아가지 않도록 하기 위해 반죽도 찬물로 한다. 점성이 약한 메밀로 면을 뽑다 보니 면발이 다소 거칠고 잘 끊어지는 것은 당연한 일. 평양냉면은 잇몸으로도 면을 끊을 수 있을 정도다.

반면 함흥냉면은 감자전분이나 고구마전분으로 면을 뽑아, 면발이 가늘고 부드럽기는 하지만 질기기가 마치 고무줄과 같다. 오죽했으면 '함흥냉면을 먹을 때는 면 앞자락은 뱃속에 들어가고, 중간은 씹고 있고, 뒷자락은 그릇에 남아 있어야 한다'는 말이 있을 정도다.

한편 면이 질긴 함흥냉면집을 중심으로 식탁에 가위를 올려주는 곳이 많은데, 함흥냉면과 평양냉면 모두 가위 사용은 금물이다. 가위로 면을 자르면 씹는 맛이 떨어진다. 가끔 손님의 의사를 물어보지도 않고 면을 가위로 잘라 내오는 집도 있는데, 면발의 식감을 제대로 즐기려면 자르지 말라고 미리 얘기해야 한다.

평양냉면은 육수를 중시한 음식이고, 함흥냉면은 양념맛을 즐기는 음식이라는 것도 큰 차이점이다.

물냉면 위주로 발달한 평양냉면은 꿩 육수를 최고로 쳤으며, 닭이나 사골육수, 동치미 국물에 면을 말아 먹기도 했다. 다진 양념을 일절 사용하지 않고 고소한 메밀 면과 밍밍·덜큼·심심한 육수의 조화를 즐겼는데, 처음에는 "이게 무슨 맛이야" 하던 사람들도 한번 중독되면 다시 찾지 않고는 못 배기는 게 평양냉면이다.

고춧가루 양념으로 비빈 면에 가자미회나 홍어회·오리회를 올려 먹는 함흥냉면은 이북 음식 중 드물게 매운 음식이기도 하다. 혹독한 겨울을 나야 하는 함경도의 특성상 몸속에 열을 내기 위해 매운맛을 즐긴 것이다. 워낙 맵다 보니 따뜻한 사골 육수를 곁들여 내는 것도 특징이다.

하지만 냉면이 대중화되며 요즘은 이러한 둘의 경계도 허물어졌다. 냉면집들은 서로의 장점을 받아들여 평양냉면 전문점에도 비빔냉면이 있고, 함흥냉면 전문점에도 물냉면이 있다.

마지막으로 사족 하나. 누가 "너 무슨 냉면 먹을래?"라고 물을 때 '물냉' 또는 '비냉'이라고 대답하지는 마시라. '평양냉면' 또는 '함흥냉면'이라고 분명히 얘기해야 냉면 좀 아는 사람이다.

집에서 먹는 한 · 중 · 일 3국 면요리

여름철 외식메뉴는 뻔할 뻔자, 냉면이나 콩국수다. 흰쌀밥이 물리는 날이 있는 것처럼 냉면 · 콩국수가 아닌 색다른 면을 먹고 싶을 때도 있기 마련. 그럴 땐 부엌으로 가서 직접 앞치마를 둘러보자. 냉동실에서 살짝 얼린 살얼음 국물을 쭉 들이켜면…. 캬! 처음 만나는 쨍한 맛에 가슴속까지 시원해진다.

【 한국 : 냉라면 】

찬장 속 '상비군' 라면도 차갑게 만들면 색다르다. 먼저 면발이 꼬들꼬들할 정도로 라면을 삶고 찬물로 헹궈 놓는다. 기름에 튀긴 라면 면발은 찬물에서 딱딱하게 굳기 때문에 유탕면보다는 생라면으로 만드는 게 좋다. 다른 냄비에 물을 5큰술 넣고 분말수프가 녹을 정도로 살짝 끓인 뒤 찬물을 붓고 냉동실에 넣어 식힌다. 고명으로는 참기름, 깨소금, 양념한 김치나 삶은 달걀이 어울린다. 수프국물을 만들지 않고 열무김치 국물에 훌훌 말아 먹어도 별미다.

【 일본 : 냉소면 】

더운 여름, 일본에서 가장 흔하게 먹는 가정식이다. 소면은 삶아서 찬물에 바락바락 씻어 놓고 국물은 가다랑어포 국물 5큰술, 맛술과 진간장 1큰술씩을 섞어 차게 만든다. 냉소면의 포인트는 '온천달걀(온센다마고)'이란 이름의 반숙 달걀. 끓지 않는 뜨거운 물에 달걀을 20~25분 정도 담그면 흰자만 익는다. 삶은 소면에 시원한 국물을 자작하게 붓고 온천 달걀을 깨뜨려 노른자를 면과 비벼 먹는다. 송송 썬 쪽파와 간 마, 표고버섯 조림을 곁들여 먹으면 일본음식 느낌이 물씬 난다.

【 중국 : 냉면 】

유명 중국집에서 여름 한정메뉴로 즐기던 중국식 냉면도 집에서 만들 수 있다. 국물은 닭육수 6컵, 청주 1큰술, 간장 ⅓컵, 소금·설탕·식초 2~3큰술을 끓여 식혀서 만든다. 여기에 땅콩버터소스(땅콩버터와 끓는 물을 1대 1로 섞고 다진 마늘을 넣어 만듦)와 겨자를 조금 풀면 달콤하고 톡 쏘는 맛이 난다. 면발은 시판 냉면을 이용하고 고명으로는 삶은 새우, 불린 해삼 채 썬 것, 채 썬 장육(중국식 돼지고기 수육), 지단, 오이피클을 올린다.

찬면의 추억

지금은 냉면이 제왕적인 위치를 점하고 있지만 나는 어린 시절 냉면을 먹어본 적이 없었다. 많은 사람들처럼 국수 가운데 가장 좋아하는 것으로 냉면을 들긴 했다. 하지만 내가 면, 혹은 국수의 본질에 가장 가까운 것으로 치는 것은 소면이다. 이유는 아주 어릴 적에 먹어보았다는 것, 그것뿐이다.

여름 저녁 평상에 두레상을 펴고 앉아 있는 식구들 앞으로 삶아 건진 국수가 그득한 채반이 날라져 온다. 여름 저녁 별식으로는 라이벌 격인 콩가루 넣은 칼국수와 달리 읍내 장에서 사온 소면을 양은솥에 삶아서 건진 것이다. 고명은 채 쳐서 데친 애호박, 지단, 김, 오이채 등속이다. 멸치 육수는 다시마 빛깔이 엷게 나는데 그게 넣지도 않은 다시마 때문은 아니고 간장으로 간을 맞춰서이다. 국물이 시원한 것은 무와 대파, 양파를 크게 썰어 넣고 오래도록 끓였기 때문이다.

국수 사리를 바닥에 복(福) 자가 그려진 흰 사기그릇 속에 넣고 색색가지 고명을 얹은 뒤에 사리가 3분의 2쯤 잠기도록 국물을 붓는다. 중요한 건 양념장이다. 장독대에서 바가지로 퍼온 간장에 다진 마늘과 얇게 썬 파, 고춧가루를 넉넉하게 넣은 뒤에 참기름을 듬뿍 친다. 양념장이 담겨 있는 스테인리스 그릇

속에 참기름이 만든 크고 작은 거울. 낮이면 거기에 지나가는 구름이 비치기도 한다. 양념장을 알맞게 넣어서 간을 맞춘다. 냉장고가 보급되기 전이라 쫑쫑 썬 김치를 고명이나 반찬으로 얹어 먹기는 힘든 일이었다. 대신 겉절이가 나온다. 채 친 무에 소금 간을 해서 만든 겉절이는 고명으로 얹어 먹어도 되고 반찬으로도 좋다. 반찬으로 어린 여름 배추를 잘 씻어서 된장에 찍어 먹는다. 국수는 술술 잘 넘어간다. 모두들 말없이 후루룩대며 국수를 빨아들인다. 맛을 결정적으로 좌우하는 것은 역시 간장이다. 거기에 부드러운 국수의 질감. 국물이며 고명과 양념의 고유한 맛이 섞여 총체적인 맛을 구성한다. 맞은편에 앉은 누나의 이마 위 땀방울. 집으로 돌아가는 제비의 형상. 코끝을 스치는 모깃불 연기 냄새도 한몫을 한다. 나중에 그중 어떤 것이 그 여름 저녁의 국수를 떠올리게 할지 모를 일이다.

작년 여름에 베를린에 체류할 때 너무나 간절하게 국수가 먹고 싶은 나머지 아시아 푸드 마켓에서 일본산 소면을 사와서 일단 국수를 삶아 건지고 보았다. 멸치를 구할 수 없어서 터키산 생수를 국수 사리 위에 붓고 간장과 참기름만으로 간을 맞췄다. 배추는 비슷한 게 있어서 씻어다 고추장에 찍어 먹었다. 그래도 어린 시절 그 국수를 떠올리게 하기에 충분했다.

글 · 성석제(소설가)

2011년 8월 1일 기사

전

비 오는 날 그리워라

비 내리는 농촌의 한낮 풍경은 어느 마을이나 비슷하다. 마을 평상이나 정자에 삼삼오오 모여 앉아 전을 부쳐 먹고 수다판을 벌인다. 모내기가 막 끝난 6월 초, 경북 상주시 은척면 하흘2리 아랫헐골의 모습을 그대로 옮겼다. 아랫헐골은 마을 주변에 골짜기가 하도 많아 붙여진 이름이다.

"어? 빗방울 듣네!"

아침 설거지를 하던 상주댁(권종순 · 64)이 부엌 창문을 닫았다. 아침부터 하늘이 어둡더니 갑자기 비가 쏟아진다. 원래는 마을 아낙들 모두 모여 옆 마을 과수원에 배를 솎으러 갈 요량이었지만 비 때문에 작업도 취소됐다. 그런데도 밥그릇을 닦는 상주댁의 표정이 밝다. 비록 일은 하루 공쳤지만, 농번기라 그동안 쉴 틈 없이 허리를 굽혔는데 시원하게 퍼붓는 비 덕분에 간만에 하루 쉴 수 있게 된 까닭이다.

상주댁은 마을 회관으로 향했다. 회관에는 갑자기 '공식 휴일'이 생긴 마을 사람들이 모여 이미 두어 군데서 화투판을 벌였다. 한참동안 짝을 맞추던 아낙들은 이내 그것도 지루해졌는지 슬슬 배를 쓰다듬는다.

"비도 오고 출출한데 우리 전이나 부쳐 먹을까여?"

"평상에 나가서 먹어야 제맛이라!"

아낙들은 화투짝을 내려놓고 회관 앞에 지붕을 올린 평상으로 나가고 할매들의 재롱둥이인 부녀회 총무 헐골댁(조복열·54)은 주섬주섬 재료를 챙긴다.

분홍색 '다라이'와 부침가루, 달걀에다 애호박, 양파, 고추, 버섯 등 냉장고에서 잠자던 채소 총출동. 이를 지켜보던 삽을댁(정성순·61)은 "부침개에 정구지(부추)가 빠지면 되냐"며 마당에서 금세 부추를 한움큼 잘라 온다.

"더 필요하면 얘기해여. 내 금방 뜯어 올게여."

평상에 휴대용 가스레인지와 도마를 놓고 아낙들이 빙 둘러앉았다. 부추와 고추는 송송 썰어 널따란 부침개를 부치고 모양을 살려 썬 애호박과 새송이버섯은 달걀물을 묻혀 지진다. 회관 앞을 지나던 창말댁(김귀분·79)은 어디선가 막걸리를 네댓병 가져왔다. 물 맑기로 소문난 상주의 대표 막걸리 〈은자골 탁배기〉다.

왁자지껄한 평상 뒤 논에선 한 뼘 길이의 모가 찰랑이는 물 밖으로 빼꼼 머리를 내밀고 있다. 청개구리도 오랜만에 만나는 아낙들이 반가운지 진초록 벼 잎에 앉아 개골개골 울어댄다.

"더 넣어, 가루!"

마을 이장(우병조·54)은 손 하나 까딱 않고 뒤에서 사설을 늘어놓다 가루가 많으면 잘 안 부쳐진다는 타박만 받았다. 이장은 맨입으로 전이 익기만 기다리는 게 머쓱했던지 달걀을 깨겠다고 나섰다. 스테인리스 그릇에 탁 달걀을 깨자 바로 사방에서 잔소리가 날아든다.

"이 사람아! 탁배기잔(막걸리잔) 하려고 갖다 놓은 걸 쓰나!"

괜히 돕는다고 얼쩡대다 또 구박을 받았다.

치이이익-. 반죽이 프라이팬에 오르자 사람들의 시선이 모두 둥근 전을 향한다.

"디비, 디비!" "안 인나여!"

하도 오래 써서 바닥이 벗겨진 프라이팬을 쓰니 전이 프라이팬에 붙어 잘 뒤집히지 않는다.

"사람이나 부침개나 길이 잘 나야 써먹지."

아슬아슬한 농을 타고 웃음꽃이 핀다.

"마, 술은 배부터 채우고 먹어야 하는기라. 전부터 집어 먹어어!"

이장은 사발에 막걸리를 따르며 마성댁(홍옥자·61) 입에 전을 넣어 준다. 뜨끈한 전을 안주로 탁배기 잔을 주거니 받거니 하자 아낙·남정네 할 것 없이 뺨이 붉어진다. 젊은 이장은 흔쾌히 제 볼을 내어 주며 누님들의 흥을 돋운다.

"우리 이장 볼이 뽈또또리하니 아주 이쁘다!"

한바탕 비가 마을을 훑고 간 까닭에 하릴없이 동구 밖을 서성이던 동네 사람들이 평상으로 모여든다. 오토바이 타고 온 우체부 아저씨도, 뻐끔뻐끔 담배를 태우며 주변을 어슬렁대는 욕쟁이 할매도 호박전 몇 점을 집어 먹고 나서야 자리를 뜬다.

비구름이 걷히고 개구리 울음도 그쳤다. 제법 시원한 초여름의 바람이 불 앞에서 덥혀진 아낙의 얼굴을 식혀 준다. 누구는 목침을 베고 드러눕고, 누구는 옆 아낙의 무릎을 목침 삼아 하늘을 본다.

언젠가부터 평상에 있던 목침은 아랫헐골 주민 아흔 명의 머리를 한 번씩 받쳤는지 반질반질 윤이 난다.

상주댁이 남은 부침개를 접시에 담았다. 내일 아침상에는 '걸뱅이탕'을 낼 참이다. 걸뱅이탕은 멸치국물에 부침개와 고춧가루를 넣고 걸쭉하게 끓인 찌개다.

"하이고~ 비 덕분에 잘 놀았네. 이번 주에 또 언제 비 와여?"

아낙들은 다음 비오는 날엔 데친 무를 얇게 썰어 '무적'을 해 먹기로 했다.

🌑 지역별 색다른 전을 소개합니다

한국인이라면 누구나 좋아하는 전. 파전·녹두전·부추전 등 전국적으로 즐겨 먹는 전들도 많지만 그 종류는 이루 말할 수 없을 정도로 다양

배추전

미꾸라지전

소등골전

하다. 시대와 지역에 따라 특이한 이색 전을 소개한다.

배추전은 춥고 기나긴 겨울밤 경상도(주로 경북)에서 해 먹던 전. 먹을 것이 귀하던 산간 지역에서는 최고의 간식거리였다.

프라이팬에 기름을 두르고 온도가 적당히 올랐다 싶으면 소금물에 절인 배추에 밀가루 옷을 입혀 노릇노릇하게 구워낸다. 겉의 푸른 잎보다는 노란 배추속대를 이용하면 달콤하고 고소한 배추전을 즐길 수 있다. 볼에 굵은소금을 한줌 넣고 배추속잎을 2시간 정도 절인다. 배추의 두꺼운 부분은 칼 손잡이 부분으로 살살 눌러 얇게 넓어지도록 펴준다. 부침가루, 찹쌀가루, 달걀 1개를 넣고 찬물을 부어 부침반죽을 만든다. 프라이팬에 기름을 붓고 적당히 반죽에 무친 배추 1~2잎(보통은 2잎)을 굽는다.

미꾸라지전은 경기 지역에서 가을철 농번기가 끝나고 보양식으로 해 먹던 서민들의 음식. 동네 저수지나 논·하천 등에서 미꾸라지를 잡아 추어탕이나 전으로 해 먹었다. 칼슘·단백질 등이 다량 함유된 미꾸라지는 간 기능 회복에 좋다. 살아 있는 미꾸라지에 소금을 약간 뿌리면 미꾸라지들이 서로 몸을 비벼 거품을 낸다. 거품이 일면 깨끗이 씻어 삶은 후 미리 갈아놓는다. 양파도 약간의 물과 함께 간다. 양파와 미꾸라지를 섞은 후 쌀가루와 밀가루를 넣고 다시 섞는다. 채 썬 깻잎과 소금을 약간 넣어 다시 혼합한다. 팬에 들기름을 두르고 먹기 좋은 크기로 둥글고 납작하게 지져낸다. 간장과 함께 먹는다.

소등골전은 소의 등골을 손질해 부친 전으로 조선시대 궁중음식 중의 하나다. 육류와 어패류, 채소류 등과 함께 얇게 다져서 기름을 두르고 노릇하게 지지는 것으로 '전유어'라고도 불렀다. 쇠고기뿐 아니라 천엽·간 등 내장으로도 전유어를 만들었는데 내장육으로 만드는 전유어는 특히 임금님의 수라상에 올라가는 고급 음식으로 꼽힌다. 재료들의 냄새가 강하고 질기기 때문에 깨끗이 손질하는 것이 중요하다. 소의 등골에 손가락을 넣고 갈라 4~5㎝ 크기로 썬다. 거기에 후추와 소금으로 간을 한다. 계란을 깨뜨려 잘 저어놓는다. 등골을 밀가루에 묻혀 달걀물에 담근 후 팬에 식용유를 뿌리고 양면을 지져낸다.

● 전과 부침개 차이는?

  신민자 경희대 조리과학과 교수와 ㈜궁중음식연구원 이소영 자료실장의 도움말을 통해 전·부침개·지짐 등의 차이점을 알아보자.

  '전'은 재료의 형태를 최대한 유지시켜 밀가루와 달걀물을 씌운 다음 프라이팬에서 기름으로 지진 것을 말한다. 굴전·새우전·버섯전·고추전·호박전 등이 대표적이다. 한편 경상도 일부 지방에서는 전을 '적'이라고도 한다. 하지만 전라도 등 대부분의 지방에서는 각종 채소와 쇠고기 등을 꼬챙이에 꿰어 불에 굽거나 기름에 지진 것을 적이라고 한다.

  '부침개'는 재료의 형태를 무시하고 잘게 썰어 밀가루와 함께 반죽한 뒤 프라이팬에서 지진 것을 일컫는다. 애호박을 채 썰어 만든 호박부침개나 배추김치를 잘게 썰어 만든 김치부침개 등이 대표적이다.

  참고로 녹두빈대떡은 떡이라고도 하지만, 재료인 녹두를 맷돌에 갈아 원래의 형태를 크게 파괴한 뒤 기름에 지진 것이기 때문에 녹두부침개라고도 할 수 있다.

  '지짐' 또는 '지짐이'는 경상도에서 쓰이는 방언으로, 전과 부침개를 통틀어 '지짐' 또는 '지짐이'라고 한다. 하지만 김치조림이나 생선조림을 '지짐이'라고 부르기도 한다.

● 달인에게 배우는 전 부치기 요령

  "호박전 부칠 때 호박과 피가 따로 놀아요."
  "부추전 가장자리가 항상 타요."
  초보 주부들이 늘 하는 고민이다. 누구나 선뜻 팔을 걷어붙이고 도전하지만 결코 만만찮은 게 전 부치기다. 각종 전 제대로 부치는 요령을 서울 공덕시장 '마포할머니빈대떡집' 서문정애 할머니에게 들어 봤다.

【 호박전 】

애호박을 둥글게 썰어 소금을 뿌린 뒤 마른 밀가루를 묻혀 달걀 피를 입히면 피가 벗겨지지 않는다.

【 부추전 】

처음에는 센불로 부치다가 뜸 들일 때는 불을 낮춰야 가장자리가 타지 않는다. 자주 뒤집으면 힘이 없다.

【 빈대떡 】

노릇노릇할 때 뒤집는데, 전체적으로 세번만 뒤집는 게 맛은 물론 보기에도 가장 좋다.

【 고추전 】

찬물에 헹궈 매운맛을 뺀 뒤 호박전과 같이 마른 밀가루를 묻힌다. 두세번만 뒤집는다.

【 파전 】

다른 전과 달리 두께가 두껍기 때문에 한번 뒤집은 후 냄비 뚜껑을 덮어 둬야 속까지 제대로 익는다.

【 깻잎전 】

중간 불로 시작해서 약한 불로 마무리한다. 불이 세면 깻잎이 타버린다.

【 부침개 피 만들기 】

밀가루에 쌀가루를 조금 섞으면 고소한 맛이 확 살아난다. 소금은 맛소금이 아닌 천일염을 사용하는 것이 좋다.

2011년 6월 13일 기사

한국의
멋을 담다!

제2장

봄이 오면 갯마을의 봄맛 보러, 여름 오면 염화미소 연꽃 찾아, 가을 오면 차려 입은 가을산에, 겨울 오면 다시 찾은 철새 따라 전국 방방곡곡 떠나는 한국인들. 자연이 채색한 산과 바다, 들과 강, 길과 마을로 한발 앞서 계절 마중 나서려는 그대에게 전합니다. 한국의 명품 여행지가 보내온 초대장과 거기 담긴 짙고 깊은 멋을 말입니다.

사진

나만의 봄을 담다

'기록은 기억을 지배한다'라는 말이 있습니다. 사진을 두고 하는 얘기지요. 앨범 속 빛바랜 사진을 들춰보면 이 말에 고개가 끄덕여집니다. "그땐 그랬지~" 하면서 말이죠.

디카에 폰카까지 이제 카메라는 여행의 필수품이 됐지만, 막상 여행을 떠나면 생각만큼 사진을 많이 찍진 못합니다. 시간에 쫓겨서 혹은 귀찮아서 달랑 기념사진 한장 찍고 올 때도 있지요. 그러나 조금만 신경 쓰면 사진으로 더 의미 있는 추억을 만들 수 있습니다. 자신만의 느낌으로 색 다르게 표현한 여행지의 풍경은 오래도록 기억에 남고, 재미있게 포착한 사람들의 모습은 많은 이야깃거리를 만들어줄 테니까요.

살랑이는 바람에 발바닥이 근질거리는 봄. 이번엔 단단히 마음먹고 카메라를 챙겨 봅니다. 찬란한 봄빛을 사진에 제대로 담아 보려고요. 봄꽃과 봄맛, 봄의 소리까지 담을 수 있는 저 남쪽 거제와 통영으로 떠납니다.

첫번째로 찾은 곳은 경남 통영시 한산면 매죽리에 있는 섬 '장사도.'

동백꽃으로 유명한 장사도는 통영에 속하지만 거제 남단에서 서쪽으로 1㎞ 거리에 있어 거제와 더 가깝습니다. 장사도는 최근 인기리에 방영된 〈별에서 온 그대〉라는 드라마의 촬영지로 뜬 곳이기도 하지요.

10만여그루의 동백나무를 비롯해 후박나무·구실잣밤나무 등 상록활엽수들이 울창한 숲을 이룬 장사도에서는 11월부터 4월까지 동백꽃을 볼 수 있습니다. 반짝이는 푸른 잎 사이로 봉긋하게 피어난 동백꽃 옆에서 사진을 찍느라 여념이 없는 사람들. 바닥에 떨어진 꽃송이는 처연한 붉은빛으로 카메라를 사로잡고, 아치 모양의 동백터널은 그 자체가 프레임이 됩니다.

이번엔 노란 수선화가 푸른 바다와 어우러진 그림 같은 풍경을 담으러 '공곶이'로 갑니다. '거제8경' 중 하나로 거제시 일운면 와현리에 있는 공곶이는 한 노부부가 평생 동안 조성한 농원인데요. 이맘때면 수선화를 보려는 사람들로 장사진을 이룹니다.

통영에는 생동하는 봄의 소리를 카메라에 담을 수 있는 곳이 있습니다. 바로 '통영중앙시장'. 색색의 소쿠리에 담겨 펄떡이는 광어·우럭·문어 등 갖가지 해산물들은 사진 찍기 좋은 피사체입니다. "광어하고 우럭 한 소쿠리에 2만원만 주이소." 상인들과 흥정도 해가며 활기 넘치는 시장의 소리를 카메라에 담습니다.

어디 시장뿐일까요. 통영과 거제에는 그냥 지나칠 수 없는 먹거리들이 넘쳐 납니다. 봄도다리와 봄쑥이 만난 도다리쑥국, 멍게비빔밥, 충무김밥, 꿀빵…. 입으로 가져가려다 꾹 참고 카메라로 먼저 '눈맛'을 봅니다. 먹음직스럽게 찍은 여행지의 별미 사진은 주변에 자랑하기도 좋습니다.

배를 든든하게 채운 뒤 마지막으로 찾은 '동피랑마을.' 중앙시장 뒤편 언덕의 동피랑마을은 철거될 뻔했던 달동네였으나 벽화가 그려지면서 유명해진 마을입니다. 벽화 속 하얀 날개 가운데에서 잠시 천사가 된 듯 포즈를 취해 봅니다. 평범한 기념사진보다는 재미를 더한 이런 사진이 더 기억에 남지 않을까요?

"사진을 찍으면 스쳐 지나가는 풍경도 다시 한번 보게 되고, 남들이 보지 못하는 것도 찾게 됩니다. 그동안 찍은 사진들을 아이들에게 유산으로 물려줄 생각이에요."

여행에서 만난 방윤식씨(47)는 9년 동안 가족여행을 다니며 찍은 사진들을 블로그에 올리고 있답니다. 3개월에 한번씩 어머니와 함께 여행하며 어머니의 사진을 찍어드린다는 신재범씨(37), 사진동호회 활동을 하며 여행사진을 찍는다는 신승우씨(36)도 카메라로 봄빛을 담다 만난 사람들입니다.

그들의 이야기를 듣다 보니 기록은 기억뿐 아니라 현재의 삶도 지배하는 게 아닌가 싶습니다. 그들의 여행은 사진으로 인해 더 즐겁고 풍성해 보였으니까요. 2014년 봄. 거제와 통영에서의 기록이 훗날 어떤 기억을 만들어 줄지 사뭇 기대됩니다.

📷 멋진 사진 한번 찍어 볼까?

사진을 볼 때 사람들이 편안하게 느끼는 구도가 있다. 대표적인 예가 황금분할이고 그중 삼등분할이 기초다. 삼등분할은 간단하다. 사진

기를 통해 보는 화면에 가상의 가로선 2개를 그어 3등분한다. 세로선 도 2개 그어 3등분한다. 그리고 피사체(찍고자 하는 대상)를 가로세로 선이 교차하는 지점에 둔다. 이렇게 하면 사진에 안정감과 풍성함을 더 할 수 있다.

사진에 제목을 붙이자. 제목은 구체적인 것이 좋다. 그러려면 구성을 간결하게 해야 한다. 사진 안에 많은 대상을 담을수록 주제가 불분명해 진다. 썰렁한 느낌이 들 정도로 사진에 여백을 두거나 주제가 될 피사체 를 최대한 확대하는 방법 등이 특색 있는 사진을 찍는 비결이다.

카메라는 두 손으로 잡고 팔꿈치는 가슴에 붙여 흔들림을 최소화한 다. 나무에 몸을 기대거나 탁자에 팔꿈치를 지탱하고 찍는 것도 좋은 방 법이다. 셔터는 힘을 줘 꾹 누르지 않는다.

조금씩 손가락에 힘을 주다보면 어느 순간 카메라가 초점을 잡았다는 신호를 보낸다. 이때 미세한 힘을 더 하면 "찰칵" 소리가 나며 흔들림 없는 사진이 찍힌다.

인물사진은 무엇보다도 빛이 중요하다. 빛이 인물 정면을 비출 때 찍 은 사진은 화사하고 쨍한 느낌을 준다. 다만 입체감이 떨어지는 단점이 있다. 정면이 아닌 45도 각도로 비추고 있을 때는 살짝 그늘이 생기며 입체감이 살아난다. 정오 즈음에 해가 머리 위에서 피사체를 비추면 눈 썹이나 코 때문에 그림자가 생긴다. 이땐 사진기를 조작해 강제로 플래 시를 터트리면 해결된다.

해가 피사체 뒤에 있는 것을 역광이라고 한다. 역광일 땐 얼굴 전체에 그림자가 생겨 시커먼 사진이 된다. 역광은 전체 윤곽만을 표현하고 싶 을 때 사용한다. 역광에서도 인물의 표정을 담고 싶다면 사진기의 '역광 모드'를 선택하거나 플래시를 터트리며 찍는다.

풍경사진은 간결함이 생명이다. 바다나 하늘을 과감히 사진에 담아 여 백의 미를 더하는 방법이 쉬운 예다. 다만 눈으로 보기에 하늘은 파란데 사진으로 보면 하얗게 나오는 경우가 많다. 해를 마주 보거나 측면에 두 고 찍어서다. 해를 등 뒤에 둬야 파란 하늘을 찍을 수 있다. 풍경만 있어 사진이 밋밋하다면 사람도 풍경의 일부라는 생각으로 사진 안에 배치하

자. 생동감을 더할 수 있다.

꽃사진의 묘미는 근접해서 촬영하는 접사에 있다. '접사(매크로)모드'를 활용하면 몇 센티미터 앞에 있는 꽃도 초점을 맞춰 찍을 수 있다. 배경이 흐릿해지는 아웃포커싱 효과도 시도해보자. 카메라를 최대한 꽃 가까이 대고, 줌 기능도 이용해 확대 촬영한다. 이때 배경은 어둡고 멀리 떨어질수록 효과적이다. 아웃포커싱을 제대로 활용하면 꽃잎과 꽃술까지 또렷이 부각시킬 수 있다.

음식사진은 무엇보다도 색감이 중요하다. 식욕을 돋우는 색이 빨강·노랑·주황 등 따뜻한 느낌의 색이기 때문이다. 백열등 아래에서 찍는 게 좋고, 형광등이나 햇빛 아래에선 사진기의 '화이트 밸런스' 기능을 조작해 따뜻한 색감을 찾도록 한다.

음식사진도 꽃사진과 마찬가지로 접사를 하거나 아웃포커싱을 활용하면 감각적인 사진을 찍을 수 있다.

📷 사진 찍기 좋은 명소 10곳

산에 들에 봄이 왔다. 그냥 흘려보내기엔 아쉬운 이 계절, 사진에 담아보는 건 어떨까? 〈대한민국 사진여행지 100〉(상상출판)의 저자인 유정열 사진가가 추천한 올봄 가볼 만한 출사지 10선을 소개한다.

경기 안산의 풍도는 행정구역상 안산에 속하지만 풍도 가는 배는 매일 아침 인천 연안여객터미널에서 출발한다. 배를 타고 2시간30분 정도 지나면 풍도선착장에 닿는다. 풍도분교를 지나 후망산에 들어서면 작고 예쁜 야생화들이 곳곳에 피어 있다. 풍도에 자생하는 야생화는 10여종이다. 대부분 이른 봄에 피는데 4월 초까지 찾아볼 수 있다. 특히 전국에서 유일하게 풍도에서만 볼 수 있는 풍도대극과 풍도바람꽃은 꼭 한 번 찍어보자. 단, 아담한 야생화를 찍을 땐 몇 가지 주의해야 할 점이 있다. 엎드려 촬영할 경우 주변의 다른 야생화가 다치지 않도록 조심해야 한다. 또 촬영을 위해 야생화 주변의 나뭇잎을 걷어냈다면 촬영 후

반드시 다시 덮어주자.

강원 강릉의 경포호는 4월 중순이면 잔잔한 호수를 둘러싼 4.3km의 벚꽃길이 펼쳐지는 곳이다. 경포호 한편에 위치한 경포대 일대는 예부터 관동팔경 중 하나로 꼽힐 만큼 수려한 경치를 자랑한다. 경포호를 둘러싼 벚꽃뿐 아니라 그 주변을 산책하며 소나무숲과 경포해변을 찍어보는 것도 좋다.

충남 서천의 마량리 동백숲은 천연기념물로 지정된 80여그루의 동백나무에 핀 붉디붉은 동백꽃을 만나볼 수 있다. 동백꽃은 2월에 피기 시작해 3월 말에서 4월 초 절정에 이른다. 동백숲 정상에 있는 동백정에서는 탁 트인 서해와 오력도라는 작은 섬을 볼 수 있다. 동백정으로 향하는 계단에서 동백정과 활짝 핀 동백꽃을 같이 담거나 파란 하늘을 배경으로 붉은 동백꽃을 촬영해도 좋다.

충남 태안의 천리포수목원은 국제수목학회로부터 아시아 최초 '세계의 아름다운 수목원'으로 인증받은 곳이다. 수목원의 7개 관리지역 중 유일하게 일반인에게 개방된 밀러가든에선 4월 중순에서 말까지 100여종의 목련이 탐스러운 자태를 뽐낸다. 그중에서도 단연 눈에 띄는 것은 연못가에 있는 진한 자줏빛 목련 '벌컨'이다. 천리포수목원에는 목련뿐 아니라 동백·수선화·천리향처럼 고운 꽃들이 많으니 느긋하게 거닐며 봄을 담자. 참고로 수목원에서는 다양한 식물종 보호를 위해 삼각대 사용과 화단 내 진입을 금하고 있다.

전남 순천의 선암사는 봄이 되면 그윽한 매화향이 가득하다. 무우전과 원통전 주변의 토종 매화나무 20여그루는 3월 말에서 4월 초에 꽃이 만개한다. 그중에서도 수령이 600년에 이르는 백매·홍매 두그루는 절의 이름을 따 '선암매'라고 부른다. 무우전 담장에 드리워진 백매는 검은 기와와 함께 찍으면 그 고매함이 한층 빛난다.

전남 화순의 세량지는 농업용수 공급을 위해 1969년 조성된 저수지다. 그런데 평범해 보이는 이 저수지에 4월 중순이면 전국에서 수많은 사진가가 모여든다. 이른 아침에 피어오르는 물안개와 연분홍 산벚나무, 녹색 삼나무가 저수지에 비친 모습을 담기 위해서다. 한폭의 수채화 같은 세량지의 풍경은 오전 6~8시 사이가 촬영 적기다.

'산수유꽃 피는 마을'로 불리는 경북 의성군 사곡면 화전리 일대는 3월 말에서 4월 초 산수유꽃이 절정을 이룬다. 3.7㎞에 이르는 샛노란 산수유꽃길과 밭을 수놓은 파릇파릇한 마늘싹은 봄의 기운을 만끽하게 해준다. 화전2리에 있는 전망대에 오르면 마을을 뒤덮은 산수유와 옹기종기 모인 가옥들, 푸른 마늘밭을 한꺼번에 담을 수 있다.

경북 영덕의 복사꽃마을은 1959년 태풍 '사라'의 영향으로 논밭이 쑥대밭이 된 다음 지품면 주민들이 고민 끝에 복숭아나무를 심으면서 만들어졌다고 한다. 오늘날 4월 중순이면 지품면 일대가 복사꽃으로 뒤덮이는 이유다. 삼화리마을 안쪽 길을 따라 언덕에 오르면 흐드러지게 핀 복사꽃과 마을, 시원하게 흐르는 오십천과 들판이 한눈에 들어온다. 그런데 이곳의 복숭아나무는 모두 과실 수확용이니 예쁘다고 함부로 꽃을 따선 안 된다.

경남 합천의 황매산은 5월 초에서 중순까지 분홍 비단이 깔린다. 분홍 비단의 정체는 황매산 정상의 암봉 아래부터 모산재 가는 능선을 따라 이어진 황매평전에 만개하는 철쭉이다. 철쭉이 한창일 때는 사람들이 많이 몰리므로 여유롭게 촬영하려면 아침 일찍 찾아가는 게 좋다.

제주 서귀포의 가파도는 모슬포항에서 배로 20분 거리에 있는 섬이다. 4~5월 초 가파도에서는 짙푸른 봄, 청보리를 만날 수 있다. 가파도 청보리는 일반 보리보다 키가 훨씬 큰 제주 재래종으로 봄바람이 불면 너울너울 춤을 추는 모습이 환상적이다. 제주 하면 떠오르는 돌담과 푸른 청보리를 한 장에 같이 담거나 제주 본섬에 있는 송악산과 푸른 바다를 배경으로 청보리를 촬영하는 것도 좋다. 카메라를 삼각대에 올리고 셔터 속도를 1~2초로 설정해 두면 바람에 흔들리는 청보리의 모습을 실감나게 찍을 수 있다.

2014년 3월 31일 기사

철새

겨울의 진객을 찾아

때 되면 찾아왔다가 때 되면 훌쩍 떠나버리는 철새. 볼 때마다 반갑기도 하지만 녀석에게 궁금한 점도 참 많다.

먼저, 왜 그 먼 거리를 날아왔을까? 먹고사는 문제는 철새에게도 중요하다. 우리나라에서 겨울을 나는 주요 철새들의 번식지는 중국 북부, 러시아 시베리아, 몽골 등지다. 이 지역들은 겨울이 되면 기온이 영하 30~40℃로 떨어져 새는 물론 새의 먹이가 되는 풀이나 곤충 등 작은 생명체도 살기 어려워진다. 반면 우리나라는 추위가 훨씬 덜해 땅이나 강물이 완전히 얼지 않고 갯벌이나 강가에도 먹이가 풍부한 편이다. 그래서 원래 추위에 강한 새들도 9월 말에서 10월 초쯤이면 저 먼 북쪽에서부터 수천㎞를 날아와 우리나라에서 겨울을 나고 3월이면 북쪽으로 돌아가는 것이다.

그럼, 지도 없이 어떻게 찾아왔을까? 철새들은 어떻게 길을 잃지도 않고 매년 그 자리에 찾아와 얼굴을 비출까? 이와 관련해서는 여러 이론이 있다. 우선 새는 지구의 자기장에 반응해 나침반 기능을 하는 기관이

몸에 있어 일정하게 방향을 유지할 수 있다는 것이 그중 하나다. 또 낮에 이동하는 새들은 산맥·평원·강 등 지형이나 지물을 읽고, 밤에 이동하는 새들은 별자리를 보고 목적지로 간다고도 한다.

철새 하면 떠오르는 장면 중 하나가 V자 대형으로 무리지어 나는 기러기류의 모습이다. 이렇게 날아가는 데는 그럴 만한 이유가 있다. 우선 V자 대형의 선두에 있는 새는 이동 경험이 풍부하고 힘이 좋은 녀석일 확률이 높다. 맨 앞에서 공기 저항을 가장 강하게 받으면서도 방향을 잡는 등 현명하게 무리를 이끌어야 하기 때문. 그런데 에너지 소모가 큰 자리인 만큼 어느 정도 날다가 선두가 바뀌기도 한다. 선두의 뒤쪽에서 나는 새부터는 한결 수월하게 비행할 수 있다. 앞에 나는 새가 날갯짓을 하면 날개 주위에 소용돌이가 만들이지는데, 뒤에 나는 새들은 이 기류를 타고 좀 더 적은 에너지를 소모하며 비행하게 되는 것이다.

마지막으로 발목에 가락지를 찬 녀석들은 뭘까? 철새의 장거리 이동과 중간 기착지를 연구할 때 가장 유용한 것이 가락지 부착 조사방법이다. 포획한 새의 발목에 고유의 식별번호가 부여된 가락지를 달고 무게·성별·날개길이 등 다양한 신체 상태를 기록하고서 새를 풀어주는 것이다. 나중에 세계 어디에서든 가락지를 찬 새를 발견하면 이동 경로와 수명 등 생태적 정보를 얻을 수 있다.

나도 철새다!

겨울 철새라고 하면 수면 위를 유유히 떠다니는 기러기나 오리 등의 물새를 떠올리기 쉽다. 하지만 종류와 수는 적어도 산속에서 겨울을 나는 철새들도 있다. 눈이 많이 내려 산에서 먹이를 찾기 어려운 철새가 들판이나 인근 마을을 찾아 사람들의 눈에 띄기도 한다.

되새는 전체 길이가 16㎝로 참새(15㎝)와 비슷하다. 머리는 흑갈색이고 등과 날개의 깃털은 검은색이다. 어깨와 가슴부분은 황갈색이고 배와 허리 쪽은 흰색이다. 수백 또는 수천마리가 무리를 이뤄 야산이나 숲 가장자리 등에 서식한다. 1990년대엔 수십만 마리가 경남 하동을 찾아 겨울을 났지만 환경오염 등의 이유로 요즘엔 보기 어려운 새가 되었다.

콩새는 사람을 별로 두려워하지 않아 비교적 가까운 거리인 20~30m 거리에서 관찰할 수 있다. 전체 길이는 18㎝ 정도이며 머리와 뺨은 갈색이고 목 부분은 회색이다. 등과 어깨는 짙은 갈색이고 가슴과 배는 황갈색을 띤다. 눈밑과 부리밑, 그리고 날개는 검은색이다. 날개 가장 바깥쪽의 깃털 일부와 꼬리 아랫부분의 깃털은 흰색이다. 암수가 흡사하게 생겼으나 암컷의 머리깃털은 잿빛이 도는 갈색이다. 야산이나 농경지 주변에서 살며 해바라기씨같이 단단한 씨앗을 큰 부리로 쪼아서 먹는다.

조류 중에서 가장 지능이 높은 까마귀류는 어미 새가 아프면 새끼 새가 먹이를 물어다 줄 정도로 효심이 깊은 것으로 알려졌다. 떼까마귀는 전체 길이가 47㎝로 텃새이자 사촌지간인 까마귀(50㎝)에 비해 조금 작다. 부리는 곧고 뾰족한 편이다. 암수 모두 깃털은 보랏빛 광택이 감도는 짙은 검은색이며 부리와 다리도 검어 구별하기가 어렵다. 수백 마리가 떼를 지어 농경지나 들판을 다니며 낟알 등을 쪼아먹고, 곤충을 비롯한 각종 동물성 먹이도 가리지 않고 잡아먹는다.

되새

콩새

떼까마귀

개똥지빠귀
(사진=서산시 서산버드랜드)

개똥지빠귀는 전체 길이가 23㎝이다. 수컷은 머리 꼭대기부터 꼬리 끝까지 진한 갈색이며 각 깃털의 끝은 어두운 황갈색이다. 암컷은 머리 꼭대기부터 꼬리 끝까지 연한 갈색을 띠고 옆구리 쪽엔 붉은색 깃털이 나 있다. 노랑지빠귀는 개똥지빠귀와 비슷하나 부리 아래부터 가슴까지의 깃털이 노란색이며 각 깃털의 끝은 붉은색을 띤다. 두 종 모두 숲이나 농경지 등에 살며 두 종이 섞여 무리를 이루기도 한다. 사람을 두려워하지 않아 빨간 산수유 열매 따위를 먹으러 사람이 붐비는 공원을 찾기도 한다.

탐조 초보자를 위한 장비 선택 요령

쌍안경은 가까운 데서 재빨리 움직이는 새를 관찰할 때 손으로 들고 보는 장비다. 이 때문에 '얼마나 들고 다니기 편한가'도 중요하게 고려해야 한다. 탐조용 쌍안경의 배율은 6~8배가 적당하다. 6배율은 60m 떨어진 곳에 있는 새를 10m 앞에서처럼 볼 수 있다는 뜻. 10배가 넘으면 떨림에 민감해 삼각대 없이 보기 어렵다. 구경(대물렌즈의 지름)은 30~40㎜면 무난하다. 같은 배율이면 구경이 클수록 시원하게 보이는 대신 그만큼 무겁다. 50㎜만 돼도 쌍안경 무게가 1㎏가량 돼 목에 걸고 다니기 어렵다. 처음 구입할 때는 20만~30만 원대의 제품을 선택하되 매장에서 실제 목에 걸어보고 작동도 해보면서 접안렌즈 폭이 자신에게 맞는지, 상은 밝게 보이는지, 너무 무겁지는 않은지를 살펴야 한다.

멀리 있는 새를 찬찬히 관찰하려면 망원경과 삼각대기 필요하나. 탐조용 망원경(흔히 '필드스코프'라고도 한다)은 20배 정도의 단배율 제품이 사용하기 편하고 상도 밝다. 목이 굽은 '앵글형'과 쭉 뻗은 '직선형' 두 가지 형태가 있는데, 하늘에 있는 새를 오래 보기에는 앵글형이 편하고 초보자가 새를 빨리 찾기에는 직선형이 좋다. 삼각대는 '바디(몸체)'와 '헤드(연결부위)'로 구성된다. 흔히 '비디오 헤드'라고 하는 유압식 헤드가 달린 제품이 움직이는 새를 따라가며 관찰하기에 좋다. 망원경과 삼각대 각각 20만~30만원 선에서 입문용 제품을 구입할 수 있다.

적절한 어댑터(보조 장비)만 있으면 망원경이나 쌍안경을 디지털카메라나 스마트폰의 망원렌즈처럼 사용해 새 사진을 찍을 수 있다. 이 같은 촬영기법을 '디지스코핑(Digiscoping)'이라 하는데, 최근 탐조동호인들 사이에서 관심을 모으고 있다. 외국의 일부 광학업체는 기존의 디지털카메라나 스마트폰(대개는 아이폰)에 연결하는 어댑터를 생산하고 있다. 머잖아 안드로이드폰용 어댑터도 출시될 것으로 보인다. 맞는 어댑터가 없다면 직접 만들어 써도 된다. 탐조 카페 등에서 '디지스코핑'으로 검색하면 만드는 방법과 함께 이 기법으로 촬영한 사진을 확인할 수 있다.

철새 만나러 어디로 가볼까

올겨울에도 먼 곳에서 귀한 손님들이 찾아왔다. 우리 강과 바다, 호수와 들에서 머물다 3~4개월 후면 다시 또 먼 길을 나선다니 어서 빨리 그들을 만나러 가보자.

경기 안산 갈대습지공원은 시화호의 수질 개선을 위해 조성된 대규모 인공습지인데, 이곳이 철새들의 낙원이 됐다. 청둥오리 · 홍머리오리 · 알락오리 · 큰기러기 등이 매년 이곳에서 겨울을 나기도 하고, 잠깐 머물다 좀 더 따뜻한 곳으로 이동하기도 한다. 갈대습지 사이로 난 1.7㎞의 탐방로를 따라 거닐면서 여유롭게 노니는 철새들은 물론 다양한 습지 생물들을 관찰할 수 있다.

강원 철원군 철원읍 · 동송읍 일대 평야지대에 가면 시베리아에서 온 두루미 800여마리와 재두루미 1200여마리의 고고한 자태를 감상할 수 있다. 독수리들은 11월 말부터 속속 도착해 조만간 800여마리를 볼 수 있을 것으로 예상된다. 철새들은 토교저수지와 추운 겨울에도 15℃ 정도의 샘물이 솟아나는 샘통 부근에서 주로 관찰할 수 있다. 그런데 이 지역 대부분이 민간인통제구역이므로 탐조활동을 하려면 미리 철원군 철의삼각전적지관광사업소에 문의하는 것이 좋다.

두루미(사진=철원군)

흑두루미(사진=순천시)

전남 순천만 일대는 국내 최대의 흑두루미 월동지다. 천연기념물 제228호로 지정된 흑두루미는 전 세계에 1만여마리밖에 없는 것으로 알려져 있는데, 현재 690여마리가 순천만에 머무르고 있다. 순천만의 'S'자 갯골을 따라 도는 생태체험선을 이용하면 해설사의 친절한 설명과 함께 갯벌과 갈대군락에서 활동하는 겨울 철새들을 생생하게 접할 수 있다.

제주 하도리 철새도래지는 온화한 기후에 갈대습지와 저수지, 소나무 숲과 바다를 끼고 있어 다양한 종류의 겨울 철새를 만나볼 수 있는 곳이다. 오리류는 물론이고 맹금류도 많이 서식하는데 운이 좋으면 숭어를 낚는 물수리의 모습도 볼 수 있다. 전 세계에 2000여마리뿐이라는 귀한 저어새도 매년 20~30마리가 이곳을 찾는다. 궂은 날씨만 아니라면 저어새뿐 아니라 30여종의 새를 하루에 다 관찰할 수 있다니 쌍안경과 조류도감을 꼭 챙겨가자.

서울 한강 일대에서도 철새를 만나볼 수 있다. 가장 다양한 종류를 관찰할 수 있는 곳은 강서생태습지공원 주변이다. 모래톱이 형성돼 있어 청둥오리·큰기러기·쇠기러기 같은 철새들의 먹이가 풍부하기 때문. 난지생태습지와 람사르습지로 등록된 밤섬 일대도 철새를 관찰하기에 좋다. 한강에 있는 여러 생태공원에서 마련한 겨울 탐조체험은 서울시 한강사업본부 홈페이지나 서울공공서비스 예약사이트에서 일정을 확인하고 예약할 수 있다.

부산 낙동강 하구남단탐조대에서는 동화 속에 나오는 어여쁜 큰고니가 노니는 모습을 가까이서 볼 수 있다. 매년 이맘때 우리나라를 찾는 큰고니 중 70% 정도가 낙동강 하구로 온다. 올해는 4000여마리가 찾아왔다. 낙동강하구에코센터 2층도 꼭 들러보지. 남쪽 진면이 유리창으로 돼 있어 바로 앞 인공습지에 있는 철새의 모습을 생생하게 살펴볼 수 있다.

2013년 12월 2일 기사

조류전문가
김현태씨

*"철새는 환경건강 알리는지표종…
평야 개발로 철새수 줄어 아쉬워요."*

● "우리나라처럼 다양한 철새를 볼 수 있는 나라가 흔치 않습니다. 세계에서 가장 많은 철새가 서식하는 곳이 러시아 툰드라지역입니다. 그곳 철새들이 추위를 피해 9~10월경 남하해 월동하는 곳이 바로 우리나라예요."

조류전문가 김현태씨(45 · 충남 서산시 해미면)는 우리나라를 '탐조에 관한 한 최적지'라고 꼽았다. 외국에는 우리나라가 '쌍안경 없이도 철새를 볼 수 있는 나라'라고 소개됐단다. 그래서 오래전부터 겨울이 되면 철새를 보려는 일본인 등 외국인들의 방문이 잦다.

하지만 우리나라에서는 2000년대에 들어서야 탐조를 취미로 갖는 인구가 늘기 시작했단다. 그가 새를 관찰하기 시작했던 1987년 무렵에는 연구자 등을 제외하고는 극소수에 불과했다. 그해에 그는 새가 좋아 공주사대 생물교육과에 진학, 대학 시절에도 겨울철마다 철새를 조사하러 다녔고, 고교 교사가 된 후에도 주말과 방학이면 새와 가까이 지냈다. 심지어 전세금을 빼 철새 촬영에 쓸 망원렌즈까지 구입할 정도로 지극 정성이었다. 그가 지금까지 찍은 새는 대략 350여종. 우리나라 전체 조류가 600여종인 것에 비교하면 절반이 넘는 셈이다. 〈철새〉 등의 책도 펴냈다.

"시간이 지날수록 철새가 줄어 안타까워요. 개발 때문이죠. 철새는 습지와 평야지대를 선호하는데 사람이 개발하기 쉬운 곳 또한 평야예요. 이런 곳에 공장 설립 등으로 인한 급격한 환경변화가 생기며 철새가 밀려난 겁니다."

그는 오리와 기러기류의 급격한 감소를 예로 들었다. 한 도래지에서는 이런 철새가 줄면서 이들을 따라와 잡아 먹고 사는 맹금류까지 감소했다는 것. 예전엔 흰꼬리수리가 10여마리였으나 지금은 거의 찾아볼 수 없는 것이 현실이다.

하지만 그는 지금도 철새를 맞고 있고 앞으로도 철새가 계속 오는 한 철새와 함께할 작정이다.

찬란한 가을의 초대

10월 초 가을바람을 타고 초대장이 한장 날아왔다. 울긋불긋한 제 모습을 자랑하고 싶으니 조금 높은 곳까지 와달라는 단풍의 부름이었다. 그런데 장소가 정확히 적혀 있지 않았다. 이 시기 단풍이 있을 거라 짐작 가는 곳이 있긴 한데⋯. 전화를 한통 걸었다.

"네, 그럼요. 볼 수 있고 말고요. 혼자서는 힘들 테니 제가 특별히 그곳까지 안내하죠."

다행히 짐작이 틀리지 않았다. 설악산국립공원의 김세영 자연환경해설사(26)에게 단풍을 볼 수 있다는 확답도 받았겠다, 특별 안내이 체택도 얻었겠다, 곧장 그곳으로 향했다.

"어라? 단풍이 대체 어디 있다는 거지?"

설악산 소공원 일대는 가을이란 계절이 무색할 만큼 푸르렀다. 주위를 둘러봐도 단풍은 코빼기도 보이지 않고⋯. 슬슬 걱정이 되던 차에 김세영 해설사를 만났다.

"이곳의 나무들은 아직 추위 맛을 덜 봐서 초록빛이에요. 최저기온이

5℃ 이하로 내려가고 일교차가 커지면 산의 위쪽부터 단풍이 들죠. 그러니까 천불동계곡을 지나 신선대까지 오르면서 점점 더 많은 단풍을 볼 수 있을 거예요."

명쾌한 설명을 들으니 조금 전까지 무겁던 마음과 발걸음이 한결 가벼워졌다.

"이야! 한 폭의 그림이구먼."

"한 폭이 아니라 수십 폭짜리 병풍이시!"

비선대를 지나 웅장하게 늘어선 기암괴석이 천개의 불상과 같다는 천불동계곡의 모습이 조금씩 드러나자 등산객들의 감탄사도 화려해진다. 오련폭포에 이르니 오리발같이 생긴 노란 나뭇잎 하나가 팔랑 떨어진다. 잎을 비비면 생강 냄새가 나는 생강나무란다. 양폭포에 이르니 빨간 당단풍나무와 그보다 더 새빨간 복자기나무도 보인다.

"단풍나무는 잎이 5~7갈래로 나뉘는데, 사실 설악산에는 거의 자생하지 않아요. 대신 잎이 9~11갈래로 나뉘는 당단풍나무, 단풍나무보다 붉게 물드는 복자기나무, 갈색으로 물드는 만주고로쇠가 대부분이죠. 시닥나무랑 청시닥나무도 있고요. 설악에 단풍이 든다고 하는 것은 이 나무들이 물드는 걸 말하는 거예요."

노랗게 물드는 사람주나무와 쪽동백나무, 갈색으로 변하는 신갈나무도 설악의 고운 가을을 함께 만든다.

소공원을 출발한 지 4시간여. 희운각대피소에 들어서자 김세영 해설사가 씨익 웃는다. 주위를 둘러보니 그 이유를 알 만했다. 대피소를 둘러싼 빨강 · 노랑 · 주황 단풍의 향연. 이제부터는 단풍과 함께하는 길이 펼쳐지리라. 들뜬 마음으로 희운각대피소에서 내려와 신선대가 있는 공룡능선 초입부로 방향을 틀었다. 그런데 웬걸. 단풍을 감상할 틈도 없이 가파른 오르막길을 밧줄을 붙잡고 기어올라야 했다.

그렇게 30분쯤 흘렀을까. 마침내 신선대에 올라섰다. 한눈에 담기 어려운 대청봉 · 중청봉 · 소청봉이 마주 서 있고 이를 붉게 감싸 안은 단풍비단들. 그 옆에서 가을바람과 함께 울긋불긋 춤을 추는 늠름한 용아장성과 점잖은 서북능선까지. 그야말로 신선만이 누릴 수 있는 단풍세계랄까.

아찔한 환영 인사에 깜빡 넋을 놓고 있다가 며칠 전 받은 초대장이 떠올랐다. 단풍에게 몇 마디 해야 할 것 같았다.

"널 보러 오길 참 잘했어. 이 길을 오르면서 그리고 지금 널 만나서, 온몸으로 가을을 느끼고 있거든."

🍁 단풍산행 안전하게 즐기자

"날씨가 좋다고 위아래 쫙 빼입고 소풍 가듯 김밥만 달랑 싸서 산에 갑니다. 그런데 갑자기 비가 와요. 그러면 어디 앉아서 김밥도 못 먹고, 내려가려고 허둥대다가 체온과 함께 체력도 급격히 떨어지고, 결국 하산 시간이 늦어져 심한 경우 조난을 당하기도 합니다."

서성식 서울등산학교 교감이 '단풍 산행 때 초보자가 하기 쉬운 실수'라며 들려준 이야기다. 단풍 고운 이 가을, 웃으며 오른 산 울면서 내려오지 않으려면 어떻게 해야 할까?

가을산은 아름답지만 변덕스럽다. 오를 땐 덥다가도 내려갈 땐 서늘하고, 일기예보에 없던 비가 뿌리기도 한다. 이런 날 청바지에 면셔츠, 얇은 점퍼만 입고 산에 올랐다가 찬비라도 맞으면 체온이 급격히 떨어져 저체온증이 올 수도 있다. 땀 흡수와 배출이 좋은 기능성 소재의 상하의, 비옷을 포함한 여벌의 옷이 필요한 게 이 때문이다. 특히 피부에 닿는 속옷과 양말은 기능성 소재를 착용해야 체온이 유지된다.

쌀쌀한 가을철에는 따끈한 물이나 차를 담은 보온병도 준비해야 한다. 날씨가 갑자기 추워졌을 때 체온 저하를 막을 수 있기 때문. 약과·양갱·곶감·초코바처럼 휴대가 간편하고 열량이 높은 간식도 따로 챙기자. 산행을 하다 보면 예정 시간을 넘기기 쉽고, 이럴 때 허기가 지면 하산할 때 더 지치기 때문이다.

가을에는 해가 짧고, 산에서는 평지보다 해가 빨리 진다. 따라서 자신의 체력과 경험에 맞는 산행 코스를 선택해 여유 있게 다니는 것이 좋다. 휴대용 랜턴을 챙기면 하산 시간이 늦어질 경우 도움이 된다.

🍁 단풍이 아름다운 등산 코스

사는 게 바빠 봄에 꽃구경도 못했다? 단풍 좋은 줄 알지만 산행은 초보? 코스만 잘 잡으면 얼른 쉽게 다녀올 수 있다. 딱 한번 단풍산행, 이왕이면 소문난 델 가고 싶다? 지당한 말씀. 그래서 준비했다. 전국 단풍 명산 초보자용 맛보기 코스. 명찰 기행은 보너스!

양양 설악산 주전골(10월 15일 진후)은 외설악의 천불동계곡, 내설악의 백담계곡과 함께 설악산 단풍관광의 최고 코스다. 오색약수-성국사-선녀탕-용소폭포에서 다시 오색약수로 내려오는 2시간 코스가 가장 쉽다. 단풍 구경만 원한다면 한계령도로(44번 국도) 용소탐방지원센터에서 용소폭포로 내려서 오색으로 하산(1시간 30분).

동두천 소요산 자재암(10월 25~30일)은 '경기의 소금강'이라 불리는 수도권 단풍 1번지다. 전철로 갈 수 있어 더욱 매력적이다. 주차장-매표소-일주문을 지나 원효대사가 도를 깨친 자재암을 거치고 하백운대-중백운대-선녀탕-자재암-관리사무소로 내려오는 코스는 1시간 30분이면 충분.

보은 속리산 법주사(10월 20~25일)는 매표소에서 법주사 입구 금강문까지 약 1㎞ 구간의 오리숲 단풍이 압권이다. 법주사 주변 단풍도 가을이면 단청보다 화려해진다. 2~3시간이면 세심정휴게소까지 초보자도 무난하게 다녀올 수 있다. 매표소-법주사-세심정휴게소-복천암-문장대-법주사 왕복(5시 30분)도 가족 산행 코스로 적합.

공주 계룡산 갑사(10월 25일 전후)도 추천한다. 예부터 계룡산은 '춘마곡 추갑사(봄에는 마곡계곡, 가을에는 갑사계곡)'라 불렸다. '추갑사'의 진면목을 보려면 동학사에서 출발해 은선폭포-주능선-관음봉-삼불봉-금잔디고개를 거쳐 갑사로 내려가자. 5~6시간 소요. 갑사계곡과 동학사계곡을 잇는 코스는 3~4시간이면 충분하다.

청송 주왕산 대전사(10월 25~30일)는 주차장-대전사-주방계곡(제1·2·3폭포)을 둘러보는 왕복 4시간 코스가 단풍 산행 코스로 좋다. 단풍 명소는 제1폭포 앞 학소대. 인근 주산지의 단풍도 압권이니 놓치지 마시길.

가야산 홍류동계곡(사진=합천군)

합천 가야산 해인사(10월 25일~11월 5일)는 해인사 주변과 4㎞에 이르는 홍류동계곡의 단풍이 이름 높다. 계곡을 끼고 걷는 6.3㎞의 산책로 '가야산 소리길'을 택하면 3시간이면 충분하다. 소리길을 따라 대장경축전장−홍류문−길상암−영산교를 둘러보고 조금 더 오르면 해인사가 나온다.

고창 선운산 선운사(11월 7~12일)는 등산로가 완만해 어떤 코스를 잡아도 무난하다. 하지만 선운사와 도솔암은 꼭 통과해야 한다. 선운사 주변 2㎞ 구간과 도솔암 주변의 단풍이 유명하기 때문. 주차장−선운사−도솔암−낙조대 왕복 산행은 3시간 30분 정도면 충분하다.

장성 백암산 백양사(11월 10~15일)는 단풍 하면 첫손에 꼽히는 내장산국립공원 안에 있다. 매표소에서 백양사까지 이어지는 도로와 백양사 주위의 단풍이 아름답다. 백양사가 한눈에 내려다보이는 학바위까지 왕복 2시간 정도 걸린다. 단, 가파른 돌계단을 30분쯤 올라야 한다.

🍁 노란 은행나무길 따라 방방곡곡

이맘때 강원 홍천군 홈페이지의 인기 검색어 1위는 '은행나무'다. 사유지라 그간 세상에 모습을 드러내지 않다가 2010년부터 한시적으로 개방되고 있는 내면 광원리의 '홍천 은행나무숲' 때문이다. 4만여㎡에 2000여그루의 은행나무가 5m 간격으로 심겨져 가을이면 장관을 이룬다.

은행나무 가로수길로 첫손에 꼽히는 곳은 충남 아산의 '현충사 은행나무길'이다. 염치읍 송곡 네거리에서 현충사 진입로까지 곡교천을 끼고 1.6㎞ 길이의 황금빛 터널길이 이어진다. 공주의 '갑사 가는 은행나무길'도 쌍벽을 이룬다. 충북 괴산군 문광면의 '문광저수지 은행나무길'도 최근 출사지로 인기 높다. 저수지에 물안개 끼는 가을 아침이면 몽환적인 그림이 나온다고.

수도권에도 찾을 만한 은행나무 가로수길이 꽤 된다. 경기 과천시 관문로와 서울대공원 산책로, 서울 위례성길·삼청동길·덕수궁길은

괴산 문광저수지 은행나무길(사진=괴산군)

뉴스나 신문의 '계절 스케치' 단골 장소다.

　얼마나 장엄한지 '극락 가는 길'이라 불리는 은행나무길도 있다. 경북 영주의 '부석사 은행나무길'이 그곳. 사철 관광객으로 붐비므로 운치를 제대로 느끼려면 이른 아침을 택하는 게 좋다. 경기 양평의 용문사, 경북 김천의 직지사, 전북 고창의 선운사도 은행나무 하면 빼놓을 수 없는 아름다운 절집이다.

　국내 최대 은행나무 군락지는 어딜까. 충남 보령시 청라면 장현리, 일명 '청라은행마을'이다. 수령 100년이 넘는 3000여그루의 은행나무에서 전국 은행 생산량의 10%가 난다.

2013년 10월 14일 기사

**지리산국립
공원사무소**
조대현 계장

● "해마다 찾아오는 단풍은 그대로지만 사람들의 단풍산행에는 변화가 있습니다."

경남 산청군 시천면 사리 소재 지리산국립공원사무소에 근무하는 조대현 계장(42)의 첫마디였다. 그는 20여년의 근무기간 중 대부분을 지리산 현장에서 보내며 많은 산행객들을 접했다. 1년 가운데 산행객들이 가장 많다는 단풍철. 그의 경험에 비추어 본 단풍산행에는 어떤 변화가 있을까.

"자녀를 동반한 젊은 가족 단위 산행이 크게 늘었답니다."

그가 제일 먼저 꼽은 변화는 가족 단위 산행의 증가였다. 10여년 전만 하더라도 산악회 같은 단체들이 주를 이뤘지만 5년 전쯤부터는 가족들이 많아졌다. 특히 가족을 중시하는 30~40대 젊은 세대들이 자녀들과 산을 찾는 경우가 늘었단다. "예전엔 아이들 보기가 힘들었는데 요즘은 달라요. 산행도 여행이라고 여겨 자녀들을 데리고 오는 경우가 빈번해졌어요."

산행객들의 고령화 추세도 두드러졌다. 예전에는 60대가 최고령 수준이었다면 요즘에는 70대도 흔하게 볼 수 있단다. 우리 사회의 고령화 현상이 반영된 것이겠지만, 유독 단풍철에 어르신들이 산행에 많이 나선다고 한다. 건강을 챙기면서 동시에 단풍도 즐기기 위해서란다.

등산 등 야외에서 즐기는 활동(아웃도어)에 관심이 높아지면서 나타난 현상 역시 눈여겨볼 만하다. "과거엔 이 시기만 되면 손전등을 전해 주러 출동한 적이 한두 번이 아니었죠. 그런데 지금은 기본 준비물로 손전등을 지참하는 등 안전의식이 높아졌습니다."

마지막으로 그는 여유로운 단풍 감상을 권했다. 같은 산에서도 정상 같은 단풍으로 유명한 곳만을 고집할 필요는 없다는 것. 사람들이 몰리는 탓에 제대로 감상하기가 어렵기 때문이다. 그는 살짝 이렇게 귀띔했다. "한적한 곳이 나을 수 있습니다. 특히 계곡을 끼고 있는 단풍은 수분 덕분에 다른 데에 비해 더 예쁘게 물들거든요."

동굴

여름마저 잊는 그곳

'무더운 여름철이면 세상은 동굴 밖과 동굴 안, 그 둘로 나뉜다.'

동굴 밖이 오죽 더웠으면, 동굴 안이 얼마나 시원했으면 이런 생각이 들었을까. 강원 영월군 김삿갓면 진별리에 위치한 고씨굴 입구에 들어서자 퍼뜩 떠오른 문장이다. 동굴 안은 찬 기운이 순식간에 몸을 감싸는 별세계였기 때문이다.

전홍달 문화해설사(45)의 안내로 동굴 관람에 나섰다. 전씨의 설명에 따르면 고씨굴은 천연기념물 제219호로 지정된 석회동굴이다. 주굴(主窟)과 지굴(支窟)을 합친 총연장 3388m 가운데 관람 구간 거리는 왕복 1㎞ 정도에 이른단다.

'고작 1㎞? 관람로만 따라가면 편하겠구나.' 사실 '고씨의 거실'까지는 그 짐작이 그리 틀리지 않았다. "조선시대 고종원이라는 분이 임진왜란이 일어나자 의병을 조직해 싸우다가 가족을 데리고 이 동굴로 피란왔어요. 그래서 이곳을 '고씨굴'이라고 부릅니다."

그러니까 고씨의 거실은 고씨 가족이 머물렀던 곳이라는 게 전씨의 설

영월 고씨굴 은하수광장과 천왕전 사이

명이었다. 하지만 평탄하리라는 착각은 거기까지였다. 거의 앉다시피 몸을 구부려야 하는 구멍 모양의 통로를 지나고, 좁다란 길 한가운데 떡 버티고 선 석주를 몸 비틀어 간신히 비켜가고, 물기 머금은 바닥을 지날 땐 조심조심…. 그리고 경사가 급한 길을 수시로 오르락내리락 구불구 불 걷는 일은 관람이라기보다는 탐험에 가까웠다. '미로형 동굴'이라는 전씨의 표현이 들어맞은 격이었다. 그래도 보람은 있었다. 겨우 한사람 이 지나다닐 만큼 좁은 협곡 같은 곳에 들어서자 서늘한 바람이 불었다.

"공간이 좁아 공기 흐름이 빨라져 바람이 생기는 거예요. 반면 넓은 곳에는 바람이 없죠. 그리고 보통 여름철 동굴 내부 온도는 14~16℃로 유지돼요. 30℃가 넘는 밖에 있다가 들어오면 얼마나 시원하겠어요."

전씨의 말이 아니더라도 에어컨 바람보다 더 시원하다는 사실을 몸이 먼저 느끼고 있었다. 시원함뿐이랴. 종유석과 석순 등 동굴 생성물들도 신비한 매력을 선사했다. 종유석은 천장에서 밑으로 자라는 생성물. 동 굴 천장에 맺힌 물이 증발하면서 물속에 남아 있던 석회암 성분의 탄산칼

숨이 고드름처럼 굳어진 것이다. 석순은 반대로 탄산칼슘이 바닥에 침전되면서 위로 자란다. 종유석과 석순이 만나면 석주라는 기둥이 생긴다. 이 밖에 유기물이 흘러내려와 침전되면서 이뤄진, 검은색과 황토색 등의 빛깔을 띠는 부동암 등도 생성물의 일종이다.

"물이 별로 없는 사굴(死窟)에서 석순은 1000년 동안 1㎝, 물이 충분한 활굴(活窟)에서는 6㎝ 정도 자랍니다. 사람의 기준으로 보면 어마어마한 시간이 걸려 지금의 아름다움이 탄생한 셈이죠."

은하수광장 의자에 앉아 전씨의 말을 들으며 숨을 돌렸다. 은하수광장은 벽에 붙어 있는 동굴산호(산호와 비슷한 모양의 생성물)가 반짝반짝 빛난다고 해서 붙여진 이름으로, 동굴 안에서 가장 넓은 곳이었다. 그리고 잠시 후 급경사의 계단을 걸어 도착한 종점은 천왕전. 종유석과 석순·석주 등이 군락을 이뤄 마치 옥황상제가 사는 궁전 같다고 해서 명명됐다. 여기서 마주친 관람객들은 "신비롭다" "새로운 세상이다" 등등의 찬사를 아끼지 않았다. 전씨 역시 이곳을 '동굴 안에서 가장 아름다운 곳'으로 꼽았다.

되돌아 나오는 길에 곱등이가 눈에 띄었다. 동굴 밖에서 살지만 안에서도 서식하는 동굴생물이란다. 이처럼 고씨굴에서는 지금까지 등줄굴노래기 등 모두 68종의 동굴생물들이 발견됐다고 한다.

"운이 좋아야 천연기념물 제452호인 황금박쥐를 볼 수 있어요. 저는 2년 동안 딱 한번 목격했거든요."

전씨의 설명을 들으며 걷다보니 어느새 입구가 가까워졌다. 입구를 나서자마자 숨이 막힐 듯 밀려오는 무더위와 떨어지지 않는 발걸음. 앞서 걷는 전씨의 뒷모습에다 대고 기자는 속으로 외쳤다

'선생님, 동굴 안에 뭐 두고 온 거 없으세요?'

■ 왜 여름엔 시원하고 겨울엔 따뜻할까?

삼복더위로 밖에선 땀이 비 오듯 흘러도 동굴 안에 들어서면 '긴팔 옷

을 챙겨올 걸' 하고 후회할 정도로 서늘하다. 막연히 '지하니까 시원하겠지'라고 생각하고 넘어가기보다 '이래서 시원한 거구나' 하고 고개 끄덕이며 동굴에 가보면 어떨까.

지구상의 기온은 태양에 의해 좌지우지된다. 태양 에너지를 많이 받는 적도 부근은 연중 무덥고 반대로 극지방은 얼음 녹는 날이 드물다. 그러니 햇빛이 들지 않는 동굴이 여름에 시원한 것은 당연한 이치다. 하지만 단순히 햇빛만의 문제는 아니다. 겨울의 동굴 안은 더욱 추울 것 같은데 오히려 따뜻하기 때문이다.

우경식 강원대 지질학과 교수는 "거대한 암석에 둘러싸인 동굴이 외부 기온에 따라 뜨거워지거나 차가워지려면 오랜 시간이 걸린다"며 "그 결과 동굴 내부의 기온은 그 지역의 평균 기온과 일치하게 된다"고 말한다. 이 때문에 동굴 안이 여름엔 시원하게, 겨울엔 따뜻하게 느껴진다고 한다.

우리나라의 연평균 기온은 지역에 따라 편차는 있지만 10~15℃이다. 동굴 내부의 기온도 이와 비슷하게 나타난다. 마찬가지로 열대지방에 있는 동굴은 1년 내내 30℃이상으로 유지되고, 극지방의 동굴은 항상 영하의 상태다. 단, 동굴을 관통하는 하천이 있다면 온기와 냉기가 드나들기 쉬워 동굴 안 기온이 유동적일 수 있다.

예외도 있다. 만주지역의 수직으로 발달한 얼음동굴이 한 예다. 겨울에 수직의 통로를 따라 지하로 공기가 유입되면 지하 동굴엔 차가운 공기만 가득 찬다. 여름이 되어도 지상의 따뜻한 공기는 차가운 공기보다 가벼워 지하 동굴로 내려갈 수 없고, 이 때문에 동굴 안에는 얼음이 꽁꽁 언다.

동굴 여행에서 주의할 점

여행을 하려면 미리 주의점을 알아두고 준비하는 것이 기본이다. 이는 동굴 관람에도 똑같이 해당된다. 준비물이라고 해서 까다롭지는 않

백룡동굴 생태체험학습장(사진=평창군)

다. 먼저 추위를 잘 타는 체질이라면 긴 소매옷을 챙기는 게 바람직하다. 동굴 안이 서늘해 사람에 따라서는 추위를 느낄 수도 있다. 개방된 동굴 안엔 보통 관람로가 설치돼 있지만 오르내리는 길이 결코 편하지만은 않다. 따라서 양복 등 불편한 정장보다는 편한 복장이 낫다. 특히 굽이 높은 하이힐이나 구두 같은 신발은 피하도록 한다. 발목을 삐거나 바닥의 물기로 인해 미끄러져 다친다면 누굴 원망할 수도 없다. 또 다른 사람들에게 불편을 줄 수도 있는 애완동물은 동굴 안으로 데리고 들어가지 못한다.

동굴 내부에서 조명을 터뜨리는 사진 촬영은 금지사항이다. 이는 동굴 안이 어두운 이유와 관련이 깊다. 조명이 너무 밝으면 내부에서 푸르스름한 이끼 등이 새롭게 번식, 동굴의 생태환경이 변한다는 것. 이를 청색 오염이라고 하는데 사진기 조명도 이 같은 현상을 유발할 우려가 있다. 꼭 촬영을 하려면 사전에 해당 동굴 관리기관의 허가를 받아야 한다. 또 석순 등 동굴 생성물을 함부로 만지면 안 된다. 사람 손을 타면 훼손되거나, 땀 속의 염분으로 인해 생성물이 새카맣게 오염될 우려가 있어서다.

한편 안전모가 비치된 동굴에 갔을 때는 안전모를 꼭 쓰는 게 좋다. 천장 높이가 낮은 곳에서 자칫 머리를 부딪힐 수 있기 때문이다.

특별한 천연동굴에 가볼까

동굴 안은 쌀쌀하니 긴팔 옷은 챙겼고, 축축하고 미끄러워 운동화도 신었다. 하지만 막상 어느 동굴로 가야할지 몰라 고민이라면? 색다른 경험을 선사할 이색 천연동굴을 모아봤다.

강원 평창군 미탄면의 백룡동굴 생태체험학습장을 찾아보자. 우선 학습장에서 사고 예방을 위한 교육을 받고 전신을 감싸는 탐험복에 장갑·장화·안전모 등을 착용하고 학습장을 나서면 비로소 탐험이 시작된다. 10여분 배를 타고 강을 건너 동굴에 들어서면 안내원의 음성과 안전모에 부착된 전등에만 의지해 나아가야 한다. 동굴 보호를 위해 내부에 조명이나 인공 통로 등의 시설물을 전혀 설치하지 않기 때문이다. 동굴 중심부에 다다르면 더 이상 길이 보이지 않는다. 하지만 안내원이 비추는 불빛을 따라 들여다보면 조그만 개구멍이 있고, 배를 땅에 대고 기어서 이곳을 통과해야 한다. 백룡동굴에서만 할 수 있는 독특한 체험이다.

강원 정선 화암동굴과 동해 천곡동굴에서는 으스스한 공포체험을 할 수 있다. 깜깜한 동굴 곳곳에 드라큘라·저승사자·처녀귀신 등이 숨어 있다가 예기치 못한 상황에서 나와 관람객을 기쁘게(?) 맞아준다. 화암동굴은 일제강점기 때 금을 캐던 천포광산의 갱도와 연결되어 있어 독특한 볼거리도 선사한다. 종유석이나 석순 등은 말할 것도 없고 과거 갱도와 금을 캐던 모습을 재현한 전시물도 볼 수 있다. 천곡동굴은 전국에서 유일하게 도심지에 있는 석회동굴이다. 동해시청에서 버스로 12분 정도의 거리에 있고, 석회동굴의 생성과정과 동굴 내 생태계 전반에 관한 이해를 돕기 위한 전시관과 영상실도 갖추고 있다.

강원 삼척시 신기면의 환선굴은 동양 최대의 동굴이다. '환상처럼 나타난 선녀'를 쫓다가 발견했다는 이야기가 전해진다. 사라진 선녀를 쫓는 만큼은 아니지만 과거엔 환선굴을 가까이하려면 다리품이 꽤나 들었다. 주차장에서 환선굴까지 약 800m의 언덕길을 걸어 오르기가 힘들었던 것. 게다가 약 1.3㎞ 길이의 동굴 내부까지 관람하려면 힘이 부치는 사람들이 많았다. 하지만 2010년에 완공된 모노레일 덕택에 이제는 수월하게 환선굴 입구까지 오를 수 있다. 환선굴은 약 5억3000만 년 전에 생성된 석회동굴로 크기가 동양 최대다. 환선굴엔 산골플라나리아 · 우수리박쥐 · 산개구리 등 47여종의 동물이 서식하며, 이 중에서 환선장님좀딱정벌레를 비롯한 4종은 환선굴에서 최초로 발견됐다.

충북 단양군 영춘면 성산기슭의 온달동굴은 온달 설화가 살아 숨 쉬는 곳이다. 성산기슭에 있어 성산굴이라고 불렸으나 오늘날에는 고구려 평원왕의 사위인 '바보 온달'이 쌓았다는 온달산성 아래에 있다고 해서 온달굴로 불린다. 온달이 이 동굴에서 수련했다는 이야기와 온달산성에서 신라군과 싸우다 전사했다는 이야기가 전해진다.

온달동굴에 들어갈 땐 안전모를 반드시 착용해야 한다. 중간중간에 천장이 낮은 구간이 있어 머리가 부딪히기 쉽기 때문이다. 동굴 바닥에는 1급수에서만 서식한다는 산천어가 살 정도로 맑은 물이 흐른다.

마지막으로 제주 제주시 조천읍의 차(茶)문화관 '다희연'엔 천연동굴을 활용한 카페가 있다. 세계자연유산으로 지정된 거문오름 용암동굴의 끝자락과 '살짝' 연결된 이곳 동굴에서는 녹차와 간식거리를 즐길 수 있다. 동굴 카페 외부에는 드넓은 녹차밭이 있어 산책을 하거나 전기카트를 타고 둘러보는 것도 빠뜨릴 수 없는 재미다.

가학광산동굴(사진=광명시)

색다른 인공동굴에 가볼까

경기 광명 가학광산동굴은 수도권 유일의 동굴관광지이자 국내 유일의 동굴영화관이다. 1972년에 문 닫은 금속폐광을 광명시가 가족 문화공간으로 새롭게 단장해 최근 인기몰이 중이다.

청도 감와인터널

전북 무주머루와인동굴은 양수발전소 공사 때 뚫은 작업터널의 일부를 무주군이 머루와인 숙성·저장·시음·체험 공간으로 꾸민 곳. 5월에는 와인족욕장도 문을 열었다. 서늘한 동굴 기운에 온몸이 오스스 떨릴 때 따뜻한 와인에 발을 담그면 피로가 싹 달아난다고.

경북 청도 감와인터널은 벽돌로 마감된 아치형의 아름다운 기차터널을 감와인 저장고 및 시음 공간으로 탈바꿈시킨 곳이다. 청도 반시로 만드는 이곳의 감와인은 제17·18대 대통령 취임식 건배주로 채택되기도 했다.

경남 사천 와인갤러리는 사천 특산품 다래와인도 즐기고 다양한 미술품도 감상할 수 있는 곳이다. 진양호 수위가 상승하며 버려진 기차터널을 영농조합법인 오름주가가 지역민과 관광객을 위해 색다르게 꾸몄다.

울산 울주 자수정동굴나라는 세계 최고 품질의 자수정을 캐던 광산을 활용한 복합 테마공원이다. 자수정 기체험실, 인류변천관, 야외 수영장 등 다양한 볼거리·즐길거리를 갖췄다. 동굴 내부의 수로를 보트 타고 둘러보는 동굴보트 체험이 특히 인기 있다.

2013년 7월 8일 기사

동굴 전문가
석동일씨

● "수억년에 걸쳐 만들어진 동굴은 태고의 신비를 맛볼 수 있는 공간이며, 물방울의 위대한 힘을 느낄 수 있는 곳이지요."

30여년 동안 우리나라의 대표적인 동굴 전문가이자 사진작가로 활동한 석동일씨(62·경기 남양주). 그는 "미지의 동굴을 탐험하는 것은 인생 최고의 회열"이라고 그 매력을 소개했다. 그는 1960년대 말 히말라야의 최고봉인 에베레스트 등정을 준비하던 차에 이런 매력에 이끌려 갑자기 동굴탐험으로 인생의 항로를 바꿨다.

"미지의 동굴을 탐험하는 것은 인생 최고의 회열입니다."

석씨는 1976년 충북 단양 노동동굴을 시작으로 동굴탐험에 본격적으로 나섰다. 이후 태고의 아름다움을 간직한 강원 삼척의 관음굴과 용암동굴 속에 조개껍데기가 녹아 만들어진 제주 당처물동굴 등 지난 30년간 400여곳의 자연동굴을 탐험했다. 특히 그는 뛰어난 촬영 솜씨를 발휘, 국내 거의 모든 동굴의 내부 모습을 카메라에 담아〈한국의 동굴〉〈동굴의 신비〉등 50여권의 책을 출간했다. 물론 공개가 안 돼 일반인들이 접하기 어려운 동굴의 아름다움까지 모두 담았다.

석씨는 자연동굴의 아름다움을 즐기는 방법도 소개했다. 우선 동굴에 갈 때는 랜턴을 지참하라고 권한다. 그래야 구석구석에 숨겨진 비경을 감상할 수 있기 때문이다.

아울러 중력의 힘에도 불구하고 사방으로 자유롭게 뻗어가는 종유석을 바라보면 신비로움을 느낄 수 있고, 천장에서 떨어지는 물방울을 맞으면 색다른 재미를 만끽할 수 있단다. 동굴 속의 박쥐와 거미 등 다양한 생물의 생태계를 관찰하는 것은 기본 중의 기본이라고 한다.

"무더운 여름철 휴가 때 동굴을 탐험하는 것은 아주 색다른 경험이 될 것입니다. 다만 너무 많은 사람이 찾으면 훼손될 수밖에 없어요. 동굴휴식년제가 필요한 이유이지요. 또 사람들이 많이 찾는 곳은 통기시설을 보강해 동굴의 아름다움이 퇴색되지 않도록 해야 합니다. 이런 것들이 현실화될 수 있도록 노력할 겁니다."

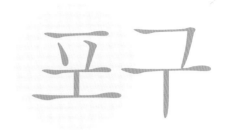

포구

갯마을의 봄을 찾아

모두가 꽃을 찾아 산과 들로 떠날 때, 엔플러스(N⁺)는 봄 포구 여행을 제안한다. 분위기는 고즈넉하면서 어촌마을 특유의 활기가 넘쳐서, 달뜬 마음은 잠시 가라앉히면서 생활에 활력을 불어넣기에 제격이기 때문이다. 여름·겨울의 바다와 달리 봄바다는 고요하면서 따뜻해, 보는 것만으로도 위로가 된다.

왜 하필 포구냐고 묻는다면 이렇게 답하리라. 들어오는 통통배를 보며 우리도 붕 뜬 마음에 닻 한번 내려 보자고. 포구를 바라보며 그렇게라도 위로 좀 받아보자고….

"포구와 항구가 어떻게 다르지?" 하고 물을 독자를 위한 첨언 하나. 포구는 배가 드나드는 개의 어귀다. 자연스레 만들어져 어촌마을 깊숙이 들어와 있는 경우가 많다. 항구는 배가 안전하게 오갈 수 있도록 부두 따위를 설비한 곳으로, 주로 인공적으로 만들었다. 말하자면 바다에 작은 배 몇척 매인 곳은 포구, 거대한 콘크리트 부두가 있는 곳은 항구인 셈이다.

전남 순천만의 작은 포구 화포(花浦) 풍경

🐚 싱싱한 봄 건지러 포구로

"어휴, 추워.~"

"추워요? 그럼 따끈한 대게찜은 어때요? 매콤한 주꾸미볶음도 끝내
주는데!"

꽃샘추위가 맹위를 떨치던 11일 낮 12시. 인천 남동구 논현동 소래포
구 어시장이 맛있는 소리로 왁자하다. 나른한 춘곤증을 싱싱한 바다 내
음으로 날려 보내려는 인파들로 종일 북새통이다. 신난 건 애나 어른이
나 마찬가지다. 경북 영덕에서 올라왔다는 대게의 쭉쭉 뻗은 다리를 신
기한 듯 이리저리 만져보고, 펄떡펄떡 뛰는 광어의 무게를 눈대중으로
저울질해보며 군침을 흘린다.

1960년대부터 실향민이 모여들면서 마을이 형성됐다는 인천의 소래
포구. 현재 500여명의 상인들이 다양한 종류의 어패류를 판다. 새우젓
같은 젓갈류나 촉촉하게 잘 말린 조기도 주요 취급품목 중 하나다. 지금
의 20~30대들은 구경도 못한 수인선 협궤열차가 다녔던 한적하고 외진

포구였지만, 이제는 고층아파트로 둘러싸인 도시의 일부가 됐다. 하지만 그 덕택에 주말과 휴일이면 '갯것'이 그리운 1만~2만명이 몰리며 인천 최고의 유동인구를 자랑한다.

물때가 지나면 갯벌이 보이는 바닷가 파라솔 밑에 삼삼오오 둘러앉아 회를 치거나 탕을 끓여 바로 먹기도 하지만, 이날은 바람이 차고 매서워 입맛만 다시는 사람들이 대부분이었다. 자녀들의 손을 잡고 가족 나들이 삼아 나왔다는 경수현씨(43· 서울 영등포구 양평동)는 검은 비닐봉지에 담긴 매운탕거리를 들어 보이며 "일몰이 아름다워 결혼 전 아내와 연애할 때 자주 찾았던 곳이다. 입맛 없고 생기가 떨어진다 싶으면 종종 들른다"며 활짝 웃었다.

덩달아 바빠진 시장 지킴이 최창욱 소래포구 소비자불편신고센터 소장(57)은 "불경기로 어려움을 겪던 시장이 봄철을 맞아 활기를 되찾고 있다"면서 "계절별로 각종 해산물이 특화되는 이곳 소래에서 싱싱한 봄을 건져 올리시라"며 그게 포구 어시장의 매력이 아니겠느냐고 말했다.

🐚 전국 유명포구로 떠나볼까

월곶포구(사진=시흥시)

공현진포구(사진=고성군)

월곶포구(경기 시흥시 월곶동)는 서울에서 가까운 포구 여행을 할 수 있는 곳이다. 인천 소래포구와는 철길 하나를 사이에 두고 마주 보고 있는데 분위기가 정반대다. 소래포구가 생동감 넘치는 시장 느낌이 강하다면 월곶은 고요하고 아늑하다. 밀물 때는 어선이 드나들어 운이 좋으면 경매현장을 볼 수도 있다.

공현신보구(강원 고성군 죽왕면 공현진리)는 포구에서 바라보는 일출이 소박하면서도 장엄해 사진작가들이 즐겨 찾는다. 옵바위 너머로 떠오르는 해는 여행객을 설레게 만들기 충분하다. 차로 10분 거리에는 송지호(松池湖)란 호수가 있는데, 바닷고기와 민물고기가 함께 사는 것으로 알려져 있다. 호숫가를 따라 조성된 산책로를 운치 있게 거닐다 보면 전통 한옥마을인 왕곡마을에 다다른다. 함경도식 전통가옥이 옛 모습 그

마량포구

대로 보존돼 있어 자녀들과 함께 찾기 좋다.

　마량포구(충남 서천군 서면 마량리)는 해돋이와 해넘이를 한자리에서 볼 수 있기로 유명하다. 포구 뒤편에는 천연기념물 제169호로 지정된 동백나무숲이 있다. 500년이 넘은 동백나무 80여그루가 붉고 탐스러운 꽃을 뽐낸다. 포구의 별미는 4월 말부터 5월까지가 제철인 자연산 넙치(광어). 자연산이란 이름에 걸맞게 쫀쫀하고 담백한 넙치살이 식객들을 유혹한다.

　창리포구(충남 서산시 부석면 창리)는 무심코 차를 몰다가는 그냥 지나치기 쉽다. 간월도에서 태안 방향으로 가다보면 서산 B지구 방조제가 나오기 전 왼쪽에 있다. 물이 빠졌을 때는 망둥이 낚시를 즐길 수 있어 강태공들에게 인기다. 이곳을 찾았다면 인근 간월암에 들러 보자. 조선 초기 무학대사가 창건했다는 간월암은 간월도에 있어 썰물일 땐 걸어서, 밀물일 땐 배를 타고 들어갈 수 있다. 간월암 주변에 줄 지어 있는 굴밥집에서 굴밥과 굴구이를 먹으면 입안 가득 파도가 친다.

　송포포구(전북 부안군 변산면 운산리)는 부안에 조성된 변산마실길 제1구간 2코스의 시작점이다. 2코스는 이곳 송포포구에서 사망마을을 잇는 구간으로, 해안 철책선을 따라 걸으며 만끽하는 바다 경치가 아름답기로 유명하다. 사망마을은 무시무시한 이름과 달리 알고 보면 선비가 되길 바라는(士望) 마을이란 뜻. 인근 채석강엔 파도가 깎아낸 기암괴석의 절경이 기다리고 있다. 채석강은 격포항 일대의 층암절벽과 바다를 모두 합쳐 부르는 이름으로, 썰물 때 바다생물과 해식동굴의 신비로운 모습을 볼 수 있다.

　도리포구(전남 무안군 해제면 송석리)에서는 일출과 일몰을 한곳에서 볼 수 있다. 특히 포구 반대편 칠산바다 쪽의 일몰이 장관이다. 포구 가는 길에 있는 도리포유원지는 백사장이 길고 넓은 데다 소나무숲이 우거져 해변의 정취를 느끼기에 딱이다. 1990년대엔 고려시대 상감청자 639점이 발굴돼 전남도 사적 제395호로 지정됐다. 차로 20분 거리에는 무안생태갯벌센터가 있는데 아이들에게 다양한 해양생물을 쉽고 재미있게 알려줄 수 있어 학부모들에게 인기가 높다.

도리포구(사진=무안군)

하저리포구(경북 영덕군 강구면 하저리)는 강구항에서 축산항을 잇는다 하여 이름 붙여진 '강축해안도로'를 달리다 보면 만날 수 있다. 규모가 아담해 이름조차 붙여지지 않았지만 한굽이 돌 때마다 새롭게 모습을 드러내는 포구들(영덕읍 창포리·노물리 포구등)이 반갑게 느껴진다. 대표적 대게 집산지인 강구항이 지척이다. 대게 찌는 냄새에 이끌려 '딱 다리 하나만 맛봐야지' 하다가는 자리에 눌러 앉을 수밖에 없다. 5월까지 제철이다.

미조포구(경남 남해군 미조면 미조리)는 남해에서 가장 큰 포구다. 남항과 북항으로 나뉘는데, 시끌벅적한 포구 풍경은 남항에서 보고 밥은 식당이 몰려 있는 북항에서 먹으면 된다. 다음 관광지로는 죽방렴(竹防簾)이 필수코스. 죽방렴은 부채꼴 모양의 나무 말뚝을 그물 삼아 고기를 잡는 원시어업으로, 물에서 빼꼼 머리를 내민 대나무 장대들의 풍경이 이색적이다. 죽방렴으로 잡은 멸치는 비늘이 상하지 않아 일반 멸치보다 더 비싼 값을 받는다.

제주의 포구는 100곳도 넘는다. 외부와 교역 없이는 살아가기 힘든 섬의 특성 때문이다. 법환포구(제주 서귀포시 법환동)는 올레꾼들이 가장 사랑하는 자연생태길인 올레길 7코스의 한복판에 있다. 각종 조형물로 장식된 해변공원은 올레꾼들이 잠시 쉬어가기 적당하다. 포구에는 검은 자갈이 가득해 파도가 치면 도로록도로록 자갈 구르는 소리가 난다. 해변에 앉아 파도와 자갈 소리를 듣고만 있어도 마음이 편해진다.

한적한 포구에 가고 싶다면

한적한 포구. 해가 뜨면 조그만 배도 뜨는 곳. 지는 노을이 하루의 고단함을 위로하는 곳. 봄을 맞아 찾아가 볼 만한 조용한 포구를 소개한다.

대명포구(경기 김포시 대곶면 대명리)는 강화해협을 사이에 두고 강화도의 맞은편에 있는 김포시의 유일한 포구다. 2001년에는 한국관광공사의 '겨울바다 7선'에 뽑혔을 정도로 아름다운 경치를 자랑하지만, 인근의 소래포구나 연안부두처럼 관광객들의 발길이 많지 않아 한적한 느낌을 준다. 작지만 알뜰한 어시장과 어판장이 있으며 계절별로 꽃게·망둥이·주꾸미·농어 등을 판다.

외옹치포구(강원 속초시 대포동)는 속초 8경의 하나로, 속초해수욕장에서 1㎞ 정도 거리에 있다. 인근 대포항의 유명세에 밀려 사람들이 많이 찾지 않아 상대적으로 조용한 곳이다. 아늑하고 호젓한 어촌의 경치를 그대로 간직하고 있어 한번 와본 사람이라면 다시 찾고 싶을 정도로 포구의 풍경이 정겹다. 인근 가게에서 장비를 빌릴 수 있으며 방파제에서 낚시도 가능하다.

용수포구(제주 제주시 한경면 용수리)는 올레 13코스의 시작점으로, 전형적인 어촌마을의 작고 아담한 어촌정주어항(어촌의 생활 근거지가 되는 소규모 어항)이다. 날씨만 좋다면 부드러운 바닷바람에 지는 노을, 그리고 하늘의 별이 조화를 이뤄 아늑한 느낌을 안겨 준다. 조용히 가서 바다와 함께 하룻밤 묵어가기 좋은 곳이다.

2012년 3월 19일 기사

눈꽃

겨울이 준 하얀 선물

한겨울, 산에는 꽃이 핀다. 날이 춥고 하늘이 시릴수록 꽃은 더 활짝 핀다. 가녀린 회나무 가지에 켜켜이 앉은 꽃도, 철쭉 가지 끝에 안개꽃마냥 송이송이 붙은 꽃도, 사철 푸른 분비나무 위로 소담스레 핀 꽃도 모두 손님을 기다리며 나무에 무더기무더기 하얗게 붙어 있다.

여기는 눈꽃여행의 상징과도 같은 태백산. 강원 태백과 영월, 경북 봉화에 맞닿아 있는 태백산은 주목(朱木)·철쭉 군락에 피는 눈꽃이 장관을 이뤄 설경산행의 메카로 손꼽힌다. 초심자에게 가장 무난한 코스인 유일사 매표소에서 등산화 끈을 다시 묶었다. 아이젠과 스패츠도 찼지만 이미 설경에 들뜬 내 발은 눈 만난 백구마냥 이리 뛰고 저리 뛴다. 매표소에서 정상까지는 약 4㎞. 보통사람 기준으로 2시간 남짓 걸리는 코스이니 눈꽃도 감상하고 등산도 즐기기 적당하다.

산 초입엔 눈이 소복이 쌓였을 뿐, 아직 꽃은 피지 않았다. 해발고도가 낮아 산 위보다는 따뜻하기 때문이다. 풀이며 나무를 모두 덮어버린 흰 눈을 보고 있자니 어머니가 시집올 때 해왔다는 목화솜 이불이 떠오른다. 태백산은 그렇게 포근한 솜이불을 턱 밑까지 끌어올려 덮고 여행

온 손님들을 가만히 지켜보고 있었다.

"이얏호!"

'초딩' 서넛이 지르는 소리에 사람들의 시선이 일제히 한곳을 향한다. 비료포대 썰매다. 바람을 가르며 미끄러져 내려오는 얼굴이 해맑다. 이 아이들을 보는 등산객들의 얼굴이 더 환하다. 눈 구경을 평생 한두번밖 에 못 해봤다는, 남쪽지방에서 온 한 꼬마는 TV서 본 그림 같은 설경 에 '뿅 가' 이곳을 찾았단다. 이윽고 나타난 철쭉 군락에서 꼬마의 탄성 이 터진다.

"우와! 완전 꽃이네!"

눈꽃 터널이다. 등산로 양쪽에서 빼꼼 고개를 내민 철쭉 가지에 눈꽃 이 활짝 피었다. 가지 끝엔 흰 결정이 알알이 붙어 흡사 안개꽃을 보는 것 같다. 나무 전체가 아예 눈으로 코팅되기도 해 나무 모양이 더 뚜렷 해졌다. 내가 그동안 여기 있어왔노라고 자랑이라도 하듯이. 복장나무 도 물푸레나무도 모두 손바닥을 쫙 펴고 자신을 보러 온 손님들을 향해 눈 덮인 손을 흔든다.

철쭉 군락과 헤어지자 눈 모자를 쓴 상록수 무리가 반긴다. 태백산의 명물 주목 군락이다. 잎 없이 가지만 남은 고목들도 하늘을 향해 보란듯이 쭉쭉 뻗었다. '살아서 천년 죽어서 천년'이란 말처럼 천년은 족히 됐음직한 모양새다. 붉은 빛이 도는 원줄기 곳곳에 흰 눈이 밀가루처럼 살짝 덧입혀져 신비로운 분위기를 자아낸다.

등산로는 이 풍경을 두고두고 보려는 '나도 사진사'들로 가득하다. 카메라를 들이대기만 해도 작품이 되는 까닭에 설경을 담기 바쁜 것이다. 누구는 구형 디지털 카메라로, 누구는 폴더식 휴대전화의 소박한 '폰카'로 찰칵거린다. 찍은 사진을 다시 보니 너도나도 사진작가 부럽잖다.

"으잉, 벌써 정상이야?"

눈꽃을 보느라 정신없이 주변을 두리번거리다 보니 어느새 정상이다. 해발 1567m. 이곳은 그야말로 순백의 물결이다. 커다란 페인트 붓에 흰 물감을 잔뜩 묻혀 산에 흩뿌린 듯하다. 고조선 때부터 하늘에 제사를 지내왔다는 천제단(天祭壇)도 눈옷을 껴입었다. 아이들은 아빠가 들려주는 천제단 설명에 귀를 기울인다. 한참을 얼을 빼고 있다가 몸이 식고서야 내려갈 채비를 했다. 발걸음이 가볍다. 올라갈 땐 미처 보지 못했던 눈꽃들이 '날 좀 보소' 하고 자태를 뽐낸다.

한참을 눈꽃에 취해 있는데 웬 날다람쥐같이 날랜 사내아이가 옆을 후다닥 지나간다. 한참을 뜀박질해 눈밭으로 폭 뛰어들더니 위를 올려다보며 외치는 말.

"엄마 아빠, 빨리 와. 여기가 눈 더 많지롱!"

🚶 눈꽃 보러 방방곡곡 떠나볼까

눈 싫어하는 사람이 있을까. 길 미끄럽다느니, 차 막힌다느니 투덜대는 사람들도 내심은 은백색의 향연에 감탄할 터. 겨울 경치의 백미는 뭐니 뭐니 해도 설경이다. 설경을 즐기기에 가장 좋은 곳은 산으로, 적설량이 많은 데다 지대가 높아 눈이 쉬 녹지 않기에 웬만큼 이름난 산이면 설경 구경이 가능하다. 절이나 호수는 눈 내린 다음 날 방문하면 좋다. 산·사찰·호수 등 전국의 설경 명소들을 모았다.

• 산

지리산은 품이 넓은 만큼 설경 명소도 많다. 장거리 코스로는 주능선인 세석대피소~천왕봉 구간(5km)과 뱀사골~삼도봉~노고단 구간(13km)이 대표적이다. 특히 뱀사골 계곡의 암벽 위에 내려앉은 눈꽃이 일품이다. 다소 코스가 긴 만큼 산행 준비를 철저히 해야 한다. 성삼재~노고단 구간(5.4km)은 탐방로가 평탄해 2시간 정도면 오를 수 있다. 맑은 날은 눈 덮인 섬진강이 한눈에 들어온다. 이외에 피아골(4km)은 눈꽃 터널이 장관이다.

설악산은 어느 계곡 능선이든 절경 아닌 곳이 없다. 눈과 천불동계곡의 기암괴석이 어우러진 소공원~중청대피소 구간(10.9km), 화채능선의 설경이 일품인 소공원~비선대~금강굴 구간(6km), 내설악과 외설악의 설경을 모두 볼 수 있는 소공원~공룡능선~소공원 구간(18.7km), 눈 덮인 여러 사찰을 동시에 구경할 수 있는 백담사~중청대피소 구간(14.3km) 모두 압권이다. 장거리 코스는 대피소에서 숙박할 준비를 할 것. 동해를 조망할 수 있는 권금성은 케이블카를 타고 오를 수 있다.

덕유산은 눈과 상고대가 어우러져 장관이다. 무주리조트에서 곤돌라를 이용해 설천봉까지 오른 후 덕유산 최고봉인 향적봉을 거쳐 중봉에 이르는 무주리조트~중봉 구간(1.7km)이 대표적이다. 탁 트인 덕유평전의 설경이 장관. 구천동계곡의 눈꽃을 감상할 수 있는 삼공리~백련사 구간(8km)도 찾는 이들이 많다.

소백산은 과연 명불허전(名不虛傳)이다. 희방사~연화봉 구간(3.7km), 비로봉~국망봉 구간(3.1km), 천동~비로봉~어의곡 구간(11.9km) 세 코스가 유명하다. 덕유산과 함께 대표적인 상고대산이며 적설량도 여느 산 못잖다.

치악산은 탁 트인 경치가 멋있다. 행구동 공원지킴터 주변의 눈 덮인 소나무숲을 구경한 후 향로봉(치악평전)까지 갔다가 돌아오는 행구동~

지리산

향로봉~행구동 구간(5.6㎞)에 탐방객들의 발길이 잦다.

주왕산은 폭포와 눈꽃의 자태가 멋있다. 1폭포부터 3폭포까지 꽁꽁 언계곡과 폭포가 압권인 상의탐방지원센터 구간(8.6㎞)이 아름답다. 경사가 완만해 가족 단위의 나들이객들에게 좋다.

월악산은 둥근 영봉을 덮은 눈꽃이 아주 예쁘다. 암벽의 높이가 150m나 되는 월악산의 주봉, 영봉(1097m)에 달라붙은 눈꽃이 멋지다. 만수봉계곡(7.3㎞)도 설경이 빼어나기로 소문났다.

서울의 북한산은 북악공원지킴터~형제봉~대성문~정릉계곡 구간(5.7㎞)이 봉우리 · 계곡 · 산성길을 모두 즐길 수 있는 주코스다. 우이령길(4.5㎞)은 경사가 완만한 데다 탐방예약제를 실시하기 때문에 호젓한 설경을 즐기기에 좋다.

월출산은 눈 온 다음 날, 파란 하늘을 배경으로 한 눈 덮인 기암괴석이 일품이다. 도갑사 쪽으로 오르면 억새밭의 설경을 감상할 수 있고, 천황사 쪽으로 오르면 영암평야를 조망할 수 있다.

• 절

화엄사(전남 구례군 마산면)는 절 규모에 놀라고 설경의 아름다움에 놀라는 곳이다. 눈 쌓인 송림과 동백림 속에 있는 천년고찰의 고즈넉함을 느낄 수 있다. 인근의 천은사와 연곡사도 볼 만하다.

법주사(충북 보은군 속리산면)는 겨울 설경이 묵향 그윽한 한 폭의 동양화를 방불케 한다. 가지에 눈을 인 노송과 그 뒤로 어우러진 전각들이 특히 아름답다. 속리산의 겨울 상고대도 백미.

백양사(전남 장성군 북하면) 설경은 모악산 금산사의 봄, 변산반도의 여름, 내장산의 가을 단풍과 함께 호남 4대 절경으로 꼽힌다. 흰 눈과 대비되는 진녹색의 비자나무 군락이 장관이다. 약사암에서 내려다보는 설경이 일품이다.

해인사(경남 합천군 가야면)는 입구에 있는 홍류동 계곡의 설경이 가을 단풍 못지않게 아름답다. 국보와 보물이 많아 학습여행지로도 좋은 곳. 해인사를 품고 있는 가야산의 설경도 유명하다.

백양사

창원 주남저수지(사진=창원시)

월정사(강원 평창군 진부면)는 일주문에서 금강문으로 이어지는 1km의 전나무 숲길 설경이 우리나라에서는 보기 드문 진경을 연출한다. 절 뒤편 오대산 진고개 능선 길을 올라가면 멀리 주문진 겨울 바다도 볼 수 있다. 내소사(전북 부안군 진서면)도 월정사와 마찬가지로 눈 쌓인 전나무숲길이 압권이다. 설국으로 변한 고즈넉한 절집 풍경도 운치 있다.

◦ 호수

산정호수(경기 포천시 영북면)는 '산에 묻힌 우물(산정·山井)'이라는 뜻을 갖고 있다. 호수를 에워싸고 있는 명성산이 눈이 많이 오는 곳이라 겨울이면 수면 위에 늘 눈이 덮인다. 경포호(강원 강릉시 저동)는 경치가 좋아 사철 관광객이 끊이지 않는 곳이다. 호수 뒤쪽으로 흰 눈을 머리에 쓴 대관령 설경과 경포호수가 묘한 조화를 이룬다.

주남저수지(경남 창원시 동읍)는 남쪽지방이라 눈 쌓인 저수지를 보기가 쉽지 않지만 한번 눈이 오면 일대 장관을 연출한다. 설원을 배경으로 한 철새떼의 군무가 환상적이다.

👣 안전한 눈꽃여행을 위하여

누구나 한번쯤은 눈 덮인 설산을 가보고 싶을 것이다. 설경이야말로 한겨울의 맛과 멋을 오롯이 간직하고 있기 때문이다. 하지만 눈꽃의 매력만을 염두에 두고 무턱대고 산행에 나섰다가는 '눈꽃 천국'이 아닌 '눈꽃 지옥'을 경험할 수도 있다.

그렇다면 어떻게 해야 할까. 네가지만 주의하면 된다.

첫째, 미끄러짐 사고다. 눈꽃산행의 대상이 되는 산과 그 주변은 미끄러울 수밖에 없다. 눈 덮인 산까지 자동차를 이용할 경우 바퀴체인을 챙겨야 하는 이유다. 산행을 할 땐 아이젠과 지팡이(스틱)도 필요하다. 특히 스틱은 길이 나 있지 않은 곳에서 쌓인 눈의 깊이를 가늠하는 탐지기로도 활용할 수 있다.

둘째, 추위다. 산에서 높이 올라가면 갈수록 온도가 내려간다는 것은 기본상식이다. 겨울산은 그 차이가 더욱 심해 저체온증 등을 유발하기 십상이다. 해답은 간단하다. 얇은 모직이나 화학섬유 제품으로 된 옷을 여러 겹 껴입고, 모자·장갑·마스크 등으로 피부 노출을 최대한 막으면 된다. 등산화는 발목까지 올라오는 것을 신는 게 좋다.

셋째, 먹을거리다. 눈 덮인 겨울산에서 밥을 해먹거나 라면을 끓여먹기는 쉽지 않다. 악천후 탓이다. 이럴 땐 초콜릿이나 양갱 등 칼로리가 높으면서도 부피가 작은 간편한 비상식량이 제격이다.

넷째, 산에서 내려오는 시간이다. 겨울산은 해가 빨리지는 게 특징이다. 아무리 늦어도 오후 5시 이전에는 하산하는 것이 바람직하다.

눈꽃 기차여행, 출발!

"아이들 겨울방학이기도 해서 눈꽃여행을 떠나려는데요. 차는 기름값이 부담이고, 기차를 이용하려고 합니다. 부부와 자녀 둘 이렇게 넷이서 가려고 하는데 어디가 좋을까요? 요금은 얼마나 하나요?"

겨울이 깊어가는 요즘, 주요 인터넷 포털사이트들에는 기차로 떠나는 눈꽃여행에 관한 문의가 심심찮게 올라온다. 겨울철 기차 여행은 그 자체가 낭만적인 데다가 눈 덮인 도로를 직접 운전해야 하는 부담을 피할 수 있어 수요가 꾸준하다. 코레일관광개발㈜ 홍보마케팅 파트 최동혁 씨는 "경기 침체 탓인지 올겨울엔 매진 열차가 늘어나는 등 사람들이 더욱 몰리는 것 같다"고 말했다.

주요 여행사에서 눈꽃여행을 주제로 내놓은 열차코스는 강원권(태백선·영동선)과 경북권(중앙선)에 집중돼 있다. 서울역을 출발해 국내에서 가장 높은 역인 추전역(강원 태백·해발 855m)과 대표 오지역인 경북 봉화의 승부역, 영주의 풍기역을 차례로 들르는 일정이 인기가 많다.

겨울산을 직접 오르고 싶다면 청량리역을 출발해 민둥산역(강원 정선)에서 내려 태백산도립공원을 등반하는 코스가 괜찮다. 석탄박물관 관람도 가능해 자녀 방학숙제용으로도 활용할 수 있다. '태백눈꽃축제'에 맞춰가면 눈조각상을 구경하고 눈썰매를 탈 수 있다.

새해 해맞이를 놓쳤다면 정동진행 열차를 이용해 보는 것도 나쁘지 않다. 오후 10시쯤 출발해 그 다음날 오후 7시쯤 돌아오는 무박 2일 코스가 쏠쏠하다. 중간에 강원 횡계의 대관령 양떼목장이나 2018년 동계올림픽 개최지인 평창의 스키장, 오대산에 자리한 월정사 전나무숲길 등을 경유하며 차별화한 상품들이 꽤 된다.

KTX로 떠나는 눈꽃 트레킹도 있다. 서울 용산역에서 정읍역까지 KTX를 타고 간 뒤 내장산을 등반하는 코스가 대표적이다. 대전역까지 KTX로 이동한 뒤 연계버스를 이용해 전북 무주의 덕유산에 올라 설천봉과 향적봉의 설경을 즐길 수도 있다.

정동진 눈꽃열차(사진=코레일관광개발)

2012년 1월 9일 기사

길

가을엔 걷고 싶다

강화도. 그곳엔 밀물과 썰물이 드나들고 자연과 문명이 삶을 수수(授受)하며 과거와 미래가 교차하는 '나들길'이 있다.

"안녕하시꺄?" "여기까지 오시느라 애쓰셨시다."

이 볕이 꼭 이 가을의 마지막일 것 같은 10월 하순. 나들길(모두 8개 코스)은 예의 정겨운 강화도 사투리로 이방인을 맞는다. 마음을 부드럽게 녹이는 따스함이다.

먼저 '화남 생가 가는 길'. 강화 버스터미널 옆 풍물시장에서 남쪽으로 뻗어 내려가다 광성보까지 이어지는 전체 18.8㎞의 제6코스다. 2.2㎞ 논길을 지나 숲길로 들어서면 조그만 약수터가 걸음을 멈춘다. 시원한 약수로 기분 좋게 축인다. 작은 습지와 흔적만 남은 토성을 뒤로하면 바로 선원사 터다. 3.1㎞의 이 구간에선 쭉쭉 뻗은 소나무숲이 썩 훌륭하다. 큰 나무 사이로 걸어가니 내 키가 커졌더라는 말이 새삼 마음에 와 닿는 길이다. 생각해 본다. 이 숲길처럼, 살면서 마주쳤던 수많은 사람들 덕분에 지금의 내가 있는 건 아닐까 하고.

이번엔 강화대교 남단 갑곶돈대에서 해안도로를 따라 초지진까지 걷

는 둑길 17㎞, 제2코스(호국돈대길)다. 갑곶돈대서 3㎞ 걸으면 용진진이 나오고, 그곳에서 용당돈대까지 1.5㎞ 구간이 2코스 비장의 황금길이다. 둑길을 사이에 두고 한쪽엔 가을걷이가 반쯤 끝난 누런 들판이 바람에 흔들렸고, 다른 한쪽에선 염하(김포-강화간 해협)가 푸르게 술렁였다. 둑길 위에서 이 둘을 물끄러미 바라보다 하마터면 울 뻔했다. 자식들에게 모든 걸 다 내어 준 고향의 부모가 왈칵 떠올랐기 때문이다. 짐작해 본다. 그들은 오늘도 나를 위해 기도하시겠지 하고.

마지막으로 택한 곳은 제7코스 '갯벌 보러 가는 길'이다. 강화도 남단 화도공영주차장에서 내리성당을 지나 만보길 입구를 거쳐 5.9㎞를 걸은 후 다다른 일몰 조망지. 망원렌즈를 단 카메라를 삼각대에 올려놓은 사진가들이 철새들을 가만히 탐조하고 있었다.

저들이 찍는 건 무엇일까. 새일까, 일몰일까, 아님 일몰 속의 새일까. 아마도 자신이리라. 자문해 본다. 나는 살면서 한번이라도 내 안의 날

찍어본 적이 있었나라고. 어두운 하늘을 등에 지고 서울로 돌아오며 강화도 시인 함민복을 읊조린다.

"사람이 걸어 다니는 길은 큰 차도가 될 수도 있다. 그렇다면 지금 막 꿩이 낸 길은 길의 새싹인가. 길들은 진화와 퇴화를 반복하며 서로 만난다. 길끼리 만나지 않은 길은 존재할 수 없다. 길 중에 섬(島)인 길은 없다. 길들은 다 일가친척이다."

가을의 끝자락. 섬 같던 내 마음에 다리가 놓이고 새 도로가 뚫렸다. 새로 난 길의 이름은 (나에 대한) 위로다.

🥾 대한민국 방방곡곡 걸어볼까

전국의 길 지도가 바뀌고 있다. 지금까지는 고속도로·국도·지방도 같은 찻길이 길의 전부였다면, 요즘 들어서는 도보여행자들을 위한 옛길·산길·고샅길·강변길 등이 새로이 조명받고 있는 것. 제주 '올레길'과 지리산 '둘레길' 이후 불기 시작한 길 열풍은 대한민국의 여가문화를 바꿔 놓았을 정도다.

걷기를 통해 삶을 관조하고자 하는 이들이 늘고 있는 추세에 발맞춰 전국 각 지자체들도 저마다 지역 특색을 살린 길들을 조성하고 있다. 가을이 끝나기 전에 가 볼 만한 전국의 명품 길들을 소개한다.

서울의 성곽길을 걸으며 과거와 현재, 자연과 문명이 공존하는 서울의 진면목을 느껴 보자! 18㎞에 이르는 서울 성곽길이 최근 개방돼 탐방객들을 맞고 있다. 북악산 코스(4.7㎞), 낙산 코스(4㎞), 남산 코스(4.6㎞), 인왕산 코스(5.3㎞)로 나뉘, 그중 북악산 코스는 신분증을 지참해야 출입이 가능하다. 종로구청 문화관광 홈페이지(tour.jongno.go.kr)에서 서울 성곽길 안내지도를 내려받을 수 있다.

부산에는 갈맷길이 있다. 갈맷길이란 '부산갈매기(부산사람)가 짙은 바다를 끼고 걷는 길'이라는 뜻이다. 해안길 6개, 강변길 3개, 숲길 8개, 도심길 4개 등 총 21개의 코스가 마련돼 있다. 총길이가 302㎞에 이르

지리산 둘레길(사진=산림청)

며, 꼭 해안길이 아니더라도 바다가 보이는 코스가 많아 항도 부산의 매력을 만끽할 수 있다. (사)걷고싶은부산 홈페이지(greenwalking.co.kr)를 참고하자.

경기 여주의 여강길은 어떨까. 여주 사람들은 자기네 고장 앞을 지나는 남한강을 '여강'이라 부른다. 굽이굽이 흐르는 여강을 따라 자연스레 민초들의 길이 만들어졌다. 최근 4대강 개발로 옛 모습이 적잖이 사라진 것이 흠이지만, 여강길에는 여전히 진솔한 주민들의 삶들이 오간다. 옛나루터길(15.4㎞), 새물머리길(17.4㎞), 바위늪구비길(22.2㎞), 신륵사 나루터길(11.6㎞) 등 4개 코스가 있다. 이야기가 있는 문화생태탐방로 홈페이지(www.rivertrail.net)를 참고하자.

강원 강릉에는 바우길이 있다. 백두대간에서 경포대와 정동진까지, 산맥과 바다를 함께 걷는 17개 코스(총 연장 300㎞). 수수한 강원도 사람들을 일컬어 '감자바우'라고 하듯, 바우길에서도 강원도 특유의 꾸미지 않은 서정을 만날 수 있다. 바다와 산이 어우러진 길의 종합선물세트다. (사)강릉바우길 홈페이지(www.baugil.org)를 참고하자.

충북 괴산의 산막이옛길은 칠성면 외사리에서 산골오지 산막이마을까지 이어진 총 길이 4㎞ 산길이다. 흔적처럼 남아 있던 옛길을 복원해 친환경 산책로를 만들었다. 괴산호반을 따라 난 길 주변의 풍경이 유명경승지 못지않다. 호수 위에서 경치를 조망할 수 있게 유람선도 운영한다. 갈 때는 걷고 올 때는 유람선을 타는 여행객이 많다. 유람선 승선료는 5000원(소인 3000원)이다. 비학봉마을영농조합법인(043-832-3527)에 문의하면 된다.

230㎞에 이르는 리아스식해안을 따라 30여개의 백사장이 포도송이처럼 엮여 있는 태안은 그 자체만으로 이미 국립공원이다. 이 해안선을 따라 바라길 · 유람길 · 솔모랫길 · 노을길 · 샛별바람길 등 총 5개 코스 120㎞의 길이 만들어진다. 현재 열려 있는 길은 솔모랫길(몽산포~드르니항) 13㎞와 노을길(백사장항~꽃지항) 12㎞. 나머지 구간은 2013년까지 순차적으로 개통한다. 태안해안국립공원 홈페이지(taean.knps.or.kr)를 참고하자.

　　전북 부안의 마실길은 새만금방조제에서 줄포 자연생태공원까지 이어진 66㎞의 길이다. 국립공원 지역답게 자연을 훼손하지 않고 길을 만들었다. 바다를 따라 방치된 옛길을 되찾고, 숲에서 간벌한 나무를 이용해 길을 보수하고 팻말을 세웠다. 곰소염전·부안청자박물관·금구원 조각공원·석정문학관 등 다양한 볼거리도 마실길의 즐거움이다. 보다 자세한 사항은 부안군에 문의하면 된다.

　　전남 해남의 땅끝길은 한반도 최남단 땅끝에서 시작되는 길이다. 드넓은 바다와 시원한 바람, 파란 하늘이 도보여행자와 함께한다. 총 48㎞의 길이 사람 냄새 가득한 재래시장, 가슴까지 시원한 해변도로, 소담스러운 남도의 마을을 지난다. 해안을 따라 바라보는 다도해의 경관이 매우 아름답고, 특히 일몰 무렵의 낙조는 가히 환상적이다. 자세한 사항은 해남군에 문의하면 된다.

　　경북 안동에는 유교문화길이 있다. 선비문화와 서민들의 삶이 어우러진 안동의 유적지를 훑는 38.8㎞의 길이다. 하회마을과 병산서원 일대를 둘러보다 보면 경북 북부지역의 양반문화 품격이 느껴진다. 잉어를 구해온 효자, 의좋은 형제, 산신령 도깨비 등 길목마다 갖가지 전설과 설화가 얽혀 있는 것이 특징이다. 안동문화지킴이 홈페이지(www.aroad.kr)를 참고하면 좋다.

　　경남 남해에는 바래길이 있다. '바래'는 바다에 조개를 캐거나 해조류를 채취하러 가는 것을 일컫는 남해 사투리다. 바래길은 아버지·어머니들이 일 나갔던 그 길을 따라 걸어보자는 것. 4개 코스 총 55㎞로 이뤄져 있으며, 해안절벽·몽돌해변·해송숲 등 다양한 남해의 풍광을 즐길수 있다. 남해 주민들의 푸근한 인심은 덤이다. 보다 자세한 사항은 남해군에 문의하면 된다.

여럿이 함께 걸으면 더 좋다

"안녕하세요, 에어포스입니다!"

지난 20일 오전 10시. 열아홉 명의 중년 남녀가 둥그렇게 모여 닉네임으로 통성명을 했다. 국내 최대 도보여행 동호회인 다음 카페 '인생길따라 도보여행'(cafe.daum.net/dobojourney)의 수도권 회원들이 목요 도보여행에 나선 것이다.

이날 모임은 여행을 주최한 '에어포스' 임완기씨(58· 경기 화성시 병점동)가 회원들의 길잡이로 나서 수원 화서역에서 출발해 축만제호수, 서호천, 일월저수지를 지나 의왕역까지 약 15㎞를 걸었다.

"8㎞만 걷겠다고 생각해도 혼자 걸을라치면 많이 못 걸어요. 여럿이서 걸으면 얘기도 하고, 경치도 함께 즐기니까 재미있죠."

이 카페를 통해 일주일에 3~4회 도보여행을 떠나는 '깡다리' 홍인표씨(68· 서울 강서구 화곡동)의 말이다. 여행사 도보여행과 다른 점에 대해서는 "여행사는 일회성 행사인 만큼 함께 걷는 사람들이 말도 잘 걸지 않지만, 동호회에서는 서로 챙겨주고 간식도 나눠 먹으면서 끈끈한 정이 생긴다"고 말했다.

주 2회 도보여행을 하는 '여디야' 김우란씨(56·경기 수원시 영통구 망포동)는 "혼자서는 길도 잘 모르는 데다 귀찮아서 안 나갈 때도 있지만, 여러 사람과 약속을 하면 시간을 지켜야 하기 때문에 꼭 나올 수 있어 좋다"고 말했다. 그는 "처음 나오는 회원은 처음이라는 걸 밝혀야 베테랑 회원들이 챙겨 주고 도와준다"고 조언했다.

이 카페의 경우 준회원으로 가입해서 자신에게 맞는 도보여행을 한번 다녀오면 정회원으로 등급이 올라가는 방식이다. 도보여행에 참여하려면 인터넷 카페에 가입한 뒤 다른 회원들이 올린 도보여행 코스와 성격을 보고 자신에게 맞는 것을 골라 댓글을 달고 나가면 된다. 버스를 대절해서 가지 않는 한 참가비는 따로 없는 경우가 대부분이다. 여러 명이 함께 가는 만큼 늦어도 기다리지 않으므로 시간은 철저히 지켜야 한다.

이날 도보여행을 위해 충남 천안에서 올라온 '다정해'씨(47·동남구 안서동)는 "인터넷에 도보여행 동호회만도 수십곳이 있는데 각각 특색이 다르기 때문에 자신과 맞는 곳인지는 직접 가보고 판단하는 게 좋다"고 말했다.

• 유명 포털사이트의 인기 도보여행 동호회

포털사이트	카페 이름	카페 주소
다음(Daum)	인생길 따라 도보여행	cafe.daum.net/dobojourney
	나를 찾아 길 떠나는 도보여행	cafe.daum.net/walkabouts
	아름다운 도보여행	cafe.daum.net/beautifulwalking
	유유자적	cafe.daum.net/freewalking
	발견이의 도보여행	cafe.daum.net/way
네이버(Naver)	걷기클럽	cafe.naver.com/walkingclub
	걷기마당	cafe.naver.com/walkwalk
	걷기나라(숲과 길)	cafe.naver.com/walktopia

2011년 10월 31일 기사

연꽃

진흙에서 활짝 핀 여름

프랑스어나 독일어처럼 우리말에도 성별이 있다면 연꽃은 여성 명사가 아닐까. 고운 낯빛에다 은은한 향기까지, 옆에서 가만히 들여다보노라면 가슴이 설렌다. 흐트러진 옷매무새를 가다듬고 욕심을 내려놓게 된다.

이런 연꽃을 보며 몸과 마음을 정갈하게 가꾸는 여행이 소리 없이 번진다. 이름하여 '연 투어'. 연꽃이 대단위로 핀 곳만을 골라 순회하며 연꽃을 감상하는 이 여행은, 최근 다양한 먹을거리와 색다른 체험거리가 더해지면서 여름철 향토 순례자들의 사랑을 받는다.

2만평(6만6000여㎡)의 연못이 새하얀 연꽃으로 장관을 이룬 전북 김제시 청하면의 하소백련지를 찾은 날도 그랬다. 녹색의 연잎과 흰색의 연꽃이 연출하는 청신함을 온몸으로 만끽하려는 사람들로 북적였다. 카메라 셔터를 누르는 사진가 옆에선 아이들이 제 키보다도 큰 연잎 줄기를 받쳐 들고 경중경중 뛰어다녔고, 연못가 모정(茅亭)엔 연 감상에 흠뻑 빠진 연인들로 빼곡했다.

새우가 알을 품은 못이라고 해서 하소(蝦沼)라고 이름 붙여진 이곳의

백련은, 다른 곳의 백련과는 달리 크지는 않지만 꽃봉오리 끝이 푸르스름해 신비로움을 더한다. 다랭이논을 연상케 하는 소규모 못이 저마다 특색 있는 연꽃 군락지를 이뤄 눈을 즐겁게 한다. 사실 연꽃은 동서고금을 막론하고 신비한 성스러움의 대명사이자 강인한 생명력의 상징이었다. 고대문명을 꽃피웠던 인도에서는 기원전 3000년 전에 새겨진 연꽃 여신상이 발견됐고, 기원전 2700년쯤 만들어진 고대 이집트의 왕 무덤 벽화에도 연꽃은 등장했다. 인당수에 빠진 심청을 살린 것이나, 한의사들의 교재격인 〈본초강목〉에 "생명력이 강하여 영구히 산다"고 기록된 것도 모두 연꽃이다.

연 앞에선 입도 기쁘다. 백련지 안쪽에 마련된 주점에선 연잎전과 백련 동동주가 나그네의 발길을 붙잡고, 음식점 '수자타'는 연잎밥과 백련부침 · 백련수육 · 연잎칼국수 · 연자죽 · 백련두부 같은 이색 연 요리로 구미를 당긴다. 연잎아이스크림과 연잎호떡은 간식으로, 백련차와 백련된장(간장)은 가족 선물로 제격이다.

　최근 이곳은 6~9월이면 생겨나는 전국 '연 벨트(belt)'의 중심축이 됐다. 연 벨트란 연꽃이 아름답기로 소문난 전국의 명소를 이은 선을 말한다. 요즘 가장 북적이는 연 벨트는 충남 부여 궁남지에서 이곳 하소백련지를 거쳐 전남 무안 회산백련지를 잇는 길. 궁남지는 백제 무왕이 조성한 연못으로 인공 못으로는 국내서 가장 오래 됐다는 점, 회산백련지는 국내 최대의 백련 자생지라는 점에서 사랑을 받는다.

　10년 전 이곳 1500㎡(450평)에서 연을 키우기 시작한 청운사 주지 도원스님은 "연은 건강 기능성이 커서 다양한 가공식품으로도 재창조할 수 있는 데다 벼농사보다 2~5배나 많은 소득을 올려 농업인들의 대체 작목으로도 가치가 높다"면서 "여름이 가기 전, '연 투어'를 놓치지 말고 해보라"고 말했다.

☙ 전국 연꽃 명소를 찾아서

　흔히들 연꽃을 군자의 꽃이라 부른다. 진흙에서 나오지만 더럽혀지지 않고 맑은 물에 씻겨도 요염하지 않으며 줄기는 비었지만 꼿꼿하고 향기는 멀수록 맑은 까닭이다(중국 송나라 때 유학자 주돈이의 〈애련설〉 중 일부). 사람들이 연꽃을 보고 감탄하는 것은 연꽃이 시각적인 아름다움 이상의 안정감을 주기 때문이 아닐까. 군자가 될 수 없는 현실에서 우리 같은 갑남을녀들은 먼발치에서 연꽃이라도 보며 그를 닮으려 애써야지 싶다.

　궁남지는 천년의 역사가 숨 쉬는 곳이다. 20㏊ 규모의 이곳은 백제 무왕이 만든 왕궁의 남쪽 별궁에 속한 연못이다. 충남 부여군 부여읍에 있으며 우리나라에서 가장 오래된 인공연못으로 알려져 있다. 연못 가운데 있는 정자(포룡정)까지 이르는 길을 60여종의 연이 반겨 준다.

　전북 전주시 덕진구에 있는 덕진공원은 고려시대에 형성된 호수가 아직 남아 있는 유서 깊은 곳. 공원 안에는 10㏊의 호수 외에도 연꽃 자생지가 4.3㏊나 된다. 이곳 홍련은 주변의 수양버들·창포와 어우러져 절

경을 이룬다.

충북 청원군 강내면 연꽃마을에는 네개의 크고 작은 연못이 있다. 연못에서는 백련과 홍련·수련이 조용히 관광객들을 맞는다. 농촌체험마을인 만큼 연잎칼국수·민화부채 만들기 등 다양한 체험을 할 수 있다.

경북 경주시 양남면 경주연꽃마을은 연 재배작목반이 뜻을 모아 2년 전 만들었다. 10a짜리 연못이 다섯군데 있고 산책로와 온실이 잘 가꿔져 있다. 연잎비누·연잎칼국수·연잎차 만들기 체험이 눈길을 끈다.

경기 시흥시 하중동에는 18ha의 연꽃테마파크가 조성돼 있다. 8월에는 '갯골축제'의 일환으로 연 가공식품 시식·판매행사를 한다.

전남 무안군 일로읍의 회산백련지는 국내 최대의 백련 자생지다. 매년 8월이면 백련대축제가 열리는데, 올해 '토요문화마당'에서는 품바 공연과 한여름 밤의 음악회가 펼쳐진다.

강원 강릉시 강동면 풍호마을에는 2ha 규모의 연꽃단지가 있다. 백련과 홍련으로 가득한 연꽃단지가 아름다운 것은 물론이거니와 옆에는 갈대·창포·미나리 등 다양한 수생식물이 춤을 추는 6.6ha의 늪지도 있다.

제주 제주시 애월읍 연화지에는 연분홍빛 홍련이 소담스럽게 피어 있다. 연못 한가운데 정자가 있고 그 주변으로 나무 데크가 조성돼 산책하기 좋다. 주변에는 천년 된 팽나무가 있어 관광객의 발길이 이어지고, 원시림이 그대로 보존된 금산공원도 유명하다.

집에서 연꽃 화분 키워볼까

연은 비교적 높은 온도를 좋아하는 식물이다. 보통 12~15℃에서 생장을 시작하고 키울 때는 25~30℃가 적당하다. 30℃가 넘어가면 성장이 둔화되니 주의할 것. 모종으로 쓰는 뿌리(연종근)는 보통 4~5월에 심는데, 요즘 같은 여름엔 적당히 자란 것을 옮겨 심어야 한다.

화분은 가급적 원형을 고르는 것이 좋다. 땅속줄기가 계속 뻗어 나가기 때문에 각진 것은 좋지 않다. 크기는 최소 대야 이상은 돼야 한다. 꽃을 피웠다가도 그릇이 꽉 차게 되면 더 이상 꽃을 피우지 않기 때문.

화분은 물을 담을 수 있는 공간으로 3분의 1 정도를 남기고 흙으로 채운다. 논흙이 좋지만 밭흙을 사용해도 무방하다. 사질토(모래흙)는 안 된다. 손으로 흙을 살살 펴 가며 자리를 잡고 심는다. 물에 잘 씻은 마사토(화강암이 풍화된 흙)를 위에 덮어주면 흙 속의 먼지가 물에 뜨는 것을 막을 수 있다. 흙탕물이 일면 수온이 잘 올라가지 않으므로 주의할 것. 물 깊이를 낮에는 낮게 하고 밤에는 깊게 해서 온도를 조절해 주는 것도 요령이다.

연잎이 제대로 자리를 잡기 전에 생기는 이끼는 수시로 제거한다. 물이 증발하면 즉시 보충해 줘야 한다. 진딧물이 붙으면 손으로 잡아 주고, 화분용 비료나 일반 비료를 적당히 섞어주면 성장에 도움이 된다. 연뿌리는 자정(自淨)하는 능력이 있기 때문에 물을 갈아 주지 않아도 썩지 않으며 수돗물은 며칠 동안 받아놓은 것을 쓰는 것이 바람직하다. 물은 일반 화분에 물을 주는 것처럼 매일 준다. 특히 8월 말까지는 많은 물을 필요로 하는데 이때 물 관리가 소홀하면 꽃 보기가 힘들어진다. 연을 키울 때 중요한 것은 일조량. 최소 하루에 6시간 이상 햇볕이 들게 해야 하니 옥상이나 베란다에 두는 게 좋다.

2011년 8월 8일 기사

연꽃 사진 찍는
부용 스님

● 남들은 그늘을 찾기 바쁜 이 계절에 유독 삼복 뙤약볕을 즐기는 이가 있으니, 바로 연꽃사진가인 부용 스님(54·대구 법성사 주지)이다.

불교의 정신을 오롯이 담고 있다는 연꽃이 한여름에만 피는 것도 부처님의 뜻일 터. 연못을 찾지 않고서는 연꽃을 볼 수 없기에, 스님의 여름 행보는 딱 고행정진 그대로다.

"연꽃이 불교의 상징이 된 것은 진흙바닥에 뿌리를 박고 있으면서도 흙탕물에 물들지 않고 고고한 자태와 은은한 향을 뿜내기 때문입니다.

"연꽃은 올바른 삶의 방향을 제시하는 부처님의 가르침이기도 합니다."

이를 일러 처염상정(處染常淨)이라 합니다. 연꽃은 올바른 삶의 방향을 제시하는 부처님의 가르침이기도 합니다."

부용 스님이 전하는 불교에서 연꽃을 숭상하는 이유는 이외에도 더 있다. 다른 화초들과 달리 꽃과 열매가 함께 맺는다는 것. 이를 인과동시(因果同時)라 하는데, 이처럼 연꽃에는 원인과 결과를 동시에 꿰뚫는 지혜가 담겨 있다. 뿌리부터 잎, 꽃, 열매까지 버릴 것이 없다는 것도 연의 특징이다. 더러움에 물들지 않는 아름다움은 물론 온 몸뚱이가 먹을거리가 돼 중생을 이롭게 하는 것이다.

"전국 어느 연못을 가 봐도 연꽃은 다 부처님을 닮았습디다. 특히 해 뜰 무렵 살포시 봉우리를 여는 아름다움 이야말로 염화미소(拈華微笑, 석가모니가 연꽃 한 송이를 대중에게 보이자 마하가섭이 그 뜻을 깨닫고 미소 지은 것) 그 자체지요. 맑은 삶을 살고 싶은 분들은 연꽃을 가까이 하세요."

십수년간 연만 찍었는데도 연못을 찾을 때마다 새롭다는 부용 스님의 연화세계는 어디일까. 취재 말미, 염화미소 한번 지어달라는 주문에 스님은 "내가 어찌 그 경지를 알겠느냐"며 입꼬리만 살짝 올려보였다. 부용 스님은 내년 봄 한국 불교의 총본산인 서울 종로구 조계사에서 세번째 연꽃사진전을 열 계획이다.

한국의
흥
을 만나다!

제 3 장

예부터 한국인은 풍류를 즐겼습니다. 각박한 삶의 굴레에서 벗어나 잠깐의 축제를 만끽한 것이지요. 강에 배 띄우고 시조 읊는 것만이 풍류는 아닐 겁니다. 힘든 일상에 재미를 더하는 놀이, 단조로운 나날에 의미를 입히는 봉사, 흘러가는 순간순간을 보람 가득한 미래로 탈바꿈하는 준비가 모두 21세기 풍류가 아닐까요.

천연미용

자연의 힘으로 아름답게

경기 광명시 소하동에 사는 주부 김민재씨(47)는 8년 전부터 스킨 · 로션 · 영양크림 · 선크림 등 웬만한 화장품은 모두 직접 만들어 쓰고 있다. 또 계절에 따라 오이 · 감자 등 제철 농산물로 천연팩을 하고, 콩가루나 쌀가루 등을 세안제로 활용한다. 두 자녀와 남편도 김씨가 만든 화장품을 이용하는 것은 물론이다. 이처럼 온 가족이 천연화장품을 쓰면서 달라진 점은 피부에 대한 고민이 없어졌다는 것.

"화학물질로 만든 화장품을 바를 때에는 얼굴에 옷을 입은 느낌이었어요. 눈이 따갑거나 향이 거북하기도 했고요. 그런데 자연에서 나는 재료로 화장품을 만들어 쓴 이후론 피부가 편안해지고 언제나 한결같은 상태를 유지할 수 있게 됐어요. 피부 노화가 더디게 진행되는 것 같다고 할까요? 아이의 건조한 피부도 개선됐답니다."

김씨와 같이 농산물 등 천연재료를 이용해 몸을 가꾸는 사람들이 늘고 있다. 건강과 환경에 대한 관심이 높아지면서 화학물질이 주원료인 일반 화장품보다는 천연재료로 직접 화장품을 만들어 쓰는 것이다.

미국 환경실무그룹의 보고서에 따르면 화장품 성분 중 30%에는 발암 의심성분이, 45%에는 신경독성성분이, 60%에는 환경호르몬이 포함돼 있다고 한다. 또 최근 시판되는 립스틱 10개 제품에 대한 여성환경연대 의 조사에서는 규정상 화장품에 사용할 수 없는 크롬이 모든 제품에서 검출됐으며, 알루미늄과 망간도 여러 제품에서 나왔다.

이처럼 화장품의 안전성은 끊임없이 논란이 되고 있으며, 이에 대한 대안으로 천연재료를 이용한 천연화장품이 주목받고 있다. 한약재를 주 원료로 한 한방화장품 시장이 크게 확산됐으며, 일반 농산물의 유효성 분을 활용한 천연화장품 제품도 속속 등장하고 있다.

사실 천연재료를 미용에 활용한 것은 어제오늘의 일이 아니다. 오래 전부터 선조들은 천연재료로 몸을 가꿔왔으며, 이는 단군신화에도 등 장한다. 쑥과 마늘로 심칠일을 시낸 곰이 여인으로 환생한 대목은 쑥과 마늘이 희고 고운 피부를 만드는 미백제로 사용된 것으로도 풀이된다.

또 옛사람들은 녹두·팥·콩 등을 갈아 만든 비누로 세안을 했고, 목 욕물에 인삼·마늘·창포·복숭아 등 다양한 재료를 넣어 효과를 높였 다. 〈동의보감〉에 나오는 '미안수(美顔水)'도 옛 여인들이 즐겨 쓰던 천 연화장품이다. 스킨과 유사한 미안수는 피부를 희고 부드럽게 하는 액체로, 수세미·박·오이·당귀·복숭아잎·유자 등 다양한 식물을 이용해 여성들이 직접 만들었다고 전한다.

역사 속의 미인들도 천연재료로 아름다움을 더했다. 클레오파트라는 꿀과 우유를 이용했으며, 황진이는 율무로 팩을 하고 쌀뜨물로 세수를 했다고 한다.

피부의 최대 적인 햇빛의 위력이 점점 강해지는 계절이다. 옛사람들의 지혜를 되살려 값비싼 화장품 대신 천연재료로 피부를 지키는 건 어떨까. '약식동원(藥食同源)'이라는 말처럼 음식은 피부에도 보약이다.

"비타민과 무기질이 풍부한 과일과 채소는 유용한 항산화제로 피부에 생기를 더해줍니다. 팩이나 스킨 등 손쉽게 만들 수 있는 것부터 시도해보세요. 주방에 놓인 유채기름이나 올리브유는 여름철엔 그대로 바디오일로써도 되지요. 신선한 농산물을 먹고 바르는 것이야말로 피부를 가꾸는 최고의 비결입니다."

'안전한 화장품캠페인'을 벌이는 여성환경연대 고금숙 환경건강팀장의 말이다. 그의 조언처럼 다가오는 여름철 피부 관리는 순하디 순한 '자연'에 맡겨보자.

 여름에 좋은 기능별 천연팩 9가지

'만들기는 초간단, 효과는 초강력.' 최윤하 퓨어메이드 천연연구소 (www.puremade.net) 대표가 말하는 천연팩의 장점이다. 과일·채소·곡물 같은 천연재료를 이용해 만들 수 있는 화장품은 얼굴팩 외에도 화장수·로션·크림·비누 등 다양하다. 하지만 복잡한 재료나 갖가지의 도구 없이 뚝딱 만들어 바로 바를 수 있는 건 팩밖에 없다. 효과도 금세 나타난다.

"팩을 사용하니 일주일 만에 가려움이 가라앉고, 6개월 후에는 피부가 놀라울 정도로 좋아졌어요. 이후 10여 년 동안 천연재료 미용법 연구에 매달렸습니다."

지독한 아토피성피부염 때문에 천연미용법에 관심을 가졌다가 전문가가 된 최 대표. 그가 추천하는 올여름 꼭 써봐야 할 기능별 천연팩 9가지를 소개한다. 사용법은 대부분 같다. 먼저 깨끗이 세안하고 화장수로 피부결을 정돈한 다음 피부 온도가 낮은 뺨→턱→코→이마 순으로 팩을 바른다. 그리고 15분 후, 민감한 피부라면 10분 후 미지근한 물로 팩을 씻어내고 찬물로 헹군다. 그런 다음 아무것도 바르지 말고 20~30분 피부를 쉬게 했다가 화장수로 마무리하면 된다.

• 들뜬 피부 차분하게… 진정팩

① 포도다시마팩: 포도알 8~15개를 우유 3큰술과 함께 믹서에 간 다음 다시마가루 3큰술을 조금씩 넣으며 농도를 조절한다. 포도씨 알갱이가 피부를 자극할 수 있으므로 너무 세게 문지르지 않도록 한다.

② 오이다시마팩: 오이 ½개를 강판에 간 다음 다시마가루 2작은술과 플레인요구르트 1큰술을 넣고 잘 섞는다.

③ 감자아로마팩: 감자 1개는 껍질을 벗긴 다음 강판에 간다. 여기에 글리세린 ½작은술과 라벤더 에센셜오일 1~2방울을 넣고 잘 섞은 다음 밀가루 4~5큰술을 조금씩 더해 농도를 조절한다. 글리세린과 오일은 생략 가능하다. 얼굴뿐 아니라 자외선에 노출되기 쉬운 목·어깨·등에 발라도 효과적이다.

• 메마른 피부 촉촉하게 보습팩

① 우유꿀팩: 꿀 1큰술을 30분 정도 중탕한 다음 식힌다. 여기에 따뜻하게 데운 우유를 넣고 섞는다. 수분이 많으므로 그냥 바르기보다 팩 전용 붓을 이용하거나 화장품·마스크시트에 적셔 얼굴에 붙이면 더 좋다.

② 수박팩: 수박 껍질의 흰 부분을 손바닥만 한 크기로 잘라 믹서에 간다. 여기에 밀가루 2큰술을 조금씩 넣어 농도를 조절한다.

참다래꿀팩

③ 다시마젤감초팩: 마른 다시마 1조각(손바닥만 한 크기)을 생수에 하룻밤 담근다. 생수 양은 다시마가 살짝 잠길 정도면 된다. 다음 날 다시마는 건져내고 점액질이 빠져나온 물(3큰술)에 감초가루(2큰술)를 섞어가며 농도를 조절한다. 피부가 예민하다면 다시마를 물에 담그기 전 젖은 행주로 표면의 소금기를 닦는다.

• 그을린 피부 새하얗게… 미백팩

① 시금치우유팩: 시금치잎 5~6장, 우유 2큰술을 믹서에 간 다음 밀가루 2큰술과 올리브유 ½작은술을 넣고 잘 섞는다.
② 오이쌀겨팩: 오이 ⅓개를 강판에 간 다음 쌀겨가루 1큰술을 넣고 잘 섞는다.
③ 참다래꿀팩: 꿀 ½작은술을 30분 정도 중탕한 다음 식힌다. 여기에 껍질을 벗기고 믹서에 간 참다래를 넣고, 밀가루 2큰술을 조금씩 넣으며 농도를 조절한다.

시금치우유팩

지역 특산물 활용한 천연화장품 어디까지 왔나

"먹지 마세요. 피부에 양보하세요."

2005년 '○○푸드' 화장품 업체가 쓴 광고 문구. "먹어서 좋은 음식은 피부에도 좋다"는 생각을 전한 이 문구는 소비자들에게 큰 반향을 일으켰다. 이 회사의 최근 텔레비전 광고는 더욱 눈길을 끈다. 토마토를 숟가락으로 퍼 올리더니 다음 장면에선 '토마토' 이름이 붙은 화장품 용기를 그대로 숟가락으로 퍼내며 "잘 먹었습니다"라는 문구가 나온다. 화장품은 피부가 먹는 음식이며 먹을 수 있는 원료로 만들어야 한단 것을 강조한 것이다.

2000년대 들어 불기 시작한 웰빙 바람은 화장품 업계에 많은 영향을 미쳤다. 주름개선·미백·자외선차단 등 기능성을 강조한 제품이 등장하며 시장을 세분화했고 소비자의 다양한 욕구를 충족해 나갔다.

더불어 해외의 유기농화장품이 국내에 소개되면서 소비자들은 기존 화장품의 화학성분에 대한 우려를 갖게 된다. 자연히 천연화장품에 대한 수요가 높아졌고 감초·민들레·인삼 등 약초 추출물을 이용한 한방화장품을 필두로 관련 시장은 성장을 거듭했다. 업계 자료에 따르면 국내 천연화장품시장 규모는 2014년 약 2조7772억원으로 추정되며 2015년에는 3조원을 넘어설 것으로 전망된다.

대기업이 선점한 천연화장품 시장에 최근 농업계와 지방자치단체도 관심을 가지기 시작했다. 농업이 단순히 식량 생산을 위한 산업이라는 선입견을 깨고, 지역 농산물을 활용해 농업과 경제를 동시에 활성화하자는 복안이다.

충북 제천 한방샴푸

농촌진흥청 산하 농업기술실용화재단은 2010년 감귤을 화장품 원료로 개발하는 데 성공했고 이어 당귀·감자·쌀 등을 이용해 화장품을 개발했다. 이렇게 개발한 기술은 민간에 이전돼 화장품 생산에 쓰인다.

여러 지자체도 조례 제정, 사업단 조성, 축제 개최 등을 통해 천연화장품 시장 활성화에 박차를 가하고 있다.

경기도는 2012년 '뷰티산업 진흥 조례'를, 인천광역시는 2013년 '뷰티산업 육성에 관한 조례'를, 충청북도는 2013년 '뷰티산업 진흥 조례'를 마련하는 등 화장품 산업을 육성하고자 노력 중이다.

제주 달팽이 글쎈진폼까
감귤 클렌징폼

특히 충북도는 2006년 제천 한방클러스터사업단을 조성해 화장품 업체를 유치하는 등 지역 특산물인 약초를 활용한 화장품 개발에 집중했다. 이어 2010년엔 '제천 국제한방바이오 엑스포'를, 2013년엔 '오송 화장품·뷰티 세계박람회'를 성공리에 개최했다.

경북도는 ㈜한국한방산업진흥원을 중심으로 약용작물을 체계적으로 연구개발할 수 있는 산학연 네트워크를 갖췄다. 2012년 우엉씨(우방자) 추출물을 이용해 피부 노화를 방지하는 화장품을 개발했고 해외 수출을 추진하는 등 매출 확대를 위해 적극적으로 나서고 있다.

감귤향수와 감귤비누

전북 남원시는 2009년부터 '친환경 화장품 클러스터 조성 사업'을 추진 중인 데 이어 2011년부터 '허브식품 클러스터사업'을 진행하고 있다.

남원시에서 재배되는 농산물과 허브를 활용해 보습스킨·콜라겐로션·영양크림 등을 개발했고, 체험 행사 등을 통해 시민들의 관심을 환기하기 위해 꾸준히 노력 중이다.

제주특별자치도는 2012년 '코스메틱 클러스터 사업단'을 꾸려 사업을 추진 중이다. 제주의 특산물인 감귤을 활용한 로션과 팩 등 다양한 화장품을 개발했고 제주화장품 공동판매장인 코시롱하우스에서 판매한다.

천연화장품을 애써 개발했지만 생산 및 판매로 이어지지 않는 경우도 있다. 충남 천안시농업기술센터가 2012년 표고버섯과 인삼 등을 원료로 기능성 화장품을 개발했고 지역 영농법인이 생산 및 판매에 나섰지만 홈페이지 운영도 어려울 정도로 난항을 겪고 있다. 또 최근 경북도 농업기술원이 사과추출물을 이용해 스킨이나 로션 등의 원료를 개발했지만 지역에선 기술을 이전받아 생산에 나서겠다는 업체가 마땅히 없는 실정이다.

엄인용 농업기술실용화재단 기술동향분석센터 연구원은 "천연화장품 업체 대부분은 영세한 중소기업이어서 개발부터 판매까지 여러모로 어려움을 겪고 있다"며 "천연화장품 산업이 활성화되려면 자금지원과 경영컨설팅 등의 지원은 물론 소비자들에게 신선하고 질 좋은 농특산물로 만든 천연화장품이 건강과 안전을 위해서도 좋다는 인식이 자리 잡도록 홍보가 이뤄져야 할 것"이라고 밝혔다.

2014년 5월 19일 기사

농업기술
실용화재단
강소희 연구원

*"화장품을 신토불이로 만들면
우리 피부에 더욱 좋겠죠?"*

● "화장품을 신토불이로 만들면 우리 피부에 더욱 좋겠죠?" 경기 수원의 농업기술실용화재단은 농산물을 활용한 기술을 사업화하는 전문가들이 모인 곳. 강소희 연구원은 이곳에서도 천연화장품을 개발하고 사업화하는 부문의 일인자로 꼽힌다.

강 연구원은 재단이 설립된 2009년부터 개발해 선보인 쌀 · 당귀 · 봉독 등의 여러 화장품 중 2010년 특허 등록한 감귤 마스크팩이 가장 기억에 남는단다.

마스크팩의 주요 원료 중 하나가 팜유. 마스크팩 수요가 높아지자 팜유 가격이 상승했고 화장품 생산업체에게는 부담이 됐다고 한다. 게다가 동남아 지역에서 생산되는 팜유는 품질이 고르지 못해 고기능성 화장품의 원료로 쓰기엔 여러모로 어려운 점이 많았단다.

이에 재단은 감귤의 껍질 등을 화장품 원료로 쓸 방안을 연구했고, 효소처리 과정을 거쳐 팜유를 대체할 젤(Gel)로 만들 수 있었다고 한다.

"연간 5만톤가량 발생하는 감귤 부산물로 만든 감귤젤은 약 145억원의 부가가치를 창출했고, 8000억원 규모인 마스크팩 시장의 신 원료가 되었죠. 게다가 감귤젤 덕분에 가공용 감귤 수매단가도 크게 상승했으니 농가 소득증대에도 도움을 준 셈이죠."

감귤젤은 국내에서 만들어 품질을 믿을 수 있고 수입 팜유에 비해 가격도 저렴해 경제적이었다. 이 기술은 제주지역의 농업법인에 이전돼 현재도 이를 이용해 마스크팩이 생산 · 판매되고 있다.

강 연구원은 대기업 제품과 견줘 뒤지지 않을 훌륭한 천연화장품임에도 불구하고 중소기업 제품이라 소비자에게 외면당할 때는 안타까움을 느낀다고 한다. 화장품 시장을 독점한 주요 대기업이 막대한 자금력으로 유명 연예인을 동원해 광고를 하니 영세한 업체는 매출을 올리기가 쉽지 않다는 것.

강 연구원은 "어려운 현실이지만 감귤 화장품같이 지역 특산물을 활용해 틈새시장을 공략하면 충분히 미래가 밝다"면서 "앞으로도 다양한 농산물이 산업화될 수 있도록 우수 기술을 지속적으로 발굴해 나갈 계획"이라고 말했다.

춤

내 인생에 부는 신바람

　"두 팔을 물결처럼 흔들면 '파도', 한쪽 팔을 머리 위로 돌리면 '바람'이
에요. 골반은 계속 움직여주세요. 자, 시~작!"

　꽃목걸이에 살랑살랑 골반을 흔드는 여성들의 몸짓은 바로 하와이를
대표하는 춤 '훌라'. 매주 월요일 오후 2시 경기 고양 송포농협 가좌지점
문화센터는 이신자 단장을 포함해 18명의 여성농업인으로 구성된 '훌라
예술단'의 흥과 열기로 가득 찬다. 2007년에 결성돼 다양한 사회시설에
서 공연 봉사도 펼칠 만큼 이들의 춤은 수준급이다. 그런데 이분들, 겉
으로 봐서는 당최 나이를 가늠하기 어렵다.

　"춤을 추면 마음이 즐거우니까 자연스럽게 주름이 펴지는 게 아닐까요?"

　예술단에서 훌라춤 지도를 도맡고 있는 이신자 단장은 올해로 70세
다. 하지만 나이보다 10년은 젊어 보인다. 50대 중반에 하와이 여행을
갔다가 우연히 접한 훌라춤에 반해 11년째 추고 있단다.

　"농사일이 아무리 바빠도 월요일 오후 2~4시는 춤추는 시간이죠."

　바쁜 영농철에도 훌라춤은 포기할 수 없는 삶의 활력소라는 이옥자씨

(64)도 50대로 보이기는 마찬가지. 다른 단원들도 50대인 줄 알았더니 대부분이 60대란다. 몸풀기를 마친 단원들이 어깨를 드러내는 상의와 빨강·노랑·초록 원색 치마로 옷을 갈아입었다.

"빠른 걸로 해? 아니면 느린 걸로 해?"

어떤 곡을 원하느냐는 이 단장의 물음에 "아무 거나요!"라는 단원들의 자신감 넘치는 대답이 돌아온다. 그럼 어디 한번 감상해볼까?

음악에 맞춰 여유롭게 골반을 돌리는 폼들이 20대 아가씨들 저리 가리다. 이리 오라고 유혹하는 듯한 손짓도 하고, 발을 구르며 제자리에서 한바퀴 회전도 한다. 때로는 우아하고 때로는 발랄하다.

"춤을 추고 나면 허리랑 관절에 힘이 생기는 기분이에요."

허리 수술을 받고 최근 2년 만에 다시 훌라춤을 시작했다는 이재애씨 (60)는 춤을 추면서 건강이 더 빨리 회복되는 것 같단다.

두번째 곡을 시작하기 앞서 단원들의 양손에 커다란 꽃이 들렸다. 가까이 보니 깃털로 만든 꽃이다. 이 단장이 '울리울리'라는 하와이 악기라고 알려준다. 꽃 반대쪽에 달려 있는 박에는 작은 씨앗들이 들어 있어 흔들 때마다 찰랑찰랑 소리를 낸다.

이번에는 단원들이 두 손에 대나무막대를 들었다. '푸일리'라는 하와이 악기다. "착착착착." 기대 이상으로 맑은 소리를 낸다. 울리울리와 푸일리가 있으니 훌라춤이 한층 흥겨워진다.

연습을 마치고 그대로들 집에 가시려나 싶었는데, 수다가 빠질 수 있으랴. 단원들이 연습실 한편에 다과를 펼쳐놓고 둘러앉는다.

"옛날에 농사 안 짓고 꼬박꼬박 춤 배우러 다녔어봐. 큰일 났지. 그런데 요즘은 남편이든 자식이든 춤춘다 그러면 아무도 안 말려. 그렇지?"

"그럼. 춤을 추면 사람이 표정부터 밝아지잖아. 아픈 데도 잘 낫고. 일본에서는 90세 노인도 훌라춤을 춘다더라고."

"이게 또 치매 예방에 좋다니까. 순서 외우려면 보통이 아니거든."

한바탕 수다가 끝날 즈음 이 단장에게 언제까지 훌라춤을 출 수 있을지 물었다.

"건강에 문제가 없는 한 끝까지 할 겁니다. 하와이 현지에서 공연할 날도 오지 않을까요?" 이분들, 몇 년 뒤 해외토픽에도 나오지 싶다. 아마 기사 제목은 이렇지 않을까. '평균 연령 70세 한국 훌라예술단, 하와이 한복판에서 훌라춤을 추다.'

🩰 어떤 춤을 배워볼까

벨리댄스·라인댄스·탱고·차차차·룸바…. 요즘 유행하는 많은 춤 중에서 나에게 맞는 춤은 뭘까? 운동 삼아 춤을 배워보고 싶어도 막상 무슨 춤을 어디에서 어떻게 시작해야 할지 모르는 경우가 많다. 봄을 맞아 배워볼 만한 다양한 춤을 소개한다.

볼룸댄스·사교댄스·댄스스포츠…. 비슷비슷한 이 용어들의 차이는 뭘까? 한마디로, 모두 남녀가 함께 짝이 되어 추는 춤이다. 둥그런 큰 방(ballroom)에서 추는 춤이라는 뜻의 '볼룸댄스'가 전통적으로 통용돼 왔으나, 1980년대에 올림픽 종목 채택이 추진되면서 '댄스스포츠'라는 용어가 일반화됐다.

댄스스포츠는 전 세계적으로 공통된 기법으로 즐길 수 있는 춤으로, 영국 황실무도교사협회(ISTD)에서 정립한 10가지 종목을 말한다. 이 외에 지르박 · 블루스 · 트로트 등은 우리나라에서만 통용되는 '사교댄스'로 구분된다.

댄스스포츠에는 크게 모던댄스와 라틴댄스가 있다. 영국을 중심으로 생겨난 모던댄스에는 왈츠 · 비엔나왈츠 · 퀵스텝 · 탱고 · 폭스트롯 등 5가지가 있다. 라틴아메리카 흑인들이 추던 라틴댄스에는 룸바 · 삼바 · 차차차 · 파소도블레 · 자이브 등 5가지가 있다.

이태석 국민생활체육 전국 댄스스포츠연합회 사무처장은 "모던댄스 중에서는 왈츠가, 라틴댄스 중에서는 차차차와 자이브가 비교적 동작이 단순해 초보자들이 배우기에 적당하다"며 "모던댄스는 우아하고 세련된 느낌으로 중장년층에서 선호하는 반면 라틴댄스는 동작이 자유로운 데다 커플간의 교감이 많아 젊은 층에서 더 선호한다"고 말했다.

댄스스포츠의 장점은 신체를 종합적으로 사용해 운동 효과가 크다는 것. 특히 남녀가 각각 중심을 잡고 움직이기 때문에 평형감각을 기르는 데 효과가 있다. 또 남녀가 함께 추므로 대인관계에도 긍정적인 영향을 미친다. 노년층의 경우 청결 등 자기관리나 우울증 예방에 도움이 된다.

벨리댄스는 이슬람문화권 여성들이 추는 배꼽춤으로, 고대의 다산의식에서 유래됐다. 이집트에서는 결혼식에서 신랑 · 신부가 벨리댄서의 배에 손을 올리고 사진을 찍는 풍습이 있다고 한다. 벨리댄스는 복부를 느러내고 춤을 추며 허리를 흔들거나 비트는 동작들이 많아 여성들이 하기에 좋다. 복부와 옆구리 근육 등 평소 잘 쓰지 않는 신체 부위를 많이 사용함으로써 허리 라인이 생겨 몸매를 관리할 수 있기 때문이다. 장운동이 활발해져 변비가 해소되고, 산후 건강관리에도 도움이 된다.

라인댄스는 이름처럼 줄(line)을 맞춰 추는 춤이다. 여러 사람이 하나 이상의 줄에서 방향을 전환해가며 동작을 반복하는 방식으로, 파트너 없이 같은 방향을 바라보며 춤을 춘다. 미국 서부 개척시대에 술집에서 남자들이 줄을 맞춰 추던 춤에서 유래됐으며, 세계적으로 수천개의 라인 댄스가 개발 · 보급되고 있다.

라인댄스는 다른 춤에 비해 동작이 비교적 단순해 남녀노소 누구나 쉽게 배울 수 있다. 파트너가 필요 없고 복장이 자유로운 것도 특징이다. 또 후진 스텝이 많아 하지근력을 강화시켜주고, 심장과 관절에 무리를 주지 않아 특히 노년층에서 즐기기에 적당하다. 윤영주 대한라인댄스협회 사무국장은 "줄을 맞춰 추는 라인댄스는 협동심과 책임감을 기르는 데에도 도움이 된다"며 "최근에는 학교의 방과 후 수업으로도 도입됐다"고 설명했다.

방송댄스는 TV방송에 나오는 가수들의 안무를 따라 하는 춤. 최근에는 연예인 지망생뿐 아니라 일반인을 대상으로 한 방송댄스 학원이나 문화센터의 강좌도 속속 생겨나고 있다. 무엇보다도 방송댄스는 가정에서 TV를 보며 혼자서도 따라 할 수 있다는 것이 장점이다. 지역농협 등에서 방송댄스 강사로 활동하고 있는 이혜경씨는 "방송댄스는 중장년층이나 어르신들이 자녀들과 함께 배우거나 즐기기에 좋다"며 "최신 유행하는 음악도 알게 되고 젊은이들이 주로 하는 힙합이나 웨이브 같은 동작도 익힐 수 있어 도전해볼만하다"고 귀띔했다.

2014년 4월 7일 기사

댄스스포츠
함께하는
박성신 · 신영숙씨
부부

● 충남 예산군 노인종합복지관에서 만난 박성신(74) · 신영숙씨(71) 부부. 강당 안에 트로트 가요가 가득 차고 댄스스포츠 강좌가 시작되자 부부는 리듬에 맞춰 발을 앞뒤 좌우로 연방 움직이고 허리를 획획 돌린다. 박씨가 처음 댄스스포츠를 접하게 된 것은 1978년 38세 때였다. 부인과 함께 제주도에 놀러갔는데 저녁에 우연히 댄스공연을 보고 반했다고 한다.

"*농사지으며 쌓인 스트레스, 춤으로 훌훌 떨어 행복해요.*"

"참 좋더라고요. 그런 세상이 있는지 몰랐어요. 집에 돌아와서도 그 모습이 어른거렸어요. 참다 못해 아내에게 같이 해보자니까 흔쾌히 승낙하더라고요." 당시 그가 살던 예산군 신양면은 그야말로 두메산골이었다. 농사일이 바빠 읍내에 배우러 갈 시간도 없었다. 춤 선생을 수소문해 집으로 불러 부인과 지르박 · 룸바 · 차차차 · 블루스 · 탱고 등을 섭렵해갔다.

"농사짓다가 뒤늦게 취직이 되는 바람에 20마지기 논농사를 아내가 도맡아 했지요. 아내에게 여간 미안한 게 아니었어요. 때때로 읍내 댄스장에서 함께 춤을 추면서 스트레스를 풀었기에 무탈했던 것 같아요. 화목하게 산 데는 춤 덕을 크게 본 거죠."

36년 전 시작된 그의 춤은 꾸준히 계속되고 있다. 주중에 2일은 복지관에서 또 2일은 교습소를 찾아 연습한다. 주말엔 마을회관 등에서 봉사 공연을 하며 갈고 닦은 실력을 점검한다.

"춤의 세계는 끝이 없어요. 기본적인 구성은 비슷하지만 음악과 사람에 따라 다양하게 변화해요. 대회에서 선보일 작품은 몰래 연습할 정도인 걸요." 복지관 사람들과 지난 몇년간 출전한 대회가 수십개이고, 도 단위 대회에서는 우승도 여러번 했다. 작년엔 전국대회에서 3위에 오르기도 했다. 춤 실력만큼은 누구에게 뒤지지 않을 정도인 그에게 더 큰 목표가 있을까.

"목표는 없어요. 이렇게 행복할 수가 없거든요. 아이들 모두가 잘 자랐고 우리 두 부부는 꾸준히 춤을 춰 건강해요. 앞으로도 이렇게 활기차게 살면 더 바랄 게 없습니다."

자전거

두바퀴로 젊게 산다

자전거가 달려온다. 아니, 할머니가 달려온다. 시골에서는 자전거가 있어 할머니가 달릴 수 있다. 전남 고흥군 포두면 송산리 동촌마을 할머니들. 아픈 다리 이끌고 어떻게 버스 정류장까지 가고 절뚝절뚝 교회에 가랴. 앓아누운 친한 할머니 병문안은 또 어떻게 가랴. 마음은 세월을 이겨도 몸은 끝내 이길 수 없었다.

그 할머니들이 10년도 훨씬 전에 자전거를 배웠다. 넘어지고 자빠져 무릎이 깨지거나 군데군데 살갗 벗겨지기가 여러번이었다. '남들은 하는데 나라고 하지 못할쏘냐.' 오기가 나이 들고 힘든 몸을 지탱해줬다. 고생 끝에 이젠 걸어서 못 가는 데는 있지만 자전거로 못 가는 데는 없다. 불편한 걸음으로야 젊은이들을 당해낼 수 없지만 자전거만 타면 젊음이 부럽지 않다.

승용차도 부럽지 않다. 이신자 노인회장(73)은 "택시로 10여분 걸리는 친정까지 기름값 한푼 안 들이고 데려다 주는 승용차가 바로 자전거"라며 웃었다.

　자전거 타는 할머니들 가운데 최고령인 박영금 할머니(83)는 구부정한 허리 탓에 걸으려면 유모차에 의지해야 한다. 하지만 자전거만 타면 '쌩쌩'이다. "나이가 많아 주저했지만 농사 계속 지으려고 배웠지." 힘겹게 논까지 오가던 길, 가시밭길 같았을 그 길이 이젠 비단길이자 탄탄대로다.

　'운동기구는 저리 가라'다. 늘 자전거를 타는 일이 건강을 지키는 운동이기 때문이다. "다리에 힘이 생기고 아팠던 허리도 타고 나면 편해진다"는 게 경험에서 얻은 박채심 할머니(74)의 지론이다.

　김중권 이장(51)은 "할머니들을 포함해 98가구 주민 대부분이 자전거를 탄다"고 전했다. 그래서 할머니들과 자전거들이 한자리에 모인 풍경은 장관이나 다름없다. 이러하니 자전거가 없다면 어떻겠는가. 서로 자전서로 오가니 빈니 긴네. 정거운 인사마저 사라지면 그 적막하고 공허한 풍경을 무엇으로 메꿀까. 또 앙상하고 힘겨운 할머니들의 다리에 어느 누가 발이 되어 줄까. 그래서 동촌마을 할머니들은 매일 '자전거의 힘'으로 산다.

　때 빼고 광내지 않아도 낡은 자태가 예쁘고 소중스럽기만 한 자전거. 할머니들의 벗이자 생활과 농사의 벗. 자전거. 하여 동촌마을에서 자전거는 '생활과 농사'라는 두바퀴로 달린다.

건강하고 안전하게 자전거 타기

자전거를 단순히 운동 기구나 여가 수단으로 보면 안 된다. 시속 20~30㎞는 쉽게 낼 수 있어 사고나 부상의 위험이 늘 따른다. 주로 다치는 부위는 머리 · 손목 · 팔꿈치 · 무릎 등이다. 따라서 헬멧 · 장갑과 각종 보호대를 반드시 착용해야 한다. 슬리퍼나 샌들 대신 운동화를 신고 신발끈은 체인에 걸리지 않게 정리하는 것이 좋다. 야간 주행 때엔 눈에 띄는 밝은 색상의 옷을 입는 게 사고 예방에 도움이 된다.

자전거 애호가들은 우리 몸을 엔진에 비유한다. 엔진은 예열 단계 없이 무리하게 가동시키면 고장난다. 우리 몸도 준비운동으로 충분히 풀어준 뒤 처음엔 천천히 가다가 차츰 속도를 높이는 게 바람직하다.

몇 년 만에 새 자전거를 산 사람이라면 좌우 브레이크 레버가 어느 바퀴를 제동하는지 살펴야 한다. 안전행정부의 고시에 따라 2010년부터 생산된 자전거는 이전과 반대로 오른손 브레이크 레버가 뒷바퀴를, 왼손 브레이크 레버가 앞바퀴를 제동한다. 보통 왼손으로 수신호를 하므로, 오른손으로 자주 쓰는 뒷바퀴 브레이크를 잡는 게 안전하기 때문이다.

전립선에 압박을 준다는 이유로 자전거 타기를 주저하는 사람이 간혹 있다. 하지만 주행 중 전립선 쪽에 압박이 느껴지면 안장에서 일어선 채 타거나 잠시 내려서 쉬면 된다. 이러한 압박은 안장 위치를 몸에 맞게 조정하면 대부분 해결된다. 안장 위치가 높으면 까치발로 좌우페달을 밟게 되고 골반도 안장 위에서 좌우로 흔들리기 쉽다. 이 과정에서 전립선이 안장과 반복적으로 부딪히며 충격을 받는다.

안장을 조정한 후에도 압박이 느껴진다면 안장 중앙에 구멍이 뚫린 '전립선안장', 엉덩이 쪽에 두툼한 패드가 있는 자전거 바지를 이용하는 것도 해결 방법이다.

처음 사는 자전거 어떻게 고를까

모양도 투박하고 무게도 꽤 나갔던 일명 '쌀집 자전거.' 요즘 자전거 매

장에 가보면 각양각색의 자전거가 서로 뽐내기에 바쁘다. 가격도 천차
만별이라 고르기도 여간 어려운 일이 아니다. 강대성 한국산악자전거협
회 전무이사는 처음엔 용도에 맞는 저렴한 것부터 시작하기를 권한다.

저렴한 가격에 다용도로 쓰겠다면 생활자전거가 좋다. 가장 흔하게
볼 수 있고, 공원에서 대여하는 자전거 대부분이 이 종류다. 차체를 철
재로 만들어 다른 자전거에 비해 무겁지만 가까운 거리를 다니기에 무
난하고, 타이어가 두꺼워 비포장도로에서도 탈 수 있다. 산악자전거와
구조가 비슷하지만 그처럼 튼튼하지는 않다. 산악에서 거칠게 주행하
면 차체에 금이 가거나 심하면 부러질 수 있다. 10만원대 제품이 많다.

거친 환경을 주행하려면 산악자전거를 추천한다. 보통 엠티비(MTB ·
Mountain bike)라 부른다. 비포장도로를 비롯한 산악 지형의 험한 주행
에 견딜 수 있다. 알루미늄 · 카본 · 타이타늄(티탄) 등의 소재로 차체를
만들어 충격에 강하고, 타이어가 두꺼워 펑크가 쉽게 나지 않는다. 부품
의 내구성도 우수하고 완충장치가 충격을 흡수해 편안한 주행이 가능하
다. 차체가 다소 무겁고 속력을 높일 때 완충장치가 출렁이며 가속력을
떨어뜨리는 게 단점이다. 가격은 50만원대부터.

포장도로에서 속도를 즐기려면 경기용자전거가 좋다. 사이클로도 불
리는 경기용자전거는 황소뿔이 아래로 향한 듯한 모양의 핸들이 특징이
다. 핸들을 아래로 잡고 상체를 굽혀 주행하므로 바람의 저항을 적게 받
아 빠른 속도를 내기에 적합하다. 차체는 합금 소재를 사용해 튼튼하면
서도 가볍다. 타이어가 얇고 바퀴가 커 고속 주행에 알맞은 반면 펑크에
취약하고 완충장치가 없는 게 단점이다. 가격은 20만원대부터.

하이브리드 자전거는 하이브리드의 뜻이 잡종인 데서 알 수 있듯이 두
가지 특성을 지녔다. 바퀴가 크고 얇아 경기용 자전거처럼 빠른 주행이
가능하면서 핸들 위치가 높아 산악자전거처럼 편하게 탈 수 있다. 단, 노
면이 거친 곳에서 주행하기엔 적합하지 않다. 가격은 20만원대부터.

대중교통도 이용하고 싶다면 미니벨로자전거를 추천한다. 바퀴 지름
이 20인치 이하인 자전거를 말한다. 작고 가벼워 차량에 싣거나 집 안
에 보관하기가 용이하다. 바퀴가 작아 장애물에 걸리면 충격이 크고 속

산악자전거

경기용자전거

하이브리드자전거

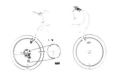

미니벨로자전거

접이식자전거
(사진=삼천리자전거)

도를 내려면 페달을 바삐 밟아야 하는 게 단점이다. 조그만 차체만 보면 저렴할 것 같지만 값이 하이브리드자전거와 비슷하고, 그보다 비싼 제품도 많다.

자주 타지 않는다면 접이식자전거가 좋다. 생활자전거나 미니벨로에서 주로 볼 수 있는 형태다. 차체를 접을 수 있어 보관이 용이하다. 제품마다 접는 방법이 다양하기 때문에 여러 번 시험한 후 편한 것으로 구매하는 게 좋다. 10만원대부터 다양한 종류의 제품이 있고 접는 방식이 편할수록 가격이 높아진다.

자전거 타기 좋은 곳은 어디?

강원 강릉시는 저탄소 녹색도시로, 생활형 자전거 인프라를 구축해놓았다. 수려한 관광자원과도 연계되어 있어, 외지인들이 자전거를 손쉽게 빌려 활용할 수 있도록 했다.

경기 양평군은 중앙선 '양수역' 광장에 자전거 무료대여소를 만들어 놓고 서울 등에서 오는 외지인들에게 무료로 빌려준다. 충남 아산시는 저탄소녹색교통체계 구현을 위해 시민공공자전거 무료 대여, 온양온천역 자전거 주차장 운영 등에 온 힘을 기울이고 있다. 충북 증평군에는 재래시장과 주거지를 잇는 자전거 길이 조성되어 있다.

전남 순천시는 세계 5대 연안습지인 순천만을 감상하며 자전거를 탈 수 있는 관광코스를 조성했다. 전북 군산시는 자전거 전용 홈페이지를 구축해놓았고, 자전거 지도를 만들어 시민과 관광객에게 나눠주기도 한다. 경남 창원시는 전국에서 유일하게 자전거문화센터를 운영하고 경륜장도 설치해 일상에서 자전거를 즐기도록 지원하고 있다. 경북 상주시는 5일장이 열리는 2·7일이 자전거 이용의 날이다. 기차역 등 27곳에서 시민 공영자전거를 빌려준다. 제주 서귀포시는 공공자전거를 이용해 트레킹코스인 올레길을 여행할 수 있도록 해놓았다. 특히 자전거 관광 안내시스템이 잘 구비돼 있어 외지인들에게 유용하다. 2013년 4월 22일 기사

자전거 수리
경력 30년
유준식씨

● "자전거도 자동차처럼 평소 세심한 관리가 필요합니다. 그렇지 않으면 사고로 이어질 우려가 크거든요."

자전거 수리 경력만 30년이 넘는 유준식씨(65·서울 강동구 둔촌동). 19세 때부터 시작했던 사이클 선수 생활까지 합치면 자전거와의 인연은 올해로 46년째다. 이런 풍부한 경험들이 쌓여 자전거를 보기만 해도 어디에 이상이 있는지 대번에 알 수 있단다.

"자전거도 자동차처럼 평소 세심한 관리가 필요합니다."

강동대교와 미사대교를 잇는 자전거도로 근처인 강동구 가래여울마을 노상에서 동호회원 등을 대상으로 자전거 수리를 하는 그에게서 관리 요령 등을 들어봤다.

체인을 평생 쓴다고 여긴다면 오산이다. 하루 20~30㎞를 탄다고 가정할 경우 1~2년이 한계 수명이다. 그 이상 가면 타다가 끊어져 다칠 수도 있다. 톱니바퀴 모양의 체인링에 물려 있는 체인을 드라이버로 눌렀을 때 쑥 들어가면 마모됐다는 증거다.

또 평소 5일에 한번 정도 체인을 기름으로 닦아주는 게 바람직하다. 바퀴에 공기를 적당히 넣고 타이어에 상처가 있는지 평상시에 면밀히 살펴야 한다. 특히 더운 여름철엔 공기가 팽창해 터지기 쉬운 만큼 세심한 주의가 필요하다.

바퀴가 자전거에 잘 연결됐는지도 점검해야 한다. 바퀴와 자전거의 연결 상태가 헐거워지면 바퀴가 빠질 수도 있기 때문. 실제 그로 인해 사람이 다치는 사고가 발생한 적도 있다. 시간 날 때마다 연결 부품(조인트)을 단단히 조여야 하는 이유다.

중고 자전거를 고를 때는 먼저 몸체(프레임) 표면의 페인트 등이 얼마나 벗겨졌는지를 본다. 많이 벗겨졌으면 물론 오래 탄 자전거다. 바퀴가 정확히 돌아가는지와 마모 상태도 확인할 사항. 브레이크도 잡아보아 기능이 정상인지를 점검해야 한다. 또 바퀴가 돌아갈 때 기어 쪽에서 소리가 나지 않는 자전거를 선택해야 한다.

주말농장

행복 파종 건강 수확

지대한씨가 드디어 '지대한' 결심을 했다. 그리고 뚱한 표정의 아내와 마지못해 따라나선 며느리, 얼굴에 불만이 잔뜩 낀 대학생 작은아들을 데리고 주말농장으로 향했다. 주말농장 분양 광고를 보고 '일단 지르고 보자'는 심정으로 나선 길이었다. 2년 뒤면 퇴직하는 지대한씨. 준비해 둔 일거리가 없어 요즘처럼 막막하고 답답한 적이 없었다.

"귀농 어때? 요즘 농사지으러 농촌에 많이 간다잖아. 열심히 노력하면 돈도 된다잖아. 농사 연습 삼아 주말농장 해보자고."

며칠 전 딴에는 진지하게 고민해 말을 건넸지만 아내의 반응은 무덤덤했다. 거기까지면 나으련만 아내는 기어코 지대한씨 속을 긁어 놓는 말을 날리고야 말았다.

"농사는 아무나 지어요? 당신이 그렇게 부지런했던가요?"

순간 지대한씨의 결심이 살짝 흔들렸다. 자신은 농사 경험이 전무한 '생초보'였기 때문이다. '그렇다고 어떻게 아내라는 사람이 남편에게 용기를 불어넣어 주지는 못할망정 기부터 꺾냐.' 하지만 분위기상 불만을

속으로 감추며 아들의 눈치를 살폈다. 연신 스마트폰을 만지작대던 아들도 한마디했다.

"주말에 농사요? 요즘 대학생이 취직하려면 할 일이 얼마나 많은지 아세요? 토익 990점 만점에다 각종 자격증 취득은 기본이고요, 최근엔 토익 말하기(스피킹) 점수까지 요구하는 회사도 있어요. 시간이 없어요. 시간이!"

순간 지대한씨는 '욱'했다. 저놈의 스마트폰이 터지지 않는 곳이 있다면 지금 당장이라도 이사하고 싶었다. 애꿎은 스마트폰에다 화풀이하려는 셈이었다. 며느리만 아무 말도 못하고 옆에서 전전긍긍댔다.

불편한 분위기 속에 주말농장에 도착한 지대한씨 가족. 밭 한편에 수북이 쌓여 있는 팻말들이며 상추 같은 모종들이 지대한씨 가족을 맞았다. 그런데 막상 밭을 살펴보는 가족들의 눈길이 아까와는 사뭇 달라보였다. 마음을 풀어놓게 하는 흙의 포근함 때문이었을까. 지대한씨가 밭을 보며 중얼거린다.

"일거리가 없는 나의 삶을 상상하면 두렵기조차 해. 이곳이 귀농이라는 새로운 인생의 출발지가 될 수 있을까?"

아내 역시 밭에게 들릴 듯 말 듯 말을 건다.

"사실 마뜩잖은 기분으로 남편을 따라 나섰는데 막상 흙을 밟아 보니 싱그럽네. 요즘 먹거리가 얼마나 불안한지 알지? 여기서는 가족들의 건강을 위해 내 손으로 안전하고 신선한 농산물을 기를 수 있을까? 그러면 난 더 이상 바랄 게 없어."

조용히 눈치만 살피던 며느리도 마치 밭에게 하소연이라도 하듯 마음 속 걱정을 슬며시 털어놓는다.

"여덟살짜리 아들이 편식이 심해. 특히 채소는 입에 대려고도 하지 않지. 여기 데려와 함께 상추며 깻잎을 키워보면 달라지지 않을까? 직접 따먹어 보면서 어릴 적부터 입맛을 길들이면 말이야."

툴툴대던 작은아들도 기분이 좀 풀렸는가 보다.

"아버지한테는 말하지 않았는데 사실 친구 중에 당근을 재배하며 재미를 느낀다는 친구도 있어. 생산적이라면서 말이야. 정말 재미있을까? 두렵고 피곤한 취업준비의 연속이지만 주말만큼은 이곳에서 의미를 찾을 수 있을까?"

자, 여러분. 주말농장의 대답은 무엇일까요? 들리실 겁니다. 여러분도 주말농장과 상의해보는 기회를 가져봄이 어떨는지요.

🌱 주말농장에 가보자

전국의 수많은 주말농장이 봄개장을 앞두고 회원을 모집하고 있다. 농협 주말농장 사이트(www.weeknfarm.co.kr)를 이용하면 지역별·유형별로 내게 맞는 주말농장을 찾을 수 있어 편리하다. 가까운 지역농협에 문의해도 주말농장 신청과 관련된 안내를 받을 수 있다.

요즘은 각 지자체에서도 도시민을 대상으로 주말농장을 운영한다. 특히 서울·부산·인천 등의 일부 광역지자체는 실버농장·어린이농장을 따로 운영하거나 도시농부학교·텃밭강좌 등의 관련 교육도 함께 진행해 시민의 호응이 높다. 자세한 내용은 각 시ㆍ군농업기술센터에 문의하면 된다. 마음에 드는 농장을 찾았다면 농장주와 상담한 후 회비를 내고 등록하면 된다. 주말농장이 처음이라면 미리 해당 농장을 방문해 경작조건이나 운영규칙에 대한 설명을 농장주에게 직접 듣는 것이 좋다.

주말농장 하기 전 준비물과 주의점

준비물을 어떻게 갖추느냐에 따라 주말농장 경영의 성패가 갈린다. 그렇다고 겁먹지는 말자. 차근차근 준비하면 전혀 걱정할 필요가 없다. 요즘 주말농장을 분양하는 지자체나 농협에서는 관리기ㆍ분무기 등 중형 농기구는 물론 삽ㆍ괭이ㆍ낫ㆍ수조ㆍ쇠갈퀴 등 소형 농기구도 갖춰 놓고 대여한다. 이들 농기구는 빌려서 사용하면 되는 것이다. 그렇지만 호미나 모종삽은 구입하는 게 바람직하다. 이마저 없으면 주말농장에 가서 다른 사람에게 신세를 져야 하기 때문에 눈총받기 십상이다.

적정 수량을 기대한다면 밑거름 준비도 필수. 보통 3.3㎡ 기준으로 완숙퇴비는 10kg, 석회는 500g 정도면 된다. 퇴비를 쓰지 않고 제 수량이 나오길 기대한다면 공짜를 바라는 것과 같다.

이젠 재배할 품목의 씨앗이나 모종을 구입할 차례. 모종을 심으면 씨앗을 뿌려 작물을 재배할 때보다 수확 시기를 크게 앞당길 수 있기 때문에 요즘은 모종을 심는 게 대세다. 모종은 농장을 분양하는 곳에서 무료로 나눠 주기도 한다. 하지만 자신이 원하는 품목이나 품종은 직접 사는 깃이 바람직하다. 모종은 줄기 마디나 잎 간격이 짧고 빛깔이 진한 게 튼실하다. 토종에 관심이 있다면 씨앗을 무료로 나눠 주는 '씨드림(cafe.daum.net/seedream)'과 같은 동호회에 연락해본다.

일하기 편한 복장을 갖추는 것은 기본 중의 기본. 비싸거나 멋진 옷보다는 편리한 게 최고다. 짧은 소매의 셔츠 등을 입을 때는 토시를 별도로 준비하고, 모자와 면장갑은 반드시 착용하는 게 좋다. 신발은 운동화가 좋은데, 먼지가 많이 일거나 토양에 물이 많을 때는 장화를 신는 게 안전하다.

　주말농장에선 농약이나 화학비료를 거의 사용하지 않는다. 친환경 농산물을 생산하기 위해서다. 하지만 병해충이 발생할 경우 불가피하게 농약을 사용하거나 수량을 늘리기 위해 화학비료를 써야 할 때도 있다. 이때 주변의 텃밭에 영향을 줘 분쟁이 발생할 수도 있으므로 주의해야 한다. 분쟁을 막으려면 평소 주변의 농장주들과 친분을 쌓는 한편 생물농약이나 천적 등을 이용해 병해충을 방제하는 것이 좋다. 각종 친환경 자재는 직접 만들 수도 있지만 농협 농자재백화점에서 저렴하게 판매하는 만큼 사는 것도 괜찮다.

　한편 주말농장을 '작심삼일'로 끝내지 않으려면 어떻게 해야 할까? 집에서 가까운 곳에 있는 주말농장을 골라야 한다. 차로 한시간 거리? 처음에는 나들이 삼아 가벼운 마음으로 나서겠지만, 시간이 지나면 크게 마음먹고 가야 하는 거리로 느껴질 수 있다. 걷거나 대중교통으로 갈 수 있는 가까운 농장을 알아보되, 여의치 않아 자가용을 이용해야 한다면 주차가 가능한지 확인한다.

　시작은 작게 한다. 16㎡면 충분할 것을 땅 욕심부터 부리면 실패할 확률이 높다. 손에 익지 않은 일이 처음부터 쉬울 리 없다. 대농의 꿈은 잠시 미루고, 조금씩 익혀 가며 점차 넓히자. 내게 필요한 편의시설은 무엇인지도 생각한다. 수세식이 아니더라도 화장실은 있어야 한다든지, 대중교통을 이용하기 때문에 세수할 곳은 있어야 한다든지 등. 장기적으로 보고 불편함이 없는 곳을 선택한다.

　무성하게 자란 잡초를 보고선 엄두가 나지 않아 발길을 끊는 경우가 있다. 특히 여름철엔 휴가를 핑계로 한두 주만 걸러도 밭이 잡초로 엉망이 된다. 농장을 오래 비울 경우 관리자가 대신 돌봐줄 수 있는지도 알아보자.

주말농장에서 이런 작물 어때?

주말농장을 분양받은 도시민들은 요즘 작목 선택을 놓고 고심하고 있을 것이다. 재배하기 까다롭거나 가족들이 좋아하지 않는 작목을 심어 낭패를 볼 수도 있기 때문이다. 주말농장 초보자들을 위해 주요 작물의 특성을 알아본다.

작목별 파종 시기와 특성 (파종 시기는 중부지방 기준)

작목	파종 시기	특성
상추	4월 중순	모종으로 심으면 15일 만에 수확. 요즘은 당도가 높고 즙이 많은 '로메인상추'가 인기.
열무	4월 하순	파종 후 20~30일 만에 수확. 재배할 때 청벌레·배추좀나방 등이 큰 피해를 줄 수 있는 만큼 햇볕 투과율이 75% 정도인 부직포를 씌우는 게 바람직함.
아욱	4월 하순	씨앗 파종 후 40일 만에 수확할 수 있고 20일 후 재수확 가능.
적겨자채	4월 하순	약간 매운 맛이 나지만 잎이 부드러워 쌈채소용으로 인기.
경수채	4월 하순	저온이나 고온에 상관없이 잘 자람. 파종 후 30일 만에 수확. 샐러드·겉절이·샤부샤부용으로 적합.
비타민다채	4월 하순	향이 구수하고 비타민이 다른 채소보다 2배 정도 많이 들어 있음. 기름 넣고 덖어 먹으면 최고.
채심	4월 하순	아스파라거스와 함께 세상에서 가장 맛있는 채소로 이름 높음. 볶아 먹거나 데쳐서 초고추장에 찍어 먹는 게 일반적.
풋고추	5월 10일 이후	반드시 전용품종을 심어야 함. 4인 가족 기준 5포기면 적당.
방울토마토	5월 10일 이후	병에 강하고 세력이 좋아 재배가 수월한 게 장점.
봄감자	3월 말~4월 초	웃거름을 주지 않아도 됨. 7월 초 수확이 가능해 여름 간식 거리로 적합.
고구마	5월 중순	재배기간이 길지만 재배하기 쉬운 것은 장점.

2013년 3월 18일 기사

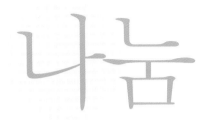

세상을 바꾸는 온기

"딸랑 딸랑 딸랑 딸랑♬"

2012년 12월12일. 살을 에는 찬바람을 뚫고 청아한 종소리가 도심 한 자락을 휘감는다. 늘 그러하듯 차량이 물밀듯 밀려오고 인파는 이리저리 떠밀려 다닌다. 퀭한 두눈만 드러내고 얼굴을 칭칭 감싼 채 잔뜩 웅크린 도시인들의 등어깨로 종소리가 화살이 되어 날아간다.

거리에 어둠이 깔린다. '보이지 않는 손'이 존재를 드러내며 활동하는 시간이다. 가로등이 희뿌연 불을 밝히고 하나둘 네온광고가 현란한 빛을 뿜는다. 크리스마스트리도 일제히 겨울밤을 수놓는다. 누가 먼저랄 것도 없이 덩달아 발걸음도 빨라진다. 어둠을 제친 트리 불빛과 네온 불빛은 비바체로 흐른다. 거리는 금세 생기가 돈다.

"불우 이웃을 도웁시다! 여러분의 소중한 정성이 엄동설한에 떨고 있는 우리 이웃들에게 온기를 주고, 일자리를 잃은 사람들에게 내일의 희망을 줍니다!"

연말을 알리는 구세군 자선냄비. 올해도 어김없이 우리 사회의 방향

을 알리는 등대가 된다. 내 이웃이 누구인지, 더불어 산다는 게 무엇인지를 새삼 잊지 않게끔 한다. 자선냄비를 스치는 표정과 발걸음도 각양각색이다. 꼬깃꼬깃한 지폐 한장을 밀어 넣고 부끄러워하는 여고생, 겉옷을 젖혀 지갑을 열고는 빳빳한 지폐 한장을 보란듯이 집어넣는 중년 신사, 돼지저금통을 들고 온 초등학생, 동전 몇닢을 아이 손에 들려 넣고 가는 젊은 주부…. 짐짓 차도로 고개를 돌리는 사람, 바로 앞에서 슬그머니 뒷걸음하는 사람, 고개를 푹 숙이고 지나는 사람, 못 본 체하는 사람, 당당하게 그냥 걸어가는 사람….

자선은 서구인의 전유물이 아닌, 우리의 미풍양속이었다. 두레·향약에서도 찾아볼 수 있고, 평생 베푸는 삶을 실천한 미덕은 이루 헤아릴 수 없이 많다. 누구든지 쌀을 가져 가도록 한 전남 구례 운조루 '타인능해(他人能解) 뒤주'의 류이주. 12대 400여년간 어렵고 힘들 때마다 가난한 이웃과 함께한 경북 경주 최부자. 이들은 한결같이 베푸는 부자였다. 베풂은 가난한 이웃과 함께한 상생의 삶이자 숱한 난리 속에서 자신과 가문을 지킨 비법이었다. 더욱이 우리를 하나로 묶어준 삶의 지혜였다.

경제 불황 탓이란다. 사람들은 지갑을 열지 않고 상점마다 세일 문구만 요란하다. 자선냄비 앞은 그래도 온정이 흐른다. 종소리에 힘이 실린다. 한무리의 직장인들이 거리로 쏟아져 나온다. 송년모임을 마쳤는지 얼굴이 술기운으로 불콰하게 물들어 있다.

새록새록 겨울밤이 깊어가고 앙상한 나뭇가지에 매달린 알전구도 꾸벅꾸벅 졸음에 빠져든다. 택시를 붙잡는 총총걸음 뒤로 종소리가 흩어진다.

♥ 무엇을 어떻게 나눌까

많은 사람이 한해를 마무리하는 계획으로 '나눔'을 생각한다. 하지만 막상 무엇을 어떻게 다른 사람들과 나눌지는 제대로 알지 못하는 경우가 많다. 그래서 10여년간 아름다운재단 기부문화연구소에서 이 분야에 대한 연구에 몰두하고 있는 전현경 실장을 만나 어떻게 하면 보다 재미있고 의미 있게 나눔을 실천할 수 있을지 들어 봤다.

먼저 무엇을 나눌 수 있을까? 나눌 수 있는 것은 생각보다 많다. 현금이나 물품은 기본이고 시간, 재능, 서비스, 전문적 지식, 자격증 등 우리가 일상에서 나눌 수 있는 것은 아주 다양하다. 카드 이용 실적에 따라 발생하는 마일리지도 가능하다. 심지어는 인터넷의 포털·게임 사이트나 페이스북 등 소셜네트워크서비스(SNS)에서 활동하는 단체 등에 가입해 수시로 기부할 수 있다. 네이버의 '해피빈'이나 다음의 '희망해'가 대표적이다. 특히 특정 목적을 위해 기금을 조성하는 '펀드레이징'에 동참하면 나눔을 실천하는 것은 물론, 나중에 일정 수익을 공유할 수 있어 최근 크게 활성화되고 있다.

그렇다면 어떻게 나눌 수 있을까? 과거에는 언론사가 연말연시를 맞아 시행하는 캠페인이 나눔을 실천하는 주요 통로였다. 최근에는 그 경로가 한층 넓어지고 있다. 국내에서는 대표적으로 사회복지공동모금회와 아름다운재단, 구세군 자선냄비 등을 통해 나눔에 동참할 수 있다. 특정 사회복지법인을 선정해 직접 기부하거나 지방자치단체의 자원봉사센터를 통해서도 기부가 가능하다. 경로도 오프라인에서 온라인으로 확대되면서 나눔을 실천하기가 한층 쉬워지는 추세다.

나눔은 누가 언제 참여하면 좋을까? 나눔은 어린아이에서부터 성인까지 누구나 참여할 수 있다. 또 부자는 물론 가난한 사람도 할 수 있다. 성인이 돼서 여유가 있을 때보다 어렸을 적부터 푼돈이라도 아껴 나눔을 실천하는 것이 중요하다. 특별한 때에 나눔을 실천하는 것도 좋지만, 일상적으로 나눔을 습관화하는 것이 바람직한 방법이다. 급여의 일정액이나 우수리를 자동 이체하는 것도 좋다.

처음부터 큰 금액이나 귀중한 물품을 기부하는 것은 어려운 만큼 서로에게 도움이 되는 물품을 공동으로 소유하는 '공유'를 실천하는 것도 나눔을 습관화하는 한 방법이다.

국제적인 기부는 어떻게 이뤄질까? 국제적인 기부는 월드비전 · 굿네이버스 · 유니세프 · 세이브더칠드런 등을 통하면 된다. 이 단체들은 개발도상국의 결식아동 돕기, 긴급재난지역 구조, 북녘동포 구호사업, 식생활과 교육개선, 에이즈 치료 등의 사업을 중점적으로 펼치고 있다. 우선 단체 회원으로 등록해 정기적으로 일정액을 자동 이체나 지로로 내는 방법이 있고, 물품으로도 기부할 수 있다.

❤ 착한 송년회를 소개합니다

지난해 이맘때, 경북 포항의 J사 직원들은 색다른 송년회를 가졌다. 가까운 복지시설과 홀로 사는 어르신들 댁을 찾아 쌀과 생필품을 전하고 말벗도 해드린 것. 직원들은 이후 매달 한번씩 어르신들을 방문했고 올해 송년회도 어르신들과 함께 치를 계획이다. 선배 자원봉사자로서 이들의 활동을 지원한 박지령씨(28· 포항시 자원봉사센터 소속)는 "어르신들이 너무도 고마워하니 직원들이 오히려 감동을 받더라"며 "봉사는 수혜자뿐 아니라 참가자에게도 '힐링(치유)'이 된다"고 전했다.

21일로 예정된 부산실업극복지원센터의 송년회 참가비는 쌀이다.

최영 사무국장은 "한줌도 좋고 한포대도 좋다"면서 "이렇게 걷은 쌀을 '나눔쌀독'에 채워두면 필요한 이들이 가져간다"고 말한다. 20kg짜리 한 포대 넣으면 꽉 차는 이 쌀독을 통해 지난 한해 이웃과 나눈 쌀이 무려 1t. 올해도 그쯤 될 거라는 게 최 국장의 이야기다.

이처럼 따뜻한 나눔으로 한해를 마무리하는 이들이 늘고 있다. 2005년부터 '송년회를 자원봉사로!' 캠페인을 펼치고 있는 (사)한국자원봉사문화의 홍혜진 시민참여팀장은 "특히 기업이나 관공서의 문의가 많다"고 말한다. 최근 들어 술자리 위주의 송년 문화가 많이 바뀐 데다 기업이나 관공서의 사회공헌활동이 정착되고 있다는 것이다.

"따뜻한 목도리 만들기, 사랑의 트리 꾸미기, 김밥 만들어 나누기 등 프로그램을 다양하게 마련했더니 반응이 좋습니다. 봉사가 어려운 게 아니구나, 기부라고 큰 돈이 드는 게 아니구나 하는 거지요."

올해는 직장인·주부·대학생·청소년 등 약 1500명이 이 캠페인에 참가했고 독거노인들에게 전달된 목도리만도 800개가 넘는단다. 서울·포항·강릉 등 전국 각지의 자원봉사센터와 함께 벌인 올해 캠페인은 거의 끝났다. 하지만 홍 팀장은 "계모임이든 동창회든 '착한 송년회'를 하고 싶은데 방법을 모르겠다면 연락 달라"고 한다. 정해진 예산 안에서 의미 있는 송년회를 열 수 있도록 도움말을 주겠다는 것.

2012년 12월 17일 기사

'나눔국민대상'
수상한 유조성씨

"어려운 사람의 사정은 어려워 본 사람이 알기에 돕고 살아야죠"

● 충북 진천군 덕산면 석장리 이장 유조성씨(58)는 어려운 이웃을 보면 그냥 지나칠 수 없다. 남의 일 같지 않으니 도와줄 일이 없을까 하는 생각부터 앞선단다. 하기야 이런 성격이 아니었으면 '나녀회' 모임이 10년 가까이 유지되기도 어려웠을 게다. '나녀회'는 유씨를 중심으로 이웃을 돕겠다는 마음을 가진 덕산면 주민들이 모여 만든 모임이다.

"2002년경으로 생각해요. 평소 자주 만나는 사람들이 모여 이야기를 나누다가 문득 적은 돈이라도 고정적으로 모아 다른 사람들을 도우면 좋겠다는 생각을 했어요. 그래서 그때 모인 사람만이라도 5000원도 좋고 1만원도 좋으니 형편대로 모아 보자고 제안했지요."

그게 시작이었다. 통장을 만들어 누구라도 성금을 낼 수 있도록 했다. 매달 일정 금액을 내는 사람이 있는가 하면 1년에 한번 목돈을 내는 이들도 있다. 모인 성금으로는 형편이 어려운 학생과 이웃을 돕는다. 몇년 전부터는 '나녀회장학금'으로 이름을 지어 초·중학교 졸업식에서 덕산면의 학생들에게 장학금을 준다. 그동안 지급한 장학금만 1500만원이 넘는단다.

매달 5만원씩 나녀회를 위한 모임 통장에 돈을 넣고 여윳돈이 생길 때마다 통장부터 챙긴다는 유씨. 현재 3966㎡(1200평) 규모의 벼농사와 9917㎡(3000평) 규보의 사과농사를 짓고 있지만 임차한 토지가 많고 넉넉한 형편도 아니다. 대출금을 갚을 일도 걱정이다. 하지만 그는 "어려운 사람의 사정은 어려워 본 사람이 잘 알기 때문에 서로 돕고 살아야 한다"고 말했다. 지난 10월 보건복지부로부터 '나눔국민대상'을 받은 그는 '나녀회' 회원들이 함께하는 일인데 자신만 드러나는 것이 부담스럽다고 했다.

"학비가 없어 교실에서 벌을 서기도 했어요. 어떻게 그런 상황을 지금 아이들에게 물려줄 수 있겠어요. 학비가 없어 공부를 못하는 아이들은 지금 우리가 사는 때에는 없어야 하잖아요." 그래서 요즘도 회원들이 모이면 함께 다짐을 한단다. 우리 마음 변치 말자고, 아이들만은 제대로 공부할 수 있게 해주자고.

노 후

인생2막 지금부터

해마다 이맘때쯤이면 '은퇴'라는 용어가 화두에 오른다. 특히 1955년부터 1963년 사이에 태어난 베이비붐 세대의 은퇴는 단골 사회 문제로 거론된다. 대한민국 산업발전의 초석이 됐다고 자부심을 갖고 있는 베이비붐 세대 입장에서는 우리 사회에서 골칫거리로 간주되는 현실에 씁쓸함을 느낄 수도 있을 것이다.

베이비붐 세대가 맞이한 50대라는 시기를 축구 경기에 비유한다면 어디쯤으로 봐야 할까. 인간 수명을 100세로 잡았을 때 갓 절반을 넘겼으니 전반전을 끝내고 후반전을 준비하는 단계, 즉 하프타임을 맞고 있다고 봐도 무방할 것 같다.

다만 축구에서 하프타임은 경기 시간을 둘로 나누어 그 사이에 쉬는 시간인데, 안타깝게도 우리 현실에서는 전반전을 끝으로 계속 쉬는 것인 양 인식되고 있다. 힘이 남아 있어도 후반전에는 벤치를 지켜야 한다. 맡은 바 직책에서 손을 떼고 물러나서 한가로이 지낸다는 은퇴의 사전적인 의미를 스스로 받아들이려는 이들도 있다.

우리는 전반전을 뛰기 위해 많은 준비를 했다. 학교에서 지식을 쌓았고 경쟁력을 높이기 위해 사회가 요구하는 자격증을 땄다. 끊임없는 자기계발 과정도 감수했다. 그렇게 제1막을 마무리했다. 그렇다면 인생 제2막도 그렇게 준비해야 하지 않을까? 나이 50을 갓 넘어 은퇴한다고 가정했을 때 살아갈 날이 50년이나 남았으니까.

지금 우리의 모습은 과거의 생각과 행동의 결과물이다. 맞는 말이다. 마찬가지로 지금의 생각과 행동은 미래의 모습을 결정한다. 미래는 이미 우리 곁에 와 있다. 지금 이 순간들이 미래를 만들고 있는 것이다. 미래를 바꿀 수 있는 유일한 시간은 현재뿐이다. 지금까지의 모든 경험과 지혜를 동원해 시대의 흐름을 읽는다면 새로운 개인의 역사를 쓰게 될 것이다.

베이비붐 이후에 태어난 세대들도 남의 일로 생각하지 말자. 지금 뭔가를 준비하고 있지 않다면 선배들의 현실이 자신의 미래가 될 가능성이 높다. 준비해야 한다. 노후를 위해 경제적인 준비는 기본이고 조직에서 떨어졌을 때를 대비해 혼자 있는 연습도 필요할 것이다. 은퇴를 인생의 재창조로 해석해야 한다는 목소리가 높다. 그럭저럭 보내기에는 남은 시간이 너무 길기 때문이다.

 ## 고독력을 키우자

"인간은 타인의 눈길에서 지옥을 경험한다"는 철학자 사르트르의 말에 꽂혀 일찌감치 홀로 사는 삶에 관심을 두게 됐다는 미래에셋의 강창희 부회장. 퇴직연금연구소 겸 투자교육연구소 소장도 맡은 강 부회장은 다양한 통계수치를 제시하며 "혼자 사는 힘을 의미하는 '고독력(孤獨力)'이야말로 이 시대의 모든 성인들이 갖춰야 할 필수덕목"이라고 자신의 지론을 밝히기 시작했다.

"산업화와 함께 대가족제에서 핵가족제로 바뀌었고, 다시 고령사회로 넘어가면서 핵가족제는 1인 가족 등으로 대체되고 있다. 바야흐로 이젠 '싱글의 시대'"라는 강 부회장은 "더구나 베이비붐 세대는 특별한 사고가 없으면 대부분 100세를 바라볼 수 있기에 혼자 사는 힘을 갖는 게 어떤 노후 대비보다 중요하다"고 말했다.

"단순히 홀로 있어 외롭다고 느끼는 고독감과 달리 고독력은 홀로 있는 시간을 즐기고 창의적으로 활용하는 힘입니다. 이는 나이가 들면서 저절로 생기는 것이 아니라 의식적인 노력으로 갖게 되는 결과죠. 고독력을 키우려면 가장 먼저 남의 눈을 의식하지 말아야 합니다. 우리나라 직장인 대부분이 홀로 점심 먹는 것을 두려워해 출근 후 점심약속을 잡는 게 하루의 시작일 정도입니다. 이 같은 현상은 직장에서 고위직으로 올라갈수록 심하죠."

그는 고독력을 가지려면 자신만의 관심을 키우고 능력을 살릴 수 있는 소일거리가 필요하다는 견해다. "은퇴하고 나서 아무런 일이 없다면 참으로 지루하고 힘들 수밖에 없다"는 강 부회장은 "생활비가 모자라면 단돈 몇십만원의 허드렛일이라도 하고, 여유가 있으면 비영리단체 등에서 자원봉사 등을 하며 보람을 느끼거나 취미생활에 몰두하는 것도 방법"이라고 설명했다.

아울러 나이가 들어도 배움에 대한 노력을 지속해야 한다는 것. "새로운 것을 배우고 익히는 것만큼 즐거운 일은 없다"는 강 부회장은 "요즘은 동호회나 각종 강연회 등을 통해 거의 돈을 들이지 않고도 배울 수 있는 기회가 넘친다"고 말했다.

무엇보다 고독력을 갖게 되면 많은 장점이 있단다. 그는 "고독력을 갖게 되면 충분한 성찰을 통해 문제해결 능력을 키우고 삶을 창조적으로 이끌 수 있을 뿐 아니라 다른 사람들에게 부담을 주지 않고 일상생활을 유지할 수 있기 때문에 품격 있는 노년을 보낼 수 있다"고 강조했다. 이런 고독력의 이점을 깨닫지 못하고 24시간 스마트폰이나 인터넷 등에 매달려 삶을 보내는 것은 참으로 안타깝다는 것이다.

"최근 은퇴 후 얼마의 돈이 필요하다는 컨설턴트들의 분석에 현대인 대부분이 무작정 두려움을 느끼는 것은 잘못"이라는 강 부회장은 "고독력이 있다면 자신의 여건에 맞춰 생활할 수 있게 돼 은퇴 후의 삶도 당당히 맞을 것"이라고 말한다.

그렇다면 고독력을 키우는 구체적인 방법은 어떤 것들이 있을까. 첫째, 하루 한시간 홀로 있는 시간을 갖는다. 보통 고독은 특별한 사람들의 일이라고 생각한다. 하지만 어떤 상황에서나 마음을 안정시키고 자신을 성찰하기 위해서는 고독이 필요하다. 이런 고독을 하루 한시간 정도 습관화하면 좋다는 게 전문가들의 견해다. 아침 기상 직후나 출퇴근 시간, 점심식사 후나 오후 3~4시, 불면의 시간을 활용하면 효율적이다.

둘째, 마음과 대화를 시도한다. 인간은 스스로를 객관화할 수 있는 존재나. 이 때문에 자신의 마음과 조용히 대화를 나눌 수 있다. 마음과의 대화를 하다 보면 자신을 이해하는 것은 물론, 주변의 상황도 정확히 파악할 수 있게 된다. 또한 마음과의 대화가 가능해지면 감사를 느낄 수 있고, 심지어 자연과 교감도 할 수 있다. 미국의 사상가인 데이비드 소로는 "친구를 갈망하는 사람은 불행하다. 왜냐하면 가장 충실한 친구는 자기 자신뿐이기 때문이다"고 말한 바 있다.

셋째, 비움으로써 자신을 채운다. 현대인들은 다양한 사회관계에서

받은 상처를 치유하지 못하고 분노하는 경우가 많다. 또 과거의 자신이 얼마나 대단했는지를 생각하며 과거 속에 살고 있기도 하다. 심지어는 욕심을 키우며 자신의 삶에 만족하지 못하는 경우도 많다. 하지만 '마음을 비우면 일이 잘 풀린다'는 말이 있듯이 마음을 청소하겠다는 다짐과 함께 고독에 자신을 맡기면 마음을 정화하고 과거의 흔적도 지우면서 새로운 삶으로 나아갈 수 있다.

넷째, 홀로 산책이나 여행을 한다. 고독을 즐기는 방법으로 방이나 거실, 정원 등에 가만히 앉아 특정한 곳을 바라보는 것도 좋다. 보다 적극적으로는 홀로 산책을 하거나 여행을 하면 기분전환에도 도움이 된다. 자신에게 의미가 있는 특별한 장소를 찾아가면 더 효과적이다. 가끔은 자동차를 타고 드라이브를 하거나 자전거 여행을 떠나는 것도 좋다.

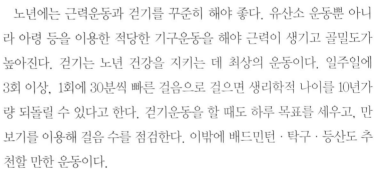 건강한 노후 보내기

노년에는 근력운동과 걷기를 꾸준히 해야 좋다. 유산소 운동뿐 아니라 아령 등을 이용한 적당한 기구운동을 해야 근력이 생기고 골밀도가 높아진다. 걷기는 노년 건강을 지키는 데 최상의 운동이다. 일주일에 3회 이상, 1회에 30분씩 빠른 걸음으로 걸으면 생리학적 나이를 10년가량 되돌릴 수 있다고 한다. 걷기운동을 할 때도 하루 목표를 세우고, 만보기를 이용해 걸음 수를 점검한다. 이밖에 배드민턴·탁구·등산도 추천할 만한 운동이다.

규칙적인 생활과 적당한 수면도 도움이 된다. 건강을 유지하는 데 가장 적정한 수면은 하루 7~8시간. 일어나는 시간과 잠드는 시간이 규칙적이어야 부지런한 생활도 가능하다.

미국의 은퇴 전문가 어니 J. 젤린스키는 노후에는 무엇보다 '재미있는 일'을 추구하라고 조언한다. 취미만큼 재미있는 일이 또 있을까. 취미와 여가 활동은 노후를 더욱 풍요롭게 만든다. 적절한 여가 활동은 건강뿐 아니라 삶의 질을 높이고 생활의 만족감을 증대시켜 준다. 부부가 취미생활을 함께 한다면 삶의 질이 향상되는 데다 많은 시간을 행복하게 보낼 수 있다. 예를 들어 클래식연주회·뮤지컬 관람, 음악 감상 등을 꾸준히 즐기면 좋다. 하지만 직접 악기를 배워 연주하거나 그림을 그리는 것이 정신건강에 훨씬 좋다. 특히 식물·텃밭 가꾸기, 애완동물 키우기 등의 취미는 노년기 우울증을 극복하는 데 도움을 준다.

행복한 노후 보내기

대부분의 사람은 은퇴 이후의 생활에서 가장 중요한 것은 노후 자금이라고 생각한다. 하지만 전기보 행복한은퇴연구소 소장은 "세계적으로 유명한 재무설계사들도 행복한 은퇴의 기준을 비재무적인 것에서 찾는다"며 "돈보다는 어디서 누구와 무엇을 할 것인가 더 중요하다"고 말했다.

은퇴전문가마다 은퇴는 인간관계를 활발하게 할 시기라고 말한다. 조지 베일런트 하버드대 교수는 〈행복의 조건〉에서 보람 있게 은퇴 생활을 할 수 있는 활동 중의 하나로 직장동료를 대신할 수 있는 새로운 사회적 만남을 꼽았다. 은퇴설계전문가인 김형래 ㈜시니어파트너즈 상무 또한 은퇴 후에는 새로운 관계를 형성해야 한다고 조언한다. 그는 "나이가 들면서 정서적으로 겪는 고통 중에 가장 큰 것이 외로움인데, 폭넓은 인간관계는 다양한 자극이 되어 이런 문제를 해결할 수 있는 중요한 원천이 된다"고 말했다. 이때 동창회나 계 같은 모임보다는 독서회·운동·봉사난체·평생교육원강좌 같은 다른 성격의 활동을 통해 다양한 연령대의 사람들과 사귀는 게 좋다고.

김 상무는 "나이가 들어서 친구를 사귀려면 젊었을 때보다 많은 노력이 필요하다"며 "40대부터 친구를 위해 투자하고 좋은 인간관계를 유지해나가도록 노력해야 한다"고 말했다.

2012년 11월 26일 기사

제2의 인생
개척한
박명송씨

● '밝은솔목공소' 대표 박명송씨(59 · 경기 연천군 왕징면). 베이지색 작업복에 트럭을 몰고 다니며 목공과 함께 농촌의 일상적인 일을 해내는 그를 보면 예전의 그를 상상하기 어렵다. 그는 이곳에 오기 전 한국은행의 간부 직원이었다. 그러던 그가 지금은 목공소를 하며 '임진강 평화생태마을추진위원회' 위원장을 맡아 일하고 있다.

"직장 생활을 하면서도 항상 허전했어요. 인간은 정신과 육체가 균형을 이뤄야 하는데 머리만

"주말을 이용해 뭐든지 시작해보세요. 직접 몸을 움직여야 합니다."

써서 살아왔다는 생각이 들었어요. 언젠가는 무지막지하게 몸만 쓰면서 살아보자는 생각을 했습니다."

1996년에는 연천에 땅을 사고 주말마다 와서 목공을 하며 은퇴 준비를 했다. 평일보다 주말이 더 바빴단다. 2004년, 25년 근무했던 직장에 명예퇴직을 신청했다. 다들 의아해했지만 그에겐 오랜 기간 준비해온 계획이었다. 목공소를 짓기 시작한 것도 이때다. 2008년부터는 정통 목공을 하는 이를 찾아가 기술을 익혔다. "한동안 목공을 하며 즐거웠어요. 주문이 들어오면 가구를 제작해 주고 돈도 벌었지요. 그런데 또 다시 제 삶을 되돌아보게 되더라고요. 그동안은 저를 위한 삶을 살았으니 이제 다른 사람에게 도움이 되는 인생을 살아야겠구나 하는 고민을 했습니다."

그는 지금 세번째 인생을 살고 있다고 했다. 첫번째 인생이 사회인으로서 충실한 삶이었다면 두번째 인생은 목공을 하며 자신을 위한 삶을 살았다는 것. 지금은 마을의 발전을 이끌 대안공동체를 만들기 위해 뛰고 있다. 언젠가는 귀농 · 귀촌을 꿈꾸는 이들을 위한 '귀농귀촌예비학교'를 운영할 계획도 세우고 있다. 그는 은퇴를 앞두고 불안해할 필요는 없다고 했다. 자신을 내려놓고 누구도 없는 곳에서 몇달간 생활해 보라고 했다. 인간으로서의 자신감이 생기면서 인생관이 바뀌게 될 거란다.

"주말을 이용해 뭐든지 시작해보세요. 직접 몸을 움직여야 합니다. 머릿속으로 막연히 생각하고 구상만 하던 것과는 전혀 다르다는 것을 알게 될 겁니다." 직장 생활에서 은퇴한 선배로서 그가 해준 조언이다.

정리

자기계발의 첫걸음

아침저녁으로 바람이 선선하다. 계절도 바뀌었으니 새로운 마음으로 시작해야지? 그래서 대청소를 각오하고 소매를 걷어붙였는데, 아이고, 책상 앞에 앉자마자 벌써 지친다. 노트북, 전화기, 계산기, 외장하드, 시디, 수첩, 다이어리, 포스트잇…. 책상에서 막 뒹굴라고 내 너희들을 품은 것은 맹세코 아니었다! 찾을 땐 없다가 나중에 튀어나오는 명함과 영수증, 이 얄미운 것들은 어찌 해야 한단 말인가. 매번 사도 없어지는 집게와 클립, 요녀석들도 어떻게 손을 써야 할 텐데….

날렵하던 지갑은 카드와 영수증, 쿠폰으로 뚱뚱해진 지 오래. 스마트폰은 쓰지도 않을 앱과 얼굴도 기억 안 나는 이름 때문에 하나도 안 스마트하다. 그렇다면 나는 아날로그족? 아서라, 들고 다니는 수첩이 용도별로 몇개나 되지만 그 덕에 가방만 더 어수선하다.

회사 책상 청소는 내일 하고, 그러려면 오늘은 집에서 미리 쉬어 둘까. 누가 보면 집은 퍽이나 깨끗하고 쾌적한 줄 알겠다. 냉동실 문 여는 것과 장롱 문 여는 것 중에 뭐가 더 두렵냐고 물어보면 대답하기 되게 고민되잖아!

'그래, 책 속에 길이 있을지니!'

〈하루 15분 정리의 힘〉(위즈덤하우스)의 저자인 윤선현 국내 1호 정리 컨설턴트. "시중의 자기계발서들을 아무리 많이 본다 할지라도 '정리'가 되어 있지 않다면 소용이 없다." 이 분야 고전으로 눈을 돌린다. 〈아무것도 못 버리는 사람〉(캐런 킹스턴 지음, 도솔). "삶은 필요한 물건이 어디에 있는지를 정확히 알고 있을 때 잘 굴러 간다.…겉이 엉망이라면 이는 분명 안에서도 뭔가 엉망인 일이 일어나고 있음을 뜻한다." 이번엔 일본의 청소 달인이 쓴 책이다. 〈부자가 되려면 책상을 치워라!〉(마스다 미츠히로 지음, 이아소). "어지러운 방은 당신의 인생이 어지럽다는 걸 말해준다. 너저분한 책상은 당신의 업무성과가 너저분함을 말해준다. 부자의 책상 위엔 서류더미가 없다!" 밑줄을 치며 읽다가 책을 덮었다. 길을 찾자고 펼친 책, 그 책이 일단 책상부터 치우라고 한다.

"집·책상·가방·지갑은 공간의 크기와 물건의 내용이 다르지만 사실 그 안에 들어있는 시스템의 원칙은 같다. 지갑 정리를 제대로 할 줄 알게 되면 책상 정리를 잘할 수 있고 집 정리 역시 제대로 할 수 있게 된다."

윤 컨설턴트 말대로 지갑 정리에 들어갔다. 영수증과 쿠폰은 버리고, 필요 없는 카드는 서랍에 넣고, 나머지를 편한 위치에 넣었다. 아, 가방도, 책상도, 집도 이렇게 하면 되겠다. 근데, 이거 내일 하면 안 될까? "잡동사니가 많은 사람은 모든 일을 내일로 미루는 경향이 있다. 잡동사니에 에너지가 붙들려 있기 때문에 당장 뭔가를 하기가 힘든 것이다."

킹스턴 여사의 말에 뜨끔해져 책상에 도전한다. 그런데 뭐가 잡동사니지? 쓰지 않거나 좋아하지 않는 물건, 조잡하거나 정리되지 않은 물건, 좁은 장소에 넘쳐 흐르는 물건, 끝내지 못한 모든 것이 죄다 잡동사니다. 와, 나한테 되게 많은데.

쓰레기통이 그득해질수록 속은 후련해진다. 청소가 자신의 성공 비결이라는 마스다상의 말에 고개를 끄덕일 수밖에. "청소를 잘하면 마음이 깨끗해진다. 더러운 것을 제거하고 닦는 행위에는 어지러워진 마음을 리셋하는 효과가 있다." 이 여세를 몰아붙여 주말엔 냉장고, 월말엔 장롱까지 싹 정리해야겠다.

집 안을 정리해볼까

먼저 반드시 지켜야 할 정리의 3단계를 소개한다. 각자 자신만의 정리 방법이 따로 있겠지만 기본적인 원칙은 다르지 않을 터. 정돈된 생활을 위해 다음만은 지키자.

첫째, 분류하기. 필요한 물건과 불필요한 물건을 구분한다. 필요한 물건은 용도별·가족별·빈도별로 정리한다. 필요 없는 물건은 버리거나 필요한 사람에게 나눠 준다. 둘째, 정돈하기. 평소 얼마나 자주, 어떤 때에, 어떤 목적으로 사용하는지를 고려해 수납 위치를 정한다. 수납할 장소에 맞춰 도구를 활용하면 효율적이다. 셋째, 유지하기. 정리의 완성은 유지다. 물건은 사용한 후에는 반드시 제자리에 놓아두고 필요 없게 된 물건은 필요한 사람에게 나눠 주자.

그럼 본격적으로 집안 정리를 해보자. 입을 옷은 없는데 옷장에 옷은 왜 많을까? 옷장 정리의 기본은 입지 않는 옷을 덜어내는 것. 언제라도 입을 것 같아 보관하지만 결국 옷장에서 자리만 차지할 뿐이다.

옷은 소재에 따라 정리한다. 주름이 많이 가는 소재는 옷걸이를 이용해 행어에 걸고, 개어놓아도 주름이 덜 가는 소재의 옷은 접어서 수납장이나 선반에 보관한다. 옷걸이는 같은 모양으로 통일하면 공간 활용도가 높아진다. 깔끔한 수납을 위해 같은 소재끼리 구분한다. 옷의 길이와 색깔을 비슷하게, 한 방향으로 걸면 버리는 공간이 줄어든다.

패션 액세서리 및 소품은 자투리 공간에 정리한다. 자주 사용하는 모자는 걸어서 보관하고 철이 지난 모자는 모자 뒷부분을 반 접어 포갠 다음 비구니에 넣어 자투리 공간에 보관한다. 벨트는 돌돌 말아 바구니 등에 보관하거나 옷장 문 쪽에 걸어둔다. 가방은 크기별로 천가방이나 파일 박스에 세워 넣어 보관한다.

이불은 작게 접어 보관한다. 손님용 이불이나 제철에 사용하지 않는 이불은 압축팩을 이용해 진공 포장하면 부피를 반 이상 줄일 수 있다. 하지만 오리털이불이나 양털이불, 극세사이불 등 천연 소재 이불은 오랜 기간 보관하면 소재가 손상될 수 있으므로 압축을 피한다.

옷장 정리 전

옷장 정리 후

조금만 소홀하면 어수선해 보이는 부엌. 매일 사용하는 곳인 만큼 정리가 더욱 필요하다. 사용하지 않거나 필요하지 않은 용품은 가차없이 버리거나 필요한 사람에게 주는 게 우선이다. 동선을 중심으로, 비슷한 물건끼리 분류해 수납한다.

밀폐용기는 겹쳐 놓고 뚜껑을 따로 보관하면 공간을 덜 차지한다. 수납도구를 활용하는 것도 도움이 된다. 무엇보다 부엌은 될 수 있으면 자주 정기적으로 정리정돈하는 습관을 들인다. 특히 끼워 주는 물건에 현혹되어 불필요한 물건을 사는 일이 없도록 하자.

싱크대 위 손이 잘 닿지 않는 공간에는 자주 사용하지 않으면서 가벼운 물건을 수납한다. 바구니나 상자 등에 넣고 내용물을 알 수 있게 이름표를 붙여 놓으면 좋다. 가장 아래 칸에는 자주 사용하는 밀폐용기를 보관하면 바로 사용할 수 있어 편리하다. 자주 사용하는 평면 접시는 접시꽂이에 세워서 넣는다. 수납공간은 그릇의 높이보다 3~5cm의 여유가 있어야 꺼내기 수월하다.

싱크대 하부 개수대 아랫부분은 배수관을 타고 흐르는 물의 온도 변화가 심하고 습도가 높으므로 식품이나 곡류, 전기 제품의 수납에는 적당하지 않다. 파일 박스를 활용해 깊이가 있는 프라이팬이나 큰 냄비 뚜껑 등을 세워서 보관하면 공간을 덜 차지한다.

서랍장은 바구니나 트레이로 깔끔하게 정리한다. 서랍은 물건이 섞이지 않도록 구분해서 자리를 정하도록 한다. 여러 종류의 주방 소품들을 칸을 나누지 않고 정리하면 흐트러지기 쉽다.

인맥 관리는 명함 정리에서 시작하자

인맥 관리는 처음 만나 명함을 주고받는 것에서부터 시작된다. 하지만 서랍에 뒤죽박죽 쌓인 명함은 아무짝에 쓸모없는 쓰레기에 불과하다. 받아 놓은 명함이 인맥으로 연결되려면 정리가 잘 되어 있어야 한다.

첫 만남에서 명함을 주고받는 것으로 인맥이 형성되는 것은 아니다.

대부분의 사람들은 명함을 주고받아 안면을 트긴 하지만 제대로 된 인맥 형성까지 나아가지 못한다.

명함을 주고받은 사람을 진정한 인맥으로 발전시키려면 명함 관리가 중요하다. 3개월에 한번씩 명함을 정리하는 정리컨설턴트 윤선현씨의 노하우를 소개한다.

명함의 여백 또는 작은 포스트잇에 상대방에 대한 특징을 메모해 둔다. 만난 날짜, 누구의 소개로, 어떤 일로 만났는지, 가장 인상적인 점 등을 헤어진 뒤 기억을 되살려 적어 놓고 임시박스에 보관한다. 3개월에 한번씩 임시박스에 있는 명함을 한장씩 살펴보면서 보관할 것과 버릴 것을 분류하는데, 선택의 기준은 추후에라도 도움을 받거나 도움을 줄 수 있는 사람인지를 놓고 판단한다.

인맥 관리도 제대로 잘하려면 기술이 필요하다. 〈인맥 관리의 기술〉의 저자 김기남씨는 "내가 만난 사람들을 소중하게 생각하고 정성을 다해야 한다"고 강조한다.

인맥 관리의 첫 걸음은 지인부터 시작하는 것이다. 내 주변사람들도 못 챙기는 사람은 진정성을 가지고 인맥 관리를 하기 어려우며, 만약 전략적으로 사용한다면 오래 가지 않는 데다 의도적으로 접근했다는 부정적인 이미지만 남겨 주기 십상이다. 김기남씨가 공개하는 노하우는 ▲만난 지 한달 이내에 반드시 연락하라 ▲귀 기울여 듣고 작은 감동을 선사하라 ▲약속은 반드시 지키라 ▲상대의 부탁은 반드시 들어주라. ▲각종 경조사를 정성껏 챙기라 ▲이해관계를 떠나서 인연을 소중히 여기라 ▲ 소원해진 관계를 회복하라 등이다.

2012년 8월 27일 기사

시간관리
전문가
유성은씨

● 주어진 시간을 어떻게 관리하느냐에 따라 삶이 달라질 것은 분명하다. 누구에게나 똑같이 주어진 하루 8만6400초를 어떻게 효과적으로 활용하느냐에 인생의 성패가 달려 있다.

주요 회사와 대학에서 읽어 봐야 할 책으로 적극 추천하는 〈시간관리와 자아실현〉(중앙경제평론사) 등 30여권의 자기계발서 저자인 유성은 시간관리 컨설턴트(69). 20여년 동안 시간관리 전문가로 활동했고 칠순을 바라보는 나이에도 강연·저술 등으로 바쁜 나날을 보내고 있다. 매일 새벽 3시에 잠자리에서 일어나 하루를 새벽·오전·오후·저녁·취침 등 5개 영역으로 시간을 나눠 생활하고 있다.

"자신의 시간을 보다 많은 사람과 공유하는 것이 행복에 도달하는 진정한 첫걸음이지요."

유 컨설턴트는 시간 관리에 있어서 가장 중요한 것이 목표 발견이라고 본다. 성공적인 삶은 명확한 목표를 세우고 꾸준히 시간을 투입함으로써 가능하다는 게 그의 지론이다. 하루 3시간은 많은 시간이 아니지만 10년 동안 목표에 맞춰 지속적으로 시간을 투입한다면 누구라도 자신이 원하는 분야에서 목표를 이룰 수 있고 전문가가 될 수 있기에, 목표를 찾는 것은 시간 관리에서 절대적인 의미가 있다.

또한 유 컨설턴트는 삶을 풍요롭게 하는 방법으로 자투리시간 활용의 중요성을 지적했다. 자투리시간에 무엇을 할 것인지를 미리 목록을 작성해 놓고 기회가 올 때마다 실천하는 자세가 필요하다. 유 컨설턴트는 "하루 10분, 20분은 아주 짧은 시간이다 보니 공허하게 보내기 쉽다"며 "자투리시간에 무엇을 할 것인가를 미리 계획을 세워 실천한다면 삶이 한층 풍요로워지는 것은 물론, 성공도 앞당길 것"이라고 밝혔다.

아울러 돈을 벌면 행복해진다는 믿음으로 대부분의 시간을 돈 버는 데 쓰는 물질 중심적 태도에 대해서도 따끔하게 지적했다. 유 컨설턴트는 "욕심을 줄이고 자신의 시간을 보다 많은 사람과 공유하는 것이 행복에 도달하는 진정한 첫걸음이다"라고 강조했다.

캠핑

노는 것이 힘이다

"다음 호 엔플러스(N⁺) 1면을 빛낼 모델 가족은 또 어디서 구하냐?"

"부장님, 우리 팀이 직접 해보죠. 캠핑을 꼭 가족만 가란 법 있나요? 회사 동료들끼리도 갈 수 있잖아요."

엔플러스팀의 민완기자 김소영 기자의 제안에 모두들 쾌재를 부른 것은 당연한 일. 비록 신문 지면용 모델로 나서는 길이지만 야외 나들이를 마다할 이는 아무도 없다. 이리하여 얼렁뚱땅 주섬주섬 준비해 떠나게 된 엔플러스팀의 1박2일 캠핑. 금요일 오후, 서둘러 원고마감을 끝내고 미니밴에 오른 기자들의 표정에 설핏 흥분이 감돈다. 평소 늘 무게를 잡고 있는 최준호 부장도 근엄기가 조금은 가셨다.

'메아리 소리가 들려오는 계곡 속의 흐르는 물 찾아' 도착한 곳은 우리나라 휴양림 1호인 유명산자연휴양림(경기 가평군 설악면). 오토캠핑장에 짐을 부리고 나니 상큼한 숲 속 공기가 몸에 착착 달라붙는다. 다들 캠핑의 기억이 고릿적이라 텐트를 치는 데만도 한식경이 더 걸렸지만 좌충우돌 끙끙대는 것도 즐겁다.

"자, 집 다 지었으면 이제 고기 구워야지. 어이 김 기자. 불판 좀 올려봐. 내가 구울게."

부장이 삼겹살을 굽는다? '허~얼!' 상명하복의 시대를 살아온 최 부장의 솔선수범에 다들 '깜놀'이다. 이 또한 캠핑의 힘이라면 힘이다.

웃고 떠들며 삼겹살 파티를 마치니 어느새 해거름녘. 마음이 열리는 것은 한순간이다. 일상에서 쌓인 이런저런 벽과 거리감들이 시나브로 사라진다. 일터를 벗어나기만 해도 생기가 도는 것을 보면 확실히 인간은 일하는 존재이면서도 여전히 놀이하는 존재다. 문명의 발달과 함께 일과 놀이가 분리되며 삶이 팍팍해졌지만 우리의 유전자 속에 든 호모루덴스(유희의 인간)의 본능은 언제든 틈만 나면 되살아난다.

고참·졸병 없이 모두 자연인이 된 시간. "어두워지기 전 계곡에 발 좀 담가보자"는 막내 김인경 기자의 말에 모두 "그거 좋다"며 이구동성 공감한다.

계곡 산책 후 준비해온 매운탕 거리로 소주 몇잔 곁들인 저녁식사를 마치고 나니 서산에 초승달이 떴다. 캠핑의 묘미는 역시 밤이다. 시각 중심의 삶을 사는 현대인들에게, 밤은 공감각을 일깨우는 시간이다. 사위가 어두워지며 나도 다시 보이고 함께하는 일행과도 더 가까워진다.

누가 시킬 것도 없이 커피 잔을 앞에 두고 둘러앉은 밤. 아래 위의 역할을 바꾸는 야자타임 때는 졸병들이 목청을 돋우고, 첫사랑의 추억을 풀어놓을 때는 고참들의 사설이 길어진다. 깊어가는 캠핑의 밤에 까칠한 대꾸나 날선 언쟁은 없다. 도란대다가 웃다가 박수 치다가….

밤이 이슥했는지 이윽고 이웃 텐트에 하나둘씩 불이 꺼지고, 쏟아지는 별빛 사이를 휘파람새가 '휘 휘리릭' 한자락 일성호가를 날리고 지나간다.

"자, 우리도 이제 잡시다. 내일 새벽, 숲의 정령들을 만나 봐야지."

최 부장의 '센티한' 마무리 멘트에 돋은 닭살을 쓰다듬으며 파안대소하는 팀원들. 이날하루 일상탈출은 확실히 했다. 물론 내일 다시 일터로 돌아가면 또 일상에 젖겠지만 그때마다 틈틈이 캠핑에 나설 일이다. 누가 뭐래도, 회사 출근보다는 캠핑이 재밌다.

안전한 캠핑을 위한 준비물

캠핑! 생각만으로도 가슴이 설레지 아니한가. 그렇지만 철저한 준비 없이 들뜬 마음으로 캠핑에 나섰다가는 낭패를 볼 수 있다. 안전 캠핑을 위해 필요한 준비물을 알아본다.

우선 야외에서 집 역할을 하는 텐트. 텐트는 잠을 자는 공간으로서뿐만 아니라 집의 거실처럼 활용할 수도 있다. 가벼우면서도 단열성능이 좋은 매트와 시트도 필요하다. 텐트를 쳐놓은 땅이나 오토캠핑용 데크에서 올라오는 습기와 냉기를 막기 위해서다. 텐트를 쳤으면 그늘막인 타프도 설치하는 게 바람직하다. 기온이 낮을 때를 대비해 침낭을 준비하는 것 또한 잊어서는 안 된다. 아울러 높낮이 조절이 가능한 공기주입식 베개와 간단한 이부자리도 가져가면 후회하지 않는다.

캠핑의 묘미는 삼겹살을 구워먹고 된장국에 밥을 먹는 것이다. 버너가 필요한 이유다. 얼마 전까지는 석유·휘발유·버너가 주로 쓰였으나 요즘엔 가스버너가 유행이다. 버너가 없다면 휴대용 가스레인지도 나쁘지 않다. 음식을 익힐 불을 갖췄으면 칼·도마·가위·국자·집게·구이판·석쇠 등 각종 요리도구도 챙겨야 한다. 식기·수저 등 필수 취사도구를 비롯해 컵·양념통·물통과 아이스박스도 빠뜨려서는 안 된다.

그 밖에 챙겨야 할 것으로 손전등이 있다. 가능하면 2~3개 준비하되 밝기가 다소 떨어지더라도 건전지를 사용하는 손전등이 안전하다. 당연히 텐트 안과 밖을 밝혀줄 랜턴도 필요하다. 가스랜턴이나 엘이디(LED) 랜턴이 인기가 있다.

캠핑은 주로 여름철 야외에서 하는 것인 만큼 각종 해충을 퇴치할 수 있는 약품 등도 빼먹어서는 안 된다. 모기약·소독약·물파스·배탈설사약이 대표적이다. 이 밖에도 여유가 된다면 추위 등에 대비한 여벌의 의류, 돗자리, 심심할 때 음악을 듣고 일기예보와 각종 뉴스를 청취할 수 있는 라디오, 미니테이블과 의자, 각종 도구를 손질할 때나 통조림 와인을 딸 때 요긴한 맥가이버칼, 낮잠을 자거나 휴식을 취할 때 도움이 되는 해먹 등도 가져가면 후회하지 않는다.

캠핑 역시 '금강산도 식후경'

산 좋고 물 좋은 곳에는 맛난 음식이 함께해야 하는 법. 그러나 아무리 시설 좋은 캠핑장이라도 우리 집 부엌에 비하면 조리환경이 좋지 않다. 이런 상황에서 캠핑 요리를 잘하기 위한 몇 가지 준비요령.

첫째, 재료는 집에서 손질해 갈 것. 처치 곤란한 음식쓰레기를 최소화하고 요리를 짧은 시간에 하기 위해서다. 쌀은 씻어서 말리고 양파·파·당근·무 등의 껍질은 미리 벗겨둔다. 육류·생선은 내장을 떼어내고 조리법에 맞게 잘라 준비한다. 수박은 썰어서 용기에 담거나 화채로 만들어 가져가는 게 부피도 줄이고 쓰레기도 안 남기는 비결.

둘째, 큰 것 하나보다는 작은 것 여러 개를 살 것. 캠핑장에서는 눈대중으로 계량하기 때문에 의외로 음식이 많이 남을 수 있어서다. 감자·애호박 같은 채소는 물론이고 참외·수박 등 과일도 마찬가지다.

셋째, 처음 하는 요리는 피할 것. 조리 환경이 집과 다른 만큼 캠핑 요리는 생각대로 잘 안 되기 일쑤다. 거창하고 색다른 메뉴도 좋지만, 자칫하면 일행들이 맛없는 음식을 '처리'해야 하는 상황이 생길 수 있으니 익숙한 요리를 하는 게 누이 좋고 매부 좋다.

넷째, 코펠을 비롯한 조리기구는 집에서 한두번 사용해보고 가져갈 것. 새 제품에는 광 낼 때 쓰는 약품이나 보존제가 묻어 있을 수 있기 때문이다. 미리 써보면 조리시간이 얼마나 걸리는지 감도 잡고 사용방법도 익힐 수 있다.

다섯째, 캠핑장 근처의 재래시장을 이용해볼 것. 질 좋은 제철 식재료를 싼 값에 소량만 구입할 수 있다. 장날 새벽에 들어온 싱싱한 고기와 생선을 만나는 행운이 있을지도 모른다.

2011년 7월 18일 기사

캠핑 마니아
김익성씨

"온 가족이 서로에 대한 관심을
온전히 쏟을 수 있는 야외활동으로
캠핑만 한 것이 없죠."

● 회원수가 16만명에 육박하는 국내 최대 온라인 캠핑 동호회 '캠핑퍼스트(cafe.naver.com/campingfirst)'에서 '와편'이란 닉네임으로 활동하는 김익성씨(50·서울 서초구 양재동). 최근 초보 캠퍼를 위한 길잡이 책인 〈와편의 오토캠핑 탐구생활〉(꿈의 지도)을 펴낼 만큼 자타가 인정하는 캠핑의 달인이다.

"할아버지부터 손자까지 온 가족이 한공간에 모여 서로에 대한 관심을 온전히 쏟을 수 있는 야외활동으로 캠핑만한 것이 없죠." 1년에 15번 이상 캠핑을 떠난다는 그가 밝힌 캠핑의 매력이다.

하지만 무작정 뛰어들다가는 자신은 물론 타인의 몸과 마음을 상할 수 있게 하는 것 또한 캠핑이라고 그는 강조했다. 그가 조언하는 초보 캠퍼가 지녀야 할 자세 1순위는 사전에 자신의 캠핑스타일을 냉정히 분석하는 것이다. 누구와 함께 갈 것인지, 얼마나 자주 갈 것인지, 주로 어디로 갈 것인지, 쓸 수 있는 예산이 얼마인지를 철저하게 따져 그에 맞는 장비를 구입해야 한다는 얘기다.

다음으로 강조하는 것은 '안전'과 '예절'. 특히 밤 추위를 피한답시고 밀폐시킨 텐트 안에서 석유난로 같은 스토브를 켜는 경우가 종종 있는데, 이는 매우 위험하다고 지적했다. 자칫 질식 사고를 일으킬 수 있기 때문. 또 지면에 텐트를 고정시키는 팩을 헐겁게 박아 아이들이 걸려 넘어져 구급차 신세를 질 수도 있으니 주의하라고 했다.

"모처럼 야외에 나왔다는 기쁨에 고성방가를 하거나 술 먹고 남에게 행패를 부리는 이들이 아직도 있습니다. 그렇다고 그런 사람들을 대놓고 손가락질하거나 욕설을 내뱉는다면 그것 또한 자신이 왕초보임을 드러내는 일이겠죠?"

마지막 조언은 한번쯤은 '공정 캠핑'을 해보라는 것. "요즘 현지인들에게 정당한 소득을 올려주는 '착한여행' '윤리여행'이 인기잖아요. 유명 캠핑장은 대개 농촌에 있습니다. 먹을거리를 집에서 싸들고 가는 것도 나쁘진 않지만 현지에서 생산된 농산물을 제값에 구입해 먹는다면 농촌경제 활성화에 도움이 되지 않을까요. 전 성격이 착하진 않아도, 캠핑만큼은 항상 '착하게' 한답니다. 하하."

한국의

얼 을 느끼다!

제 4 장

촌스럽다고, 쓸모없다고 한동안 외면했었습니다. 그러는 동안 각종 세시풍습도 하나둘 자취를 감췄고, 숱한 문화재·유적지에도 먼지만 수북히 쌓였지요. 다행스러운 것은 '우리 것을 다시 보자'는 목소리가 높아지고 있다는 겁니다. 개중에는 세계인의 문화유산이 된 것도 적잖습니다. 우리의 얼을 찾아 떠나는 길, 함께하실까요?

설

한해 가장 설레는 날

이번 설날에는 멋지게 판을 벌여 봅시다. 모처럼 가족들이 모여 새록새록 정이 솟아나고, 보는 이의 마음도 흐뭇한 놀이판을 한번 벌여 보자고요. 다들 아시는 윷놀이·제기차기·팽이치기·널뛰기·연날리기 같은 전래놀이도 많잖아요. 엄마와 아빠가 어린 시절에 하던 놀이들을 우리 아이들에게도 가르쳐 주자고요. 여럿이 함께 하면 더 신나고 하나 됨을 확인할 수 있답니다. 자, 한번 시작해볼까요?

"제기차기할 사람 여기 붙어라!"

골목대장 영수가 외치자 흩어져 놀던 아이들이 영수의 엄지손가락을 잡으러 몰려드는 바람에 골목 안이 우당탕 쿵쾅 시끌벅적했죠. 넓은 공터는 꾸러기들이 차지하고 제기를 찼고, 한쪽에서는 여자아이들이 경쾌한 동요를 부르며 고무줄놀이를 즐겼지요. 꽁지머리를 한 소녀들이 껑충껑충 하늘로 뛰어오르거나 다리를 높이 올려 고무줄을 잽싸게 낚아채는 모습이 눈에 떠오르네요.

제기놀이는 여럿이 함께 하는 놀이로, 종들이기, 둘 또는 여럿이 주고받는 마주 차기, 양편으로 나눠 제기를 차면서 반환점을 돌아오는 릴레

이 등 규칙을 정하기 나름이지요. 종들이기 놀이는 먼저 가위바위보로 종을 정하고, 종은 제기를 손에 쥐고 상대보다 서너발 앞에서 발부리에다 던져요. 이때 들어온 제기가 맘에 들지 않으면 상대는 손으로 받아 멀리 던져버릴 수 있는데, 그러면 종은 이것을 주워와 다시 곱게 던져야 하지요. 종이 던진 제기를 차지 못하고 헛발질을 하면 죽는데, 상대가 찬 제기를 종이 손으로 받으면 찬 사람이 죽고 종이 발로 받아치면 그 사람이 새로운 종이 된답니다. 그러나 종이 이어 찬 것을 다시 다른 사람이 받아 차면 계속 종을 맡아서 해야 하지요. 모두 죽으면 죽은 사람끼리 가위바위보로 다시 종을 정한답니다.

수수께끼 하나 낼 테니 맞혀 보세요. 날마다 맞아야 사는 게 뭘까요? 팽이예요. 팽이는 맞지 않으면 죽고 맞을수록 기운이 펄펄 솟지요. 팽이로 할 수 있는 놀이는 아주 다양한데, 아이들과 함께 손가락 팽이 늦잠 놀이를 한번 해봅시다. 손가락 팽이 늦잠 놀이는 팽이를 엄지손가락과 집게손가락으로 쥐고 잔뜩 비틀고는 비튼 반대쪽으로 힘껏 틀면서 팽이를 내리치지요. 팽이가 이리저리 돌아다니다가 마침내 제자리를 잡으면 마치 돌지 않고 서 있는 것처럼 보여 잠을 자는 모습과 같아요. 오랫동안 잠을 자는 팽이가 이기는 경기예요.

손가락 팽이를 만들려면 먼저 컴퍼스를 이용해 골판지 위에 원(500원짜리 동전 크기)을 그린 다음, 그린 원을 가위로 매끈하게 자릅니다. 성냥알 굵기보다 작게 원 중심에 송곳으로 구멍을 내고, 구멍에 성냥을 수직으로 끼우고 나서 접착제로 고정하면 됩니다.

옛날 어린이들은 하늘을 높이 나는 꿈을 연에 실어 날렸죠. 훨훨 나는 연은 아이들의 꿈을 싣고 높이 더 높이 하늘을 날았지요. 방문을 바르기 위해 사다놓은 창호지로 엄마 몰래 연을 만들어 혼쭐이 났고, 심지어는 바른 지 며칠 되지 않은 문짝에 물을 뿜어 창호지를 뜯어낸 뒤 연을 만든 꾸러기도 있을 만큼 연은 아이들의 마음을 유혹했지요.

세뱃돈은 언제부터 왜 받았을까

어린 시절 설날이 더욱 설렜던 것은 맛난 음식을 맘껏 먹고 두둑한 세뱃돈을 받을 수 있었기 때문일 것이다.

그래서 아침 일찍 차례를 지내고 친척·친지를 들뜬 마음으로 찾아뵙곤 했던 추억이 있다. 그때도 그랬지만 지금도 이 세뱃돈의 유래를 제대로 아는 사람은 드물다. 이참에 국립민속박물관 전문가를 찾아 그 내력을 들어봤다.

설날 아침 세배에 대한 답례로 곶감이나 사탕 등을 아이들에게 줬다는 것은 누구나 안다. 그런데 언제부터 돈을 줬는지는 의견이 분분하다. 우리나라 세시풍속을 소개한 〈세시잡영〉〈동국세시기〉 등 어느 곳에도 기록된 바가 없다. 그렇다 보니 일제강점기에 일본의 풍습을 이어받은 것으로 알고 있을 정도다.

하지만 이러한 해석은 맞지 않다. 김태우 국립민속박물관 전문위원은 "1910년 경술국치 이전인 〈대한매일신보〉 광무 11년(1907년) 4월14일자 기사에 '9세 아이 이용봉도 세배하고 얻은 돈을 국채보상운동 기금으로

기탁하였거든 감동스럽도다…'라고 기록돼 있다"며 "이는 세뱃돈이 조선의 풍습이었음을 입증해 주고 있다"고 설명했다.

특히 이보다 훨씬 앞서 여성들의 출입이 자유롭지 못한 조선시대 양반 가문에서는 하인을 보내 일가친척들에게 인사를 하는 '문안비(問安婢)'가 있었다는 것. 이때 인사를 받는 쪽에서는 그 하인에게 세배삯(歲拜貰)과 세배상을 주었고 답례의 문안비를 보냈다는 것이다.

문안비에 대한 기록은 홍석모(1781~1850)의 〈동국세시기〉와 조선 영조 때의 학자 이광려(1720~1783)의 시 '수가문안비 문안입유가(誰家問安婢, 問安入誰家: 뉘집 문안비가 문안하려고 뉘집으로 들어가는고)'에서도 등장한다.

따라서 세뱃돈 풍습은 이미 조선시대에도 있었던 것으로 추정된다는 것이다. 김 전문위원은 "여러 문헌을 검토해보면 일본에서 건너온 풍습이라는 것은 맞지 않다"며 "세뱃돈은 분명히 우리의 전통"이라고 강조했다.

조선시대 문안비에게 세뱃돈을 준 것은 분명히 수고에 대한 대가의 성격이 짙었다. 하지만 근대에 와서는 세배에 대한 답례에다, 건강과 재복을 기원하는 의미가 더해졌다. 이는 세배를 받고 하는 "올해도 건강해라" "올해는 장원급제해라" "부자 되시게" 등의 덕담에서도 알 수 있다는 것.

그러면 세뱃돈으로는 얼마가 적정할까? 요즘 세뱃돈이 본질과 달리 상속의 수단으로까지 악용돼 그 규모가 2조원에 이른다는 설도 있다. 이 때문에 일부 언론에서는 한 보험회사의 설문조사를 바탕으로 연령대별 세뱃돈의 액수를 제시하기도 한다. 초등학생 1만원, 중학생은 3만원, 고등학생은 5만원, 대학생은 5만~10만원 등이다. 하지만 이렇게 액수를 제시하는 것도 바람직하지 않다.

김 전문위원은 "계획을 세우고서 정성껏 봉투에 담아 덕담과 함께 세뱃돈을 건넨다면 누구도 액수의 크고 작음을 탓하지 않을 뿐 아니라 세뱃돈의 본질적인 의미도 살리게 될 것"이라고 말했다.

🧑 절하는 법과 가족간 호칭

친척들이 모인 자리에서 호칭을 잘못 말한 적이 있는 사람, 매년 세배는 하지만 제대로 절하는 법을 모르는 사람. 이 두가지 중 하나라도 해당한다면 이 글을 참고하시라. 친척간 호칭과 절하는 법을 알아봤다.

우선 며느리 처지에서 가족간 호칭하는 법을 살펴봤다.

남편의 형은 아주버님이고 그 배우자는 형님이 된다. 남편의 누나도 형님, 그 배우자는 아주버님이다. 자신보다 손위이고 성별이 남자면 아주버님, 여자면 형님인 것이다. 자신보다 손아래 남자면 서방님이 된다. 다만 남편의 남동생이 미혼이면 도련님이라고 부른다. 남편의 여동생은 아가씨, 같은 며느리지만 손아래는 동서라고 호칭한다.

사위가 백년손님이라지만 처가에서 호칭을 잘못 쓰다간 제대로 된 대접을 받지 못할 것이다. 우선 아내의 남자형제는 일반적으로 처남이라고 하지만 아내의 오빠는 형님이라고 불러야 하는 지역도 있다. 아내의 언니는 처형, 그 배우자는 형님이 된다.

본가라고 해서 안심할 것은 아니다. 누나의 배우자는 매형·자형·매부 등 지역마다 호칭이 다르니 주의해야 한다.

여자 입장에서 남자형제의 배우자는 모두 올케지만, 오빠의 배우자는 보통 새언니 또는 언니라고 부른다. 본인의 성별에 관계없이 여동생의 배우자는 ○서방으로 부르면 되나, 남자는 매부나 매제로, 여자는 제부로 부르기도 한다.

절을 하기 전 우선 공손한 자세로 어른들 앞에 서는데 이때 손을 포개 자연스럽게 배꼽 근처에 대면 공수(拱手)가 된다. 이때 남자는 왼손, 여자는 오른손이 위로 가게 포갠다. 단, 상례(喪禮)와 같은 흉사일 때는 손이 반대다.

남녀 손의 위치가 다른 것은 왜일까. 김득중 한국전례원 원장은 "음양오행 사상이 공수에 적용된 것"이라고 설명한다. 생명이 있는 것은 햇빛이 드는 남쪽으로 향하는 것이 자연의 이치인데 사람도 남쪽을 향하면 왼편이 동쪽, 오른편이 서쪽이 된다. 그러면 왼편은 해가 뜨는 양(陽), 오

른편은 해가 지는 음(陰)에 해당한다. 음양오행을 따지면 남자는 양이니까 왼손을 위로, 여자는 음이니까 오른손을 위로 올려야 한다는 풀이다.

차례 지낼 때는 큰절을 한다. 남자는 공수한 손을 눈높이까지 올렸다가 내리면서 꿇어앉는다. 이때 공수한 손을 그대로 모은 채 바닥을 짚는다. 이마를 손등 가까이 붙이되 엉덩이가 들리지 않도록 주의한다.

잠시 후 일어서서 공수한 손을 다시 눈높이까지 올렸다가 내리고 나서 가볍게 묵례한다. 여자는 공수한 손을 눈높이까지 올린 채 그대로 무릎을 꿇어앉고, 상체를 45도 정도 숙이며 절한다. 이후 동작은 남자와 같다.

세배할 때는 평절을 한다. 큰절과 달리 남녀 모두 공수한 손을 위로 올리지 않고 바로 절을 한다. 일어서고 나서도 공수한 손을 올리지 않고 바로 묵례한다. 남자 평절은 이 점 외에 큰절과 동일하다.

여자 평절은 공수한 손을 풀고 나서 무릎을 꿇어앉는 게 특징이다. 자리에 앉은 후 몸을 30도 정도 앞으로 숙이는 동시에 양손 끝은 무릎선과 나란하게 양쪽 바닥에 댄다. 잠시 후 일어선 뒤 공수를 한 다음 묵례한다.

2014년 1월 27일 / 2013년 2월 4일 기사

임재해 안동대
교수에게 듣는
설날의 의미

● "설날은 연월일시(年月日時)가 새롭게 시작되는 날입니다. 사람이 처음 만나면 인사라는 예를 갖추듯 설날엔 그해 최초의 의례를 치르는 겁니다. 그 의례가 살아계신 조상에게는 세배이고, 돌아가신 조상에게는 차례입니다."

임재해 경북 안동대 민속학과 교수(62)의 설날에 대한 풀이는 어원에서부터 시작됐다.

그는 '낯설다' '물설다' 등의 '설다'에서 근거를 찾았다. 여기에서 '설다'는 익숙하지 않거나 생경하다는 뜻. 해가 바뀐 새날 역시 익숙하지 않은 날일 수밖에 없다. 결국 새해 첫날은 '설은 날'이고

"사람이 처음 만나면 인사라는 예를 갖추듯 설날엔 그해 최초의 의례를 치르는 겁니다."

그 말이 줄어 '설날'로 굳어졌다는 설명이다. 그래서 아침이면 집안 어르신에게 "잘 주무셨느냐"며 문안 인사 드리는 것처럼 설날을 맞아 차례 등을 지내는 것이다.

그는 설날의 중요성을 나이를 통해 해석했다. 서양에서는 생일이 지나야 나이를 한살 더 먹지만 우리나라에서는 생일이 아니라 설을 쇄야 비로소 나이를 먹는다. 나이를 '사람의 성숙함 정도'로 본다면 설이 지나면 지날수록 인간이 된다는 셈이다.

하지만 그는 요즘 안타깝기만 하다. 사회가 변해 설날의 의미도 퇴색한 탓이다. 과거 전통 농경사회에서는 설날을 준비하는 장보기는 남자의 몫이었다. 닭을 잡거나 설날 때 과일 깎는 일도 마찬가지였다. 남자나 여자나 대등하게 일하며 명절을 준비하고 지냈다. 그래서 요즘처럼 여자들만 일에 시달려 명절증후군에 걸린 적이 별로 없었다는 것. 그러나 최근 나타나는 그 같은 현상은 직장생활에 얽매인 현대인들에게는 어쩔 수 없는 현실이란다.

"옛날로 돌아가자는 뜻은 아니에요. 설날의 의미를 다시 한번 되새겨보자는 겁니다. 어쩔 수 없이 치러야 하는 행사가 아니라 조상들에게 한해의 원하는 바를 간절히 기원하는 계기로 삼아보세요. 교회에서 기도하듯, 사찰에서 불공을 드리듯 말이에요. 그런 기회가 그리 흔하게 오지는 않잖아요?"

볏짚

무한변신에 도전하다

자, 주목하세요. 주목! 안녕하세요. 우선 감사드립니다. 볏짚인 저를 일일명예교사로 불러주셔서 저뿐만 아니라 가문의 크나큰 영광입니다. 하지만 이 교단에 서기까지 저는 뜬눈으로 며칠 밤을 지새웠습니다. '어떻게 말씀드려야 각광받는 볏짚의 가치를 여러분이 제대로 이해할 수 있을까' 하는 고민 때문이었습니다. 결국 여러분의 선조들과 고락을 함께 했던 시절부터 이야기를 시작해야겠다는 생각이 들더군요.

잘 아시다시피 옛날에야 제가 안 쓰이던 데가 거의 없었죠. 신발 하면 짚신 아니었나요? 가마니나 멍석, 비 올 때 입었던 도롱이는 또 어떻고요. 아이가 태어났을 때 대문 앞에 쳤던 금줄은 짚으로 꼰 새끼줄이었습니다. 뭐니뭐니 해도 제가 가장 많이 쓰였던 데는 초가지붕이었죠. 집의 보온을 돕고 비바람에도 지붕이 견딜 수 있도록 저를 활용했답니다. 그때에는 1~2년마다 새로 이엉을 엮어 지붕을 갈아줬거든요. 더 이상 언급하지 않아도 여러분이 잘 아시리라 믿습니다.

요즘에는 어떨까요. 물론 예전처럼 청국장이나 메주 띄울 때 여전히 제가 필요하고요. 특히 소먹이, 즉 조사료로 제가 가장 많이 쓰입니다.

혹시 '공룡알'을 보신 적이 있나요? 그것 말고도 활용 분야는 더 다양해졌다고나 할까요. 집 지을 땐 건축자재로, 고기 구울 땐 연료로 인기죠.

그럼 다음은…. 아, 저기 손을 드신 분이 계시군요. 왜 더 자세히 설명하지 않고 지나가느냐고요? 궁금해도 조금만 참으세요. 다음 지면부터 자세한 설명을 담은 '친절한 기사'들이 여러분을 기다리고 있거든요. 지금 다 말해버리면 얼마나 김이 빠지겠습니까.

요즘 짚풀공예에 대해 여러분의 관심이 많더라고요. 저를 재료로 오리·백조·인형이며 휴대폰 고리나 반지·귀걸이 같은 장신구 등 다양한 공예품을 만든답니다. 아이들에게는 메뚜기나 여치 인형 등을 만드는 체험 프로그램이 큰 인기를 끌고 있다네요. 2000년대에 들어서며 나타난 현상이라는데 이유는 제가 바로 친환경, 즉 천연 소재이기 때문이랍니다. 자, 여기 '친환경 소재'에 밑줄 쫙~. '뚝!' 아이고, 죄송합니다. 제가 너무 힘주어 강조하다보니 분필이 부러졌네요.

이것뿐만이 아닙니다. 고상하게 표현한다면 저는 예술로까지 승화됐

백조인형

따리 귀걸이

미니 패랭이 휴대폰 고리
(사진=짚풀영농조합법인)

다고 할 수 있죠. 어? 안 믿으시는 것 같은데 절대 허풍이 아니에요. 대전 서구 원정동 쪽에 가보세요. 이달 중순부터 볏짚미술제가 열리는데, 제가 거기에 설치되는 잠자리나 사마귀 같은 대형 곤충조형물의 재료가 된다니까요. 그 작품들을 창조한 조각가가 그러더군요. 저를 크게 크게 싼 다음 마디마디 묶어주면 덩어리로 만들기가 쉽다나요.

저의 진화가 이쯤에서 끝날까요? 절대 아닙니다. 이제 저의 미래에 대해 전망해볼게요. 저를 이용해 종이를 생산할 수 있는 기술이 개발됐다는 사실을 아시는가요? 또 저를 톱밥 형태로 압축해 펠릿으로 만들어 연료로 쓰는 기술도 나왔고요. 경제성 때문에 본격적인 제품화는 안됐지만요.

또 아직 진행 중인 연구지만 저를 소재로 한 바이오에너지 생산도 가능하대요. 저를 잘게 잘라 미생물로 발효하면 자동차 연료로 쓸 수 있는 바이오에탄올로 변한다는 거죠. 바이오플라스틱은 들어보셨나요? 저한테는 '셀룰로오스'라는 천연 고분자화합물이 있다는군요. 이를 활용한 플라스틱은 연골대체 등의 천연 의료용 소재나 자동차 내장재 등으로 쓰일 가능성이 있답니다. 물론 미래의 일이지만요.

그럼 저의 진화의 끝은 어디까지일까요? 저도 모릅니다. 활용도가 무궁무진하다는 것밖에는요. 벌써 마칠 시간이 됐군요. 다음 지면으로 가서서 저에 대한 궁금증과 다양한 활용 사례를 살펴보시기 바랍니다. 그럼 안녕히 가십시오.

🏠 볏짚은 과학이다

추수가 끝난 농촌에서 무엇보다도 풍성한 게 볏짚이다. 볏짚을 이용해 방에선 메주를 매달고, 집밖에선 지붕을 얹고 고쳤다.

부엌에선 불쏘시개나 땔감으로 쓰기도 했다. 이렇게 볏짚을 다양하게 활용한 것은 볏짚이 흔해서만은 아니다. 볏짚이 널리 쓰인 이유를 과학적으로 풀어봤다.

따뜻한 방 안에 메주를 두더라도 볏짚으로 매달거나 고초균을 메주에 접종해야 발효가 된다. 예전엔 고초균만을 따로 배양하는 기술이 없어서 오직 볏짚에 붙은 고초균만을 이용해 메주를 띄웠다. 정석태 농촌진흥청 발효식품과 연구원은 "고초균은 논에서 가장 많이 서식한다"며 "토양의 고초균이 볏짚으로 옮겨간 후 다시 메주로 이동해 콩을 발효시키는 것"이라고 설명한다.

장동순 충남대학교 환경공학과 교수는 "볏짚은 현대 건축물에서 단열재로 사용하는 스티로폼이나 우레탄과 비슷한 구조를 가진다"고 실명한다. 볏짚의 재질 자체가 열전도율이 높지 않은 데다가 기공이 공기를 머금고 있어 단열재 역할을 한다는 것. 이런 이유로 볏짚으로 지붕을 얹어 여름철엔 더위를 막고 겨울철엔 집 안의 온기가 밖으로 빠져나가는 것을 막았다. 또 볏짚 표면이 매끄러워 빗물이 잘 흘러내리므로 지붕을 두껍게 만들지 않아도 비가 스미지 않는다는 장점이 있다.

겨는 태워도 불기운이 약하고 신통치 않지만 볏짚은 불이 쉽게 붙고 화력도 뛰어나다. 이런 장점 때문에 불쏘시개로는 물론 땔감으로도 쓰지만 장작과 비교하면 이내 모두 타고 사그라지는 단점이 있다. 2011년 볏짚의 이러한 단점을 보완한 연료인 '볏짚탄'을 개발한 유승민 디자인공장 대표는 "볏짚은 기공이 많아 부피에 비하면 탈 것이 적지만 이를 높은 압력으로 압축하면 단점이 극복된다"며 "이 원리로 개발한 볏짚탄은 장작처럼 화력을 오래 유지한다"고 말한다.

🏠 볏짚의 무한도전 속으로

바짝 마른 것이 속까지 텅 빈 볏짚. 그러나 깔보지 마시라. 불꽃과 만나면 화르르 타오르는 열정에, 삶은 콩 은근히 곰삭이는 재주도 지녔다. 날카로운 것들 품어주는 속정, 엉뚱한 데서 웃음 자아내는 예능감은 또 어떻고…. 팔방미인 볏짚의 생활 속 활용법을 모아봤다.

한국인의 삼겹살 사랑은 별나다. 즐기는 방법도 다양하다. 그중 빼놓을 수 없는 것이 볏짚에 불을 붙여 굽는 짚불삼겹살이다. 짚불에 초벌

구이한 삼겹살을 다시 숯불에 구워내는 프랜차이즈 식당도 여럿. 그러나 원조집으로 꼽히는 전남 무안의 두암식당은 다르다. 처음부터 끝까지 짚불로 굽는다. 그래 봐야 1분도 안 걸린다. 두암식당 안주인 정소래씨의 이야기다.

"삼겹살을 얇게 저며 석쇠에 끼워넣은 다음 바닥에 모아놓은 짚단에 불을 붙이고 석쇠를 뒤집으면서 구우면 됩니다. 비법이랄 것도 없어요. 다만 짚불이 워낙 세기 때문에 안 타게 해야죠."

고온의 짚불에 재빨리 구운 삼겹살은 겉은 기름기로 코팅돼 고소하면서 속은 촉촉하니 육즙이 살아 있다. 숯불과는 또 다른 짚불 특유의 향기도 고기에 밴다. 삼겹살 2인분(400g) 굽는 데 필요한 볏짚은 어른 주먹으로 한 움큼 정도다. 단, 농약을 쓰지 않은 볏짚을 구해서 잘 말려야 한다. 또 겉을 태우지 않으면서 속까지 익히려면 고기를 최대한 얇게 썰어야 한다. 가장 중요한 것은 물론 불조심!

이번엔 깨끗이 씻어 햇볕에 바짝 말린 볏짚을 한줌만 준비하자. 이것만 있으면 청국장 만들기도 어렵지 않다.

순창전통고추장 제조기능인인 박현순 명인고추장 대표에게 들었다.

"메주콩을 4~5시간 무르게 삶은 다음 채반에 10~15㎝ 두께로 펼치고 완전히 식히세요. 여기에 돌돌 만 볏짚을 서너개 박고 마른 면보자기를 덮은 다음 40℃로 맞춘 방에 가져다놓고 사흘쯤 두면 됩니다. 실이 생기면 거두어 절구통에 넣고 찧어서 손으로 적당히 빚으세요. 쉽습니다."

삶은 콩을 구수한 청국장으로 변신시키는 주인공이 바로 고초균. 고초(枯草)라는 이름에서 알 수 있듯 이 균은 볏짚을 비롯한 마른 풀에 많은데 다른 균과 달리 사람과 동물에게 질병을 일으키지 않으면서 이렇듯 신통방통한 역할을 해낸다.

삶은 콩 사이사이에 볏짚 기둥을 박으면 고초균의 작용으로 발효가 잘 되고, 중간에 공기가 통하면서 이 과정이 촉진된다는 게 박 대표의 이야기다. 한마디로 콩이 숨을 쉰다는 뜻. 다 띄운 청국장은 갖은 양념을 해 냉동보관하면 오래 두고 먹을 수 있다.

전남 곡성 농민 이재관씨. 고향에 귀농해 이장을 맡고 있는 이씨는 "예전에는 농촌 어디서나 쓰던 건데 요새는 보기 어려워졌다"면서 자신이 만든 낫꽂이를 찍은 사진을 보내왔다. 볏짚을 한다발 준비해 위아래를 철사 등으로 야무지게 동인 다음 벽에 걸어놓고 날카로운 낫이나 칼을 안전하게 꽂아두면 끝. 볏짚으로 만들 수 있는 생활용품 중 가장 간단한 것이 아닐까.

충남 청양군 남양면사무소에서는 지난해부터 겨울이면 볏짚 눈사람을 만들어 관공서나 정류장 등 사람들 발길이 잦은 곳에 세워둔다. 주민들의 반응은? "어른 아이 할 것 없이 다들 즐거워한다"는 게 면사무소 정영선씨의 이야기다.

"주민들이 곤포 사일리지를 가져다놓으면 청양미술협회 회원들이 그림을 그려 눈사람을 만듭니다. 겨우내 오가는 사람들의 시선을 듬뿍 받다가 내년 봄이면 소 먹이로 쓰이니 일석이조지요."

2013년 12월 9일 기사

짚풀생활사
박물관
인병선 관장

● 서울 종로구 명륜동에는 세상에 하나밖에 없는 박물관이 있다. 짚풀, 특히 볏짚 전문 박물관으로는 세계 유일인 짚풀생활사박물관이 그곳. 설립자 인병선 관장(78)의 반평생이 바쳐진 곳이다. 그런데 잠깐, '짚풀'이 정확히 뭘까. 흔히 쓰는 말인데도 사전에는 안 나온다.

"1993년에 박물관을 열면서 짚과 풀을 합해 '짚·풀'이라고 했다가 나중에 가운뎃점을 뺐어요. 지금은 흔히 쓰는 말이 됐더군요."

"네댓 살 꼬마들도 볏짚 냄새를 맡으면 '와 좋다' 해요. 신기하죠?"

인 관장이 짚풀문화에 '꽂힌' 것은 1970년대 중반.
"남들은 팔작지붕이 어떻고 저떻고 하는데, 제 눈에는 시골집 마당에 뒹구는 삼태기며 둥구미 같은 게 더 근사했어요. 처음에는 사진만 찍다가 나중엔 수집에 나섰지요. 불량 주택 개량이다, 플라스틱 개발이다 하면서 짚풀용품이 빠른 속도로 사라지고 있었거든요."

'살기 편해지고 물건도 좋아졌는데 그깟 짚풀이 뭐라고…'

그를 바라보는 사람들의 눈길은 그렇게 말했다. 하지만 인 관장은 생각이 달랐다. 짚풀은 인류가 오래도록 사용해온 재료다. 짚풀로 만든 용품에는 해당 식물에 대한 지식과 이를 다루는 기술이 오롯이 담겨 있다는 뜻. 그게 바로 '문화'다.

그런데 또 드는 의문. 벼도 모르는 요즘 아이들에게 볏짚에 대해 교육한다? 인 관장은 "그래서 방법이 중요하다"고 말한다. 전시해놨으니 봐라? 시키는 대로 따라 해라? 어림도 없다. 반면 '농부의 하루' '짚풀 장터 열리는 날' 같은 주제를 제시하면서 "이 아이패드로 짚풀용품 사진을 찍고 편집까지 해보렴" 하면 아이들은 박물관 구석구석을 신나게 기웃거리며 '자기주도형 볏짚 공부'를 한다고. '볏짚과 시멘트의 보온 능력 비교' 같은 실험도 효과적이란다.

"네댓 살 꼬마들도 볏짚 냄새를 맡으면 '와 좋다' 해요. 신기하죠? 이런 아이들에게 짚풀문화를 전승하는 것, 그게 우리 세대의 과제입니다."

성곽

켜켜이 쌓인 세월

　서울성곽은 풍수지리상 내사산(內四山)인 낙산 · 인왕산 · 남산 · 북악산의 능선을 따라 조선 태조 5년(1396) 축성됐고 길이는 18.6㎞에 이른다. 성곽의 동서남북으로 4대문이 서 있고 그 사이엔 4소문이 있다. 그중 동소문인 혜화문에서 동대문인 흥인지문을 거쳐 남소문인 광희문까지 약 2.8㎞를 장혜숙 종로구청 성곽해설사와 함께 걸었다.

　성북구 삼선동1가 지하철 한성대입구역에서 서쪽으로 300m 정도 떨어진 혜화문. 비스듬히 열린 문 안에서 화려한 색채의 무언가가 유혹한다. 안으로 조심스레 들어가 보니 봉황 한쌍이다. 옆에서 웃으며 보던 장해설사는 혜화문 주변에 들끓던 새들을 물리치기 위해 천장에 봉황을 그려 놓은 것이라고 설명한다.

　아름다운 봉황과 헤어지고 차가 쉴 새 없이 다니는 길을 건너 낙산으로 향했다. 그 이름대로 낙타 등같이 봉긋 솟은 낙산(駱山)에 들어서자 곱게 물든 단풍이 시선을 빼앗는다. 성곽의 높이는 4.5m. 거뭇거뭇한 성곽의 돌은 600년의 세월을 이겨내며 이 자리를 지켰으리라. 손은 차가운 성곽을 쓰다듬고 발은 푹신한 흙을 느끼며 눈은 성곽 동쪽을 바라본

다. 한성대학교 옆으로 수십년은 된 듯한 낡은 주택들이 다닥다닥 붙어 있다. 흥미로운 건 성곽에서 몇 미터 떨어지지 않은 곳까지 주택이 들어서 있는 것이다.

"낙산의 성곽 주변은 2000년대 들어서 정비됐어요. 지금 걷고 있는 이 길도 원래는 주택이 있던 곳이에요. 오래 전엔 성곽의 돌을 집 짓는 데 쓰기도 했다네요."

해설사의 설명을 듣고 다시 성곽을 보는데 구간에 따라 쌓아올린 양식이 조금씩 다르다. 메주 그기의 돌을 아래에 쌓고 그 위로 작은 돌을 차근차근 쌓아올린 부분은 세종 4년(1442년)의 것. 가로·세로 약 6cm 크기로 매끄럽고 각지게 다듬은 돌을 벽돌 쌓듯이 견고하게 축조한 부분은 숙종 30년(1704년)의 것이란다. 한데 맨 윗부분은 돌이 하얗고 깨끗하다. 장 해설사는 "박정희 대통령 시절에 복원한 것"이라고 설명한다.

성곽에 관한 이런저런 설명을 듣다 보니 어느새 낙산 꼭대기. 서울 시내 전경이 시원하게 펼쳐진다. 해설사가 손가락으로 하나씩 가리키며

내사산을 알려주고, 그 바깥을 외사산(外四山)인 아차산·덕양산·관악산·북한산이 둘러싸고 있음을 설명한다. 내사산과 외사산이란 천혜의 장애물이 옛적 외적의 침입을 막아주는 역할을 한 것이다.

이윽고 성곽을 따라 걸어 내려간다. 정순왕후가 남편 단종이 묻힌 강원영월을 바라보며 통곡했다는 동망봉, 광복 후 이승만 대통령이 기거했다는 이화정, 한국전쟁 후 복구사업으로 건설한 다다미 주택, 이화동의 벽화거리 등을 지나며 그 사연을 듣다 보니 어느새 흥인지문이 보인다. 혜화문뿐 아니라 흥인지문도 주변의 성벽은 온데간데없고 도로 위에 홀로 애처롭게 서 있다. 일제강점기 때 모두 해체됐기 때문이다. 흥인지문에서 10분 정도 걸으니 보이는 광희문도 마찬가지다. 길 건너 덩그렇게 서 있는 광희문을 바라보는데 해설사가 '퇴계로 347-1' 도로명이 적힌 벽을 가리킨다. 지금은 스포츠 용품 가게의 벽이지만 원래는 성곽의 일부라고 한다.

'아, 성곽이 이 땅을 지키더니 끝내는 이 땅의 사람을 위해 자신의 몸까지 바치는구나' 하는 안타까운 생각이 든다. 하지만 서울시를 비롯해 많은 사람들이 성곽을 복원하기 위해 애쓰고, 유네스코 세계문화유산 등재도 진행 중이라는 해설사의 설명을 듣고 가슴을 쓸어내렸다.

어느덧 땅거미가 깔렸다. 광희문을 뒤로 하고 아쉬운 발걸음을 뗐다. 다음엔 숭례문(남대문) 방면을 둘러보자고 생각하면서.

성곽 시설물 제대로 알고 즐기자

모르고 보면 평범한 유적이지만 알고 보면 역사 속 전투의 한 장면이 눈앞에 펼쳐지는 성곽. 그러니 성곽 구경 나서기 전 성벽과 성문 등 주요 시설물 정도는 알고 가는 게 어떨까.

우선 성곽의 핵심, 성벽부터 살펴보자. 성벽은 크게 체성(體城)과 여장(女墻) 두부분으로 나뉜다. 체성은 적의 공격을 막아내는 성벽의 두꺼운 몸체이고, 여장은 그 위에 쌓은 낮은 담이다. 이러한 성벽에는 적의 공격에 효과적으로 대응할 수 있는 다양한 시설이 마련돼 있다. 체성에는 바깥으로 뜨거운 물이나 기름을 흘려보낼 수 있는 현안(懸眼)이 있어 성벽에 바짝 접근한 적을 공격할 수 있다. 또 여장에는 적을 쏘기 위한 구멍인 총안(銃眼)이 뚫려 있다.

성벽을 따라 걷다 보면 중간중간 바깥으로 돌출된 부분을 발견할 수 있다. 이를 치(雉)라고 하는데 대부분 ㄷ자 모양이다. 적이 성벽에 접근했을 때 정면과 좌우 측면, 즉 삼면에서 공격할 수 있게 만든 시설이다. 치보다 훨씬 더 길쭉한 모양의 용도(甬道)는 산봉우리 같은 전략상 요충지를 성내에 포함시켜야 할 때 성벽의 일부를 길게 돌출된 모양으로 지은 시설이다.

성 내외로 드나들 수 있는 공식적인 통로는 성문이다. 성문의 상부에는 문루(門樓)가 있고, 하부에는 문구부(門口部)가 있다. 문루는 문 위에 있는 누각이고, 문구부는 실제 문짝이 달린 출입구라고 보면 된다.

성문은 적의 공격이 집중되는 곳이기 때문에 이를 보호하기 위한 여러 시설물이 필요하다. 그중 성문에 접근한 적을 독 안에 든 쥐로 만드는 것이 옹성(甕城)이다. 옹성은 성문을 보호하도록 문구부 주위에 한번 더 둘러친 성벽으로 반원 모양이 일반적이다. 따라서 옹성에 들어온 적은 사방에서 공격을 받게 된다. 또 성문 좌우에 있는 치는 적대라고 하는데, 이곳에서도 적을 공격할 수 있다. 그런데 성벽을 잘 살펴보면 문루나 적대가 없어 눈에 띄지 않는 문도 있다. 은밀하게 성 내외를 출입하거나 성문 간 간격이 너무 넓을 때 이용하기 위해 마련된 암문(暗門)이 그것. 이는 최대한 적이 알아보지 못하도록 성벽이 급격히 꺾이는 곳에 위치하는 편이나.

성곽이 들려주는 이야기 속으로

성곽은 단순한 돌무더기가 아니다. 성곽에는 예로부터 전해 내려온 설화 같은 이야기들이 서려 있기 때문이다. 그 이야기들 덕분에 현대를

전북 고창읍성의 성밟기놀이(사진=고창군)

사는 우리가 성곽과 어우러진 당시의 풍경을 그려볼 수 있다. 그럼 성곽에는 어떤 이야기들이 있을까.

성곽에는 축성과 관련된 이야기들이 많다. 오누이나 남녀 등이 힘겨루기 차원에서 성을 쌓았다는 내용이다. 전북 고창의 고창읍성(모양성)과 서산산성(서산고성)의 축성설화도 그중 하나다.

옛날에 남자와 여자가 두 패로 나뉘어 성쌓기 내기를 했단다. 여자들은 평지와 산으로 이뤄진 고창읍성, 남자들은 거기서 멀리 떨어지지 않은 성틀봉의 서산산성 축성이 목표였다.

그 시절에도 남자들은 자신들의 힘을 과신했던 모양이다. 여자들이 결코 자신들을 이길 수 없다며 날마다 여흥을 즐기느라 성 쌓는 일을 게을리 했다. 반면 힘이 약한 여자들에게는 신체적 힘보다 더 강력한 꾀가 있었다. 남자들 편에서 보이는 쪽에는 손을 대지 않고 오히려 장구 치며 노는 것처럼 꾸미고, 보이지 않는 곳에 부지런히 성곽을 쌓았다. 성곽이 완성될 무렵 남자들이 이를 알고 부리나케 서둘렀지만 이미 늦었다. 여자들이 성을 완성하고 만세를 부르자 남자들은 한탄하며 성 쌓기를 포기했다. 그때 버리고 간 돌들이 쌓여 고인돌이 됐다는 것이다.

더불어 고창읍성에서는 성밟기(踏城·답성)놀이가 지금도 이어지고 있다. 윤년 윤달에 부녀자들이 머리에 돌을 이고 성곽 능선을 따라 밟으며 줄지어 도는 풍속이다. 그 시기가 되면 고창읍성에서 저승 문이 열려 극락세계에 갈 수 있다는 것. 성을 한바퀴 돌면 다리의 병이 낫고, 두바퀴 돌면 무병장수하고, 세바퀴째엔 극락왕생한다는 속설에서 이 풍속이 계승됐다고 한다. 극락세계에 대한 열망은 그때나 지금이나 별반 다르지 않은 셈이다.

신라 제5대 임금 파사왕 때 완성된 것으로 추정되는 경기 여주 파사산성의 축성설화 역시 비슷하다. 당시 남녀 두 장군이 내기를 했다. 남자는 나막신을 신고 중국을 다녀오고 그동안 여자는 성을 쌓는데 누가 먼저 끝내는가 하는 내기였다. 결국 남자가 먼저 중국에서 돌아오는 바람에 이 산성이 완성되지 못했다고 한다.

축성에 관한 다른 이야기도 찾을 수 있다. 고구려가 쌓은 충북 단양의 온달산성에는 슬픈 이야기가 전해내려 온다. 평강공주와의 사랑으로 유명한 온달장군이 이 산성에서 신라와 맞서 싸우다 전사했다. 병사들이 온달의 유해를 옮기려 했지만 꼼짝하지 않았다. 이때 소식을 듣고 달려온 평강공주가 관을 어루만지며 말했다.

"죽고 사는 것은 이미 결정됐으니 이만 돌아갑시다."

평강공주가 달래자 그제서야 관이 움직였더란다.

혹시 성곽에 갈 기회가 있다면 이런 이야기들을 떠올려보시라. 우리네 선조들의 삶과 희망 등등을 엿볼 수 있을 테니 말이다.

성곽 나들이 떠나볼까

강산이 셀 수도 없이 변할 동안 변치도 않고 그 자리를 지켜온 성곽. 또 한번 강산이 바뀌는 계절. 묵묵히 서 있는 그것을 향해 발길을 옮겨보는 건 어떨까.

한번도 함락당한 적 없는 천혜의 요새. 신라 문무왕 때 축성돼 조선시대를 거쳐 현재까지 견고함을 뽐내고 있는 남한산성(경기 광주시 중부면) 얘기다. 축성기술의 시대별 특징이 드러나는 성벽부터 국내에서 유일하게 종묘와 사직을 모두 갖춘 행궁까지, 그 명성만큼이나 살펴볼 만한 것들이 많다. 성벽을 따라 걷는 다양한 탐방코스도 마련돼 있는데 그중 산성의 중심인 종로에서 시작해 북문–서문–남문을 지나는 길은 어르신이나 아이가 걷기에도 무리가 없다.

오늘 저녁엔 '성곽의 꽃'을 보러 가보자. '성곽의 꽃'은 조선 정조 때 당대 최고 수준의 축성기술로 쌓은 수원화성(경기 수원시 장안구)의 별칭이다. 실용성뿐 아니라 뛰어난 조형미까지 갖춘 수원화성은 밤이 되면 은은한 조명과 함께 더욱 고즈넉한 분위기를 자아낸다. 누각과 7개의 석조 아치로 이뤄진 화홍문 아래로 수원천이 흐르는데 여기에 오색빛 조명이 더해진 모습은 수원화성 야경의 백미다.

호로고루(경기 연천군 장남면)는 높이 10m가 넘는 주상절리가 임진강

고모산성(사진=문경시)

과 맞닿아 자연성벽 역할을 하는 독특한 성이다. 강과 접하지 않은 쪽에는 현무암으로 쌓은 성벽이 있다. 성곽의 규모는 그리 크지 않지만 임진강과 함께 고구려의 국경을 사수하는 군사적 요충지였다. 성에 오르면 시원하게 흐르는 임진강 하류는 물론 경기 북부의 최대 무역항이던 고랑포구도 조망할 수 있다.

마로산성(전남 광양시 광양읍)은 산의 정상부에 위치해 사방을 굽어볼 수 있는 산성. 과거에는 주변 지역을 감시하기에 안성맞춤이었던 성이 지금은 탁 트인 전망을 선사하는 곳이 됐다. 남쪽으로는 광양만과 순천의 왜성, 북서쪽으로는 광양읍과 서천(西川), 남동쪽으로는 광양 · 진주간 남해고속도로가 펼쳐진다. 성내에서는 물을 모아두던 집수정과 원형 그대로 보존돼 있는 우물지 등을 볼 수 있다.

고모산성(경북 문경시 마성면)은 산성 정상에 오르면 문경 8경 중 제1경인 진남교반이 한눈에 들어온다. 진남교반은 기암괴석과 푸른 영강, 강을 가로지르는 교량들이 어우러져 절경을 이루는 곳이다. 산성에서 이어지는 벼랑길인 토끼비리를 걸으면서 영강 일대의 경치를 감상하는 것도 좋다. 산성 자체도 임진왜란 때 성이 텅 빈 줄 모르고 겉모습만 보고 왜군이 진군을 주저했다는 일화가 전해질 정도로 규모가 크다.

별방진(제주 제주시 구좌읍)은 제주에 흔한 돌담처럼 보이지만 엄연한 성벽이다. 지금은 더없이 평화로운 섬인 제주도도 조선시대 때는 바람 잘 날이 없었다. 왜구의 잦은 침입 때문. 그래서 조선 중종 때 제주 해안가에 쌓은 진성 중 하나가 별방진이다. 별방진 길을 따라 걸으면서 푸른 하도리 해안과 문주란으로 유명한 토끼섬의 풍광을 감상할 수 있다.

몽촌토성(서울 송파구 오륜동)은 도심 한가운데에 있는 한성백제의 토성이다. 올림픽공원 내에 있어 가족과 함께 산책하기에 좋다. 옛 백제성의 모습도 잘 보존돼 있다. 적의 접근을 막으려고 성 둘레에 파놓은 못인 해자, 나무로 만든 울타리인 목책, 흙을 이용해 주변보다 높게 쌓은 성벽인 토단 등을 살펴볼 수 있다.

2013년 11월 4일 기사

손영식 문화재청
문화재위원에게 듣는
성곽 이야기

● 경기 성남시 분당구의 개인 연구실에서 만난 손영식 문화재청 문화재위원(67). 그는 "우리 민족이 고조선 시대부터 1000번 이상의 외침을 막을 수 있었던 것은 성곽 덕분"이라며 "우리 성곽의 역사는 한나라 무제의 공격을 1년 이상 버텨낸 고조선의 왕검성에서 시작된다"고 설명한다.

이후 고구려·백제·신라가 삼국통일을 위해 전쟁을 거듭하면서 각국은 나름의 축성기술을 발전시켰단다. "고구려는 석성을 주로 쌓되 두꺼운

"조선 성곽부터 원형대로 복원해 후세에 오래도록 전해야지요."

돌을 이용하고, 신라는 납작한 돌을 썼습니다. 반면 백제는 주로 토성을 축조했어요. 토성은 석성에 비해 품은 덜 들지만 적군이 경사진 성벽을 쉽게 기어오를 수 있다는 단점이 있죠. 하지만 토성의 방어력이 석성보다 떨어진다고 단언할 수는 없어요. 서울 송파구 풍납토성같이 높이 15m, 폭 30m 정도면 석성의 규모나 방어력을 훨씬 능가하니까요."

삼국통일 후 전쟁이 줄자 성곽은 자연히 조악해졌다. 고려 말 무신 최무선(1325~1395)이 화약을 발명하고 화포를 개발한 이후엔 성곽의 높이마저 5m 정도로 낮아졌단다. 포환이 성곽을 자유롭게 넘나드는 상황에서 성곽을 10m 이상 높게 쌓을 필요가 없어졌기 때문이다.

조선은 세종 20년(1438) 〈축성신도(築城新圖)〉를 반포하며 성곽의 기본양식을 석성으로 삼았다고 한다. 토성은 무너지기 쉽고 관리가 힘들어서다. 또 임진왜란과 병자호란을 통해 성문 방어에 어려움을 겪은 조선은 성문 밖에 성벽을 한 겹 더 두른 옹성이나 성벽을 돌출시킨 치(雉) 등을 설치해 방어력을 높이는 양식을 취했단다.

우리 성곽은 백성들에게도 특별한 존재였다. 정권을 유지하기 위한 도구였던 중국이나 일본의 성과는 달리 유사시 백성들의 생명과 재산을 지켜주는 최후의 보루였고, 그 성곽 안의 백성들은 운명 공동체였다.

손 위원은 "선조들이 피땀 흘려 만든 성곽을 함부로 방치해선 안 된다"며 "충분한 사료가 남아 있는 조선 성곽부터 원형에 가깝게 복원해 후세에 전해야 할 것"이라고 당부한다.

추석

더도 말고 이날만 같아라

"추순이 아빠, 지금 뭐라고 했어요?"

엄마가 입안의 밥알을 튀기며 목소리를 높였다. 이번 명절은 외가댁에서 보내기로 했는데 아빠가 약속을 어긴 것. 분위기가 험악해져 나는 자리를 피했다.

"어쩌겠어. 어머니께서 차례는 지내고 가라시네. 추석날 아침 장모님 댁에 가면 안 될까?"

아빠가 다시 말하자 엄마는 말도 안 되는 소리라며 불같이 화를 낸다. 아빠는 어르고 달래다가 손가락 두 개를 펴 보인다. 엄마가 사자후를 토해내자 아빠는 마지못해 손가락 세 개를 펴 보인다. 그제야 엄마는 화를 누그러뜨린다. 손가락 개수는 아마도 명절 뒤에 엄마가 받을 선물의 금액인가 보다.

연휴 첫날 이른 아침에 출발했지만 귀성길 도로는 차로 가득하다. 휴게소를 다섯군데나 들른 끝에 할아버지 댁에 도착하니 저녁밥 짓는 냄새가 구수하다. 먼저 온 큰엄마가 반갑게 맞이한다.

"아이고, 추순아 오랜만이다. 그새 몰라보게 살이 쪘구나."

약이 올랐지만, 휴게소에서 간식을 많이 먹은 탓이라고 생각하며 웃어넘겼다. 큰아빠는 올해 몇살이냐고 묻는다. 올 설에도 같은 질문을 받았다. 좀 서운하지만 17살이라고 나지막이 말했다.

띵동띵동. 현관벨이 울리자 서울에서 공무원 준비 중이라던 사촌 오빠가 도착했다. 이번엔 엄마가 오빠를 반갑게 맞으며 "우리 장손 왔구나. 지난달에 시험 쳤다더니 어땠어? 이번엔 붙을 것 같아?"라고 묻는다. 아빠는 "낼모레면 서른인데 빨리 결혼이나 하라"며 눈치 없는 소리를 한다. 오빠는 얼굴이 흙빛이 되더니 방 한쪽 구석에 자리를 잡는다.

이윽고 저녁상이 나오자 모두가 한자리에 모였다. 이런저런 얘기가 오가다가 할아버지가 나에게 반에서 몇등 하냐고 묻는다. 5등이라고 답했다. 사실 뒤에서 5등이지만 공부 못하면 '잔말씀'이 길어질 게 뻔해 숫자만 같게 둘러댔다. 할머니가 머리를 쓰다듬으며 "우리 손녀, 나중에 판검사 되겠네?"라고 이야기를 한다.

'할머니, 저 이과예요. 공부 잘하면 의대 가서 의사가 되겠죠!'라고 답답함을 토로했다. 물론 속으로….

밥상을 물리자 아빠가 엄마에게 "술상 좀 봐오지?"라고 청한다. 엄

마는 눈을 흘기지만 할머니 눈치에 술상을 차려온다. 술이 서너순배 돌자 큰아빠가 "김 과장, 요즘 집값은 어때?"라고 물으며 아빠 속을 긁는다. 만년 과장인 아빠는 퇴직금을 당겨 받고 빚까지 더해 아파트를 샀다. 오를 줄 알았던 아파트 가격은 그 후 몇년 동안 줄줄 흘러내렸다. 큰아빠가 재테크로 알부자 된 무용담을 밤새도록 늘어놓고선 "그래도 퇴직 때까진 빚을 갚을 수 있을 것"이라며 덕담을 잊지 않았다. 그날 밤 아빠는 많이 취해버렸다.

추석날 아침이 밝았다. 차례를 지내자 큰엄마는 설거지할 생각은커녕 부리나케 친정에 갈 준비부터 한다.

"어머니, 늦게 출발하면 차 막혀요. 일찍 친정에 가볼게요."

"벌써 가게? 우리 아들 피곤하게 친정엔 뭘 하러 일찍 가?"

큰엄마의 선공을 할머니가 맞받아쳤지만 역부족이었다. 독불장군 큰엄마가 큰아빠와 사촌 오빠를 앞세우고 가버리자 온 집 안이 비어버린 듯했다. 할아버지와 할머니도 속이 상한지 아무 말이 없다.

엄마는 설거지를 마치고 방바닥을 손걸레로 닦으며 조심스레 눈치를 본다. 상황이 여의치 않자 점심을 간단히 차린다. 점심을 먹고 차까지 마시고선 떠나기에 이르지도 늦지도 않은 절묘한 시각에 "친정에 가겠다"고 운을 떼려는 순간.

"어절씨구 옹헤야! 저절씨구 옹헤야!" 할머니의 휴대폰 소리가 울렸다. 갑자기 얼굴에 화색이 돌고, 돌연 목소리가 밝아졌다.

"어미야, 추순이 고모랑 고모부가 온단다. 간만에 오는 거니 맛있는 것 많이 장만해 보자."

얼굴이 붉으락푸르락해진 엄마가 아빠를 노려보자 아빠는 손가락 다섯개를 폈다. 엄마는 고개를 끄덕이곤 한숨을 쉰다.

🥘 온가족이 즐겁게 추석 보내는 법

뿔뿔이 흩어졌던 가족들이 모여 경건한 자세로 조상의 음덕에 감사하는 차례를 지내고 가족의 의미를 되새기는 추석. 그런 만큼 모두가 기쁜 마음으로 보내는 게 무엇보다 중요할 터. 하지만 서로에 대한 배려 부족으로 불편한 명절을 보내는 이들도 적지 않단다. 우리 민족의 오랜 전통이자 가족 화합의 장인 명절의 명맥을 온전히 유지할 수 있을까 하는 우려가 나오는 이유다. 그래서 온 가족이 화목한 추석을 보낼 방법을 알아봤다.

명절에 유독 여자들이 '일만 하다 끝나는 것 같다'고 느끼는 이유가 있다. 음식 장만부터 시작해 추석 당일 차례를 지낸 후 차례상까지 치우고 나서야 친정으로 향할 수 있어서다. 게다가 길이 막히면 친정에 도착하는 시간은 더욱 늦어진다. 그런데 여기 어른들의 배려로 처갓집과 시댁을 번갈아 가면서 명절을 보내는 부부가 있다. 김기서씨(46·서울 동대문구 청량리동)는 "몇년 전부터 추석에는 우리 부부가, 설날에는 형님부부가 각자의 처가에서 명절을 보낸다"며 "아내와 형수님이 이전보다 한결 마음 편히 명절을 보낼 수 있어 좋아한다"고 설명했다.

남자들은 안방에 모여 텔레비전을 볼 동안 여자들은 음식 장만을 하고 아이들은 스마트폰 게임에 열중하는 게 요즘 추석 풍경이다. 그런데 남녀노소가 한자리에 모여 소통하는 것은 물론 음식 장만의 부담을 더는 방법이 있다. 전 부치기, 송편 빚기 등을 온 가족이 함께 하는 것. 추석이면 일가친척들과 모여 큰형님 댁에서 송편을 빚는다는 윤광석씨(43·전북 익산시 모현동)는 "어른·아이·남녀 할 것 없이 모두 둘러앉아 송편을 만들다 보면 그간 못했던 이야기도 자연스럽게 나누고 음식도 금세 완성된다"며 다른 가족들에게도 이런 시간을 가져볼 것을 권했다.

매년 이맘때 주부들을 대상으로 한 각종 설문조사에서 '명절이 싫은 이유'로 꼽히는 게 넘쳐나는 집안일이다. 그도 그럴 것이 대식구가 모이는 명절에는 매끼와 다과상을 차리고 치우는 것만 해도 적은 일이 아니기 때문. 8남매의 막내 아들이라는 조원표씨(50·경기 부천시 원미구)는 "음식을 준비하느라 힘든 아내를 위해 명절에는 여러 집안일을 거든다"며 "대학생·중학생인 두 아들에게도 좋은 교육이 되는 것 같다"고 말했다.

🌱 신과 인간, 인간과 인간이 어우러진 소통의 명절

"현대인은 철이 없습니다."

천진기 국립민속박물관장의 첫마디였다. '현대인이 철이 없다니? 요즘 사람들은 어른이 아니라는 뜻인가?' 이런 의문에 대한 그의 설명은 이랬다.

"어르신들은 보통 '어른이 됐다'는 뜻으로 '철 들었다'란 말을 쓰지요. 이때 '철'이란 씨앗을 뿌리고 수확하는 때, 즉 농사시기에 따른 계절의 변화를 가리키는 말이에요. 예전엔 그 철을 알아야 어른 대접을 했죠. 그런데 과연 현대인들은 그런 계절의 변화를 알까요? 그래서 철없는, 철모르는 현대인이란 표현을 쓴 겁니다."

그는 현대인의 표상인 보통의 직장인들을 예로 들었다. 주5일 근무하면 주말은 쉬고, 여름이면 휴가를 가는 게 이들의 대체적인 생활 흐름이다. 하지만 전통 농경사회에서는 휴일이 따로 없었다. 농사란 때를 놓치면 안 되는 일, 쉬고 싶을 때 쉴 수 있는 일이 아니었다. 이러한 농사일을 잠시 쉴 수 있는 날이 명절·봄농사가 끝나고 맞는 휴일이 5월 단오이고, 여름농사 끝내고 맞는 휴일이 백중이나 추석이었다. 이를테면 명절이 휴일 역할을 한 것이다.

"추석은 첫 수확물이 나오는 명절입니다. 곧 추수의 시작을 의미합니다. 따라서 수확을 다 끝낸 다음에 맞는 서양의 추수감사제와는 다르죠. 우리의 추석은 그해 처음 생산한 농산물을 사람이 먹기에 앞서 천지신명과 조상에게 제물로 바치는 날입니다."

천 관장은 엄밀하게 추석은 '첫 수확감사제'라고 규정했다. 그래서 떡 등 음식을 만들어 차례를 지내고 성묘하며 조상의 음덕에 감사드리는 명절이란다. 그리고 추석이 지나면 본격적인 가을걷이를 시작했다. '반보기' 풍습은 그런 연유에서 비롯됐다. 친정식구와 시집간 딸이 양편의 중간 지점에서 만나는데, 온전히 보지 못하고 반만 본다는 뜻이 담겨 있다. 추석이 지나면 본격적인 수확철이니 추석이라고 오래 볼수도, 오래 놀 수도 없었기 때문이리라.

그래도 추석은 일손을 놓고 쉬는 날이니 음식이 빠질 수 없다. 햇곡식과 햇과일 등 1년 가운데 먹거리가 가장 풍성한 때가 바로 추석이었다. 음식뿐만이 아니었다. 새옷에 대한 기대로 부푼 때도 역시 추석이었다. 설빔과 단오빔처럼 추석빔도 큰 즐거움이었다. 추석이 여름에서 가을로 넘어가는 시기이니 추석빔은 으레 추동복일 수밖에 없었다. 지금이야 1년 내내 새옷을 입을 수 있지만 그때는 추석 같은 명절이 아니고서는 엄두를 내지 못했다. 풍성한 음식과 새옷. 거기다 보기만 해도 배부른 곡식이 무르익은 들판. 그래서 '더도 말고 덜도 말고 한가위만 같아라'는 속담이 나왔으리라.

추석엔 풍년농사를 짓는 데 결정적인 역할을 한 동물에게도 감사를 표했다. 소놀음굿과 거북놀이 같은 민속놀이가 그것. 소놀음굿은 농사꾼에게 최고 일꾼인 소를 위로하는 놀이. 거북놀이는 비를 관장하는 용왕의 비서실장격인 거북에게 순조롭게 비를 내려줘서 감사하다는 마음을 전하는 놀이였다. 그리고 모두가 신명나게 어우러진 축제가 이어졌다. 놀이꾼과 구경꾼의 구분이 없었다. 그렇게 한바탕 축제로 농사의 피로를 풀고 힘을 북돋웠다.

"추석 때 오랜만에 친지와 친구, 주민들이 고향에 다 모이니 얼마나 즐겁겠어요. 먹고, 마시고, 즐기는 일만 남은 거죠. 놀이판, 소리판 등이 벌어지는 이유입니다. 그러니 추석을 손꼽아 기다릴 수밖에 없지 않겠어요."

어린 시절 그 역시 그랬다. 시골에서 태어나고 자란 그에게 당시 추석은 귀한 쌀밥에다 떡 같은 명절 음식을 배부르게 먹는 날이었다. 그는 부친이 형제 중에 셋째여서 큰집에 가서 명절을 지냈다. 그래서 친지들과 몇날 며칠을 어울리며 지냈던 추억을 아직도 잊지 못하고 있다.

하지만 그는 요즘 사람들에겐 추석이 고작 쉬는 날 정도의 의미에 그치는 것에 더해 오히려 부모를 슬프게 하는 것도 같아 무척이나 아쉽단다. 언젠가 그가 시골에서 겪은 일이다. 추석날 오후에 할머니가 혼자서 빨래하러 가더란다. 차가 밀린다고 자녀들이 차례를 지내자마자 후다닥 가버려 손자가 썼던 수건 등을 빨기 위해 빨래터로 향했던 것. 그런데 그

모습이 그렇게 안쓰러울 수가 없었단다. 여기까지는 그래도 괜찮았다. 할머니가 빨랫방망이를 두드리며 "추석이 참무정한 날이다"라고 한탄을 할 땐 정말 슬퍼지기까지 하더란다.

"요즘 들어 추석의 의미가 크게 퇴색한 게 아닌가 싶습니다. 물론 세월이 지나면 의미가 변할 수도 있겠지요. 하지만 추석에 왜 차례를 지내는지, 왜 조상의 음덕에 감사해야 하는지 정도는 알아야 하지 않을까요. 사람과 사람을 이어주고 가족의 소중함과 정을 다지는 계기로서의 추석. 그것이 우리가 계승해야 할 추석의 가치라고 믿습니다."

추석은 어찌 보면 신과 인간, 인간과 인간이 어우러진 소통의 명절이다. 소통은 이해를 낳고, 이해는 긍정을 낳는다. 오랜만에 만나는 부모와 친지들과 어우러지고, 농촌을 이해하고, 농업을 긍정하는 날로서의 명절이 오늘날 추석의 의미가 아닐까 싶다.

그래서일까. 그는 추석 때 5일 동안 국립민속박물관에서 추석을 주제로 한 민속축제를 열 계획이다. 민속놀이와 음식 체험 등 축제 때 선보일 다양한 프로그램도 착착 준비하고 있다. 철없는 현대인(?)을 철들게 하려고 말이다.

2013년 9월 9일 기사

여름나기

그 시절 선조의 지혜

유난히 더위를 잘 타는 김 과장. 더위가 바짝 독이 오른 요즘 같은 때엔 짜증부터 난다. '4계절 중에 여름을 뺀 3계절만 있어다오.' 바랄 걸 바라야겠지만 그게 김 과장의 솔직한 심정이다. 특히 오늘은 더 심했다. 줄줄 흐르는 땀을 참으며 외근을 마치고 사무실에 돌아왔건만 에어컨이 고장이었다. 선풍기 바람으로는 도저히 성에 차지 않았다. 평소 쥘부채를 갖고 다니는 옆자리 문 대리는 "그래도 시원해요"라며 부채 사용을 권했지만, 김 과장은 속으로 콧방귀를 뀌었다. '고작 부채바람으로 참 시원도 하겠다'고 말이다.

퇴근 후 집에 돌아오자마자 김 과장이 찾은 건 에어컨 리모컨이었다. 버튼을 막 누르려는 순간 아내가 한마디 했다. "당신이 하도 에어컨을 틀어대니까 애들이 냉방병에 걸렸잖아요!" 그러나 한귀로 듣고 한귀로 흘리는 김 과장이었다. 시원한 기운과 저녁식사 후의 포만감 때문일까. 김 과장은 자신도 모르게 스르르 잠이 들었다.

숲이었다. 갓 쓰고 저고리 위에 두루마기까지 갖춰 입은 한 무리의 선비들이 계곡가에 모여 앉았다. 호기심이 생긴 김 과장은 근처 나무 뒤에 숨어 훔쳐보기 시작했다. 부채를 부치며 이태백이 어쩌니 두보가 저쩌니 어느 시가 고졸(古拙)하다느니 하며 토론을 이어갔다. 그리고 누군가가 운을 띄우면 옆에 있던 선비가 시로 화답하는 것이었다. 분위기가 무르익자 누가 먼저랄 것도 없이 버선을 벗고 계곡물에 발을 담그며 "어 시원타!"를 연발했다.

"더위를 쫓아내는 데는 뭐니뭐니해도 탁족(濯足)이 최고일세그려."

"어허, 이보게. 선비의 피서법으로는 자고로 산행이 으뜸이네. 퇴계이황과 더불어 영남학파의 양대 산맥이라 불리는 남명 조식 선생 있잖은가. 조식 선생이 한여름에 더위를 피할 겸 제자들과 함께 지리산 산행에 나서 학문을 논했던 일을 알지 않는가. 자고로 산행이야말로 진정한 선비의 피서란 말일세. 어떤가, 우리도 산행에 나서봄이."

모두가 고개를 끄덕이는 순간, 근처에서 왁자지껄한 소리가 들려왔다. 김 과장이 소리를 따라 가보니 웃통을 벗어젖힌 남정네들이 멱을 감고 천렵을 하고 있었다. 첨벙첨벙, 보기만 해도 시원했다.

'잡은 물고기로는 이열치열 음식인 매운탕을 끓이려나.'

돌아가는 발걸음이 가벼운 그네들을 따르던 김 과장의 눈에 모정(茅亭)이 들어왔다. 초가를 얹은 마을의 정자인 모정에서 선선한 바람을 맞으며 평민들이 누워 자거나 한가로이 담소 중이었다. 무더위가 모정만큼은 비켜가는 것 같았다.

그리고 김 과장의 발길이 닿은 어느 한옥. 대청마루에서 목침을 베고누워 무언가를 껴안아 오수를 즐기는 양반이 있었다. 살금살금 다가가보니 품에 안긴 것은 죽부인이었다. 장난기가 동한 김 과장은 양반의 콧수염 한가닥을 잡아당겼다. 하지만 입술만 실룩댈 뿐 얼마나 시원한 잠에 빠졌는지 도통 깨어날 기색이 아니었다. 김 과장도 죽부인을 구할 수 있었다면 그 옆에 드러눕고 싶은 마음이었다.

어스름이 깔릴 무렵 우물가 근처에서 김 과장은 아들이 두레박으로 물을 퍼내 아버지의 등에 물을 끼얹는 광경을 목격했다. 아버지는 "어이구 차가워!"를 연발하면서도 등목을 멈추지 않았다. 부자를 쫓아가 도착한 곳은 누옥(陋屋)이었다. 멍석을 깔고 쑥으로 모깃불을 피우고 나

서 아이들이 멍석 위에 눕자 어머니가 옛날이야기를 들려주기 시작했다. 심청이 이야기일까, 흥부 놀부 이야기일까. 어머니가 살랑살랑 부쳐주는 부채바람이 이야기를 들으며 별들을 바라보던 아이들을 꿈나라로 이끌었다. 김 과장은 자신도 모르게 어머니에게 불쑥 물었다.

"이곳엔 냉방병이 없겠네요."

"무슨 병? 그게 마마요, 천연두요? 그런데 당신 누구요?"

'아차' 싶었던 김 과장이 퍼뜩 일어나보니 집 안이었다. 잠시 정신을 추스른 김 과장은 에어컨을 껐다. 그리고 내일 당장 부채 하나 장만하기로 작정했다.

🐝 선조들의 지혜로운 피서법

선풍기나 에어컨이 없던 시절에도 선조들은 장작불이 이글거릴 정도인 홍염(烘炎)의 무더위를 잘 넘겼다. 그 비결은 무더위에 당당히 맞섰던 데 있다. 선조들의 피서법을 배워본다.

다산 정약용은 더위를 잊기 위한 선조들의 놀이를 〈소서팔사(消暑八事)〉라는 시를 통해 잘 소개하고 있다. 이 시는 더위에 대처하는 선조들의 능동적이고 여유로운 모습을 보여준다. 내용은 소나무 숲에서 활쏘기, 나무 그늘 아래에서 그네타기, 강변의 누각에서 투호 놀이하기, 대자리에서 바둑 두기, 연못에서 연꽃 구경하기, 숲에서 매미 소리 듣기, 비 오는 날 시 짓기, 달밤에 발 씻기 등이다.

선조들은 여름철 습하기 쉬운 몸을 햇볕과 시원한 바람으로 말리는 풍즐거풍(風櫛擧風)을 즐겼다. 햇살이 내리쬐는 여름날 깊은 산속에 들어가 겨드랑이나 사타구니 등을 드러내며 자연을 즐겼던 것이다. 오늘날의 삼림욕과 비슷한 방법을 선조들이 앞서 실천한 셈. 이와 함께 이인상·윤두서 등 조선 후기 유명했던 문인화가들이 즐겨 그린 그림에서 알 수 있듯이 폭포수 아래에서 물을 직접 맞거나 바라보며 더위를 식히곤 했다.

삼복더위에 강가나 바닷가의 뜨거운 모래 속에 몸을 묻고 땀을 내는 것은 또 다른 즐거움이었다. 이를 모살뜸·사욕(沙浴)·사증(沙蒸)이라고도 일컫는다. 선조들은 모래사장에 구덩이를 만들고 들어가 겨드랑이, 사타구니, 손가락과 발가락 사이까지 모래가 닿도록 한 뒤 햇볕을 가린 채 하루 2~3시간에서 4~6시간 동안 모래찜질을 했다. 이렇게 하면 뜨거운 모래의 자극과 모래 속에 있는 유용한 균 덕분에 몸속의 노폐물이 제거돼 건강증진에 크게 도움이 됐단다.

더위를 이기는 데 먹거리를 빼놓을 수 없다. 선조들은 삼계탕이나 소고기육개장을 즐겼다. 또 냇가로 천렵을 가서 각종 물고기를 잡은 뒤 매운탕으로 끓여 먹기도 했다.

미꾸라지털레기도 그중 하나. 특히 이때 잡은 황쏘가리를 매운탕으로 끓여 노부모를 봉양했다고 해서 황쏘가리매운탕을 효자탕이라고 부르기도 했다.

조상님들 여름 소품의 자기 자랑

- 부채: 바쁘신 중에 다들 모이셨군요. N⁺(엔플러스)에서 멍석을 깔아 줬으니 모처럼 회포나 풉시다.

- 자리: 거 말 좀 가려서 합시다. 멍석 그 친구, 좀 험하게 자랐어도 우리 피붙이입니다.

- 부채: 까칠하시긴…. 아무튼 요즘 사람들, 툭하면 에어컨부터 찾아요. 우리 집안의 풍류라곤 전혀 모르더군요.

- 자리: 또 시작이십니다요. 그놈의 풍류 타령…. 가만있어도 땀이 흐르는데. 부채님 부치느라 또 땀을 흘리라고요?

- 모시옷: 집안 체면 생각해서라도 고만하세요. 부채님이야 예부터 단옷날 임금님 하사품이었을 만큼 지체 높은 집안 출신이고, 자리님도 일가 중 화문석이란 이는 몸값이 어마어마하잖아요.

- 부채: 그렇긴 하지요. 우리 집안이 삼국시대에 이미 귀족들 사랑을 듬뿍 받았고, 고려와 조선 때는 사신들 손에 들려 해외에도 진출했지요. 글깨나 쓰는 이들은 또 우리 몸에 시를 쓰고 난을 치고…. 〈TV쇼 진품명품〉에서 보셨지요?

- 자리: 우리 집안은 신라시대부터 석전(席典)이니 봉좌국(奉坐局)이니 하는 담당관청이 있었습니다. 고려 이후로는 화문석 그이의 명성이 나라 밖에까지 자자했지요. 〈진품명품〉 얘기가 나와서 말인데, 거기 가끔 '억' 소리나게 비싼 고관대작 영정이 나옵니다. 그 그림에서 바닥에 깔린 게 화문석 그이입니다그려.

- 모시옷: 우리 집안 이야기를 듣는 것 같네요. 우리도 고려 때 원나라에서 수출해 달라고 그리 졸랐다더군요.

- 삼베옷: 참 한가하십니다. 우리 집안 역시나 목화솜으로 옷 지어 입기 전엔 여름겨울 할 것 없이 가장 사랑받았지만, 그런 고릿적 얘기 하면 뭐합니까.

- 모시옷: 하긴…. 저나 삼베옷님이나 한벌 지어내기가 보통 일이 아니잖아요. 그러니 만들 사람이 점점 준다는 게 문제예요. 시원

죽부인

화문석

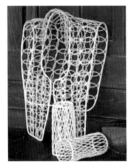

등등거리와 등토시

하기로는 우릴 따를 옷이 없는데도요.

– 삼베옷: 맞아요, 감촉 시원해, 바람 잘 통해, 땀 잘 말라…. 여름엔 우리가 최고죠.

– 등등거리: 암만 그래도 벗는 것보다 시원할까요. 하지만 함부로 벗을 수 없으니 등에는 저를, 팔에는 등토시님을 옷 안에 걸쳐서 바람이 통하게 한 거 아니겠습니까.

– 등토시: 비록 지금은 복식문화가 전과 달라 저나 등등거리님이 쓰일 데가 없지만, 이런 날씨가 계속되면 사람들이 우릴 다시 찾을 겁니다.

– 모시옷 · 삼베옷: 그러고 보면 두분은 우리랑 같은 운명이군요.

– 부채: 그런데 죽부인께선 왜 한마디도 안하십니까?

– 죽부인: 요즘 주인께서 밤마다 찾으시니 여간 피곤한 게 아닙니다.

– 자리: 제가 가까이서 지켜봅니다만, 주인은 시원할지 몰라도 부인께선 참 덥겠더군요.

– 죽부인: 그게 제 소임인데요. 주인 가시면 그 길로 수절해야 하는 제 운명, 계신 동안 꼬옥 품어주시는 것만으로도 족합니다.

– 부채: 아, 갑자기 덥네 더워! 마지막 서비스로 제가 춤 한번 출 테니 여러분은 바람 맞으며 땀 좀 식히세요.

2013년 7월 15일 기사

심상훈씨가
소개하는
탁족의 매력

"탁족 한번 같이 해 보실래요?
여름이 한층 시원해질 겁니다."

● 〈공자와 잡스를 잇다〉 〈책, 세상을 경영하다〉 등의 저서로 일반인들에게 고전읽기의 즐거움을 알리고 있는 심상훈씨(49).

그는 "계곡을 찾아 시원한 물에 발을 담그고 〈논어〉〈맹자〉 등을 읽는 것은 여름에 맛볼 수 있는 특별한 재미"라고 말했다. 실제로 그는 매주 토요일 제자 등과 함께 〈논어〉를 읽으며 탁족을 실천하고 있다.

그가 즐겨찾는 탁족 장소는 서울 도심의 남산한옥마을 내 계곡과 청계천. 물론 경남 산청 지리산 대원사계곡이나 전북 무주 구천동계곡 등에 갈 수만 있다면 금상첨화일 것이란다. 하지만 탁족은 그리 맑지 않은 물에서도 사람들과 즐길 수 있어 더욱 매력적이라는 게 심씨의 설명.

"옛말에 탁영탁족(濯纓濯足)이라고 해서 깨끗한 물에 갓끈을 씻고, 탁한 물에 발을 담근다고 했습니다. 탁족은 맑은 물이 아니더라도 즐길 수 있다는 뜻이죠. 그리고 무엇보다도 탁족은 남녀노소가 언제 어디서나 함께하며 즐길 수 있다는 게 장점입니다."

심씨는 소서에도 남산한옥마을을 찾았다. '피금정'에서 처음 보는 사람들과도 격의 없이 이야기하고, '망북루' 옆의 작은 계곡에서는 스스럼없이 발을 담갔다.

"흐르는 물에 발 담그고 시 한 수를 나눌 수 있다면 무더위가 기승을 부려도 근심이 없습니다."

심씨는 그러면서 중국 백거이의 시 〈대주(對酒)〉를 읊었다.

와우각상쟁하사(蝸牛角上爭何事 달팽이 뿔 위에서 무엇을 다투는가)
석화광중기차신(石火光中寄此身 전광석화처럼 짧은 삶이거늘)
수부수빈차환락(隨富隨貧且歡樂 부유하면 부유한 대로 가난하면 가난한 대로 즐거움은 있는 법)
불개구소시치인(不開口笑是痴人 입 벌려 웃지 않는 이는 어리석은 자로다)

왕릉

치유와 사색의 공간

　오백여년의 역사가 오롯이 간직된 타임캡슐 '조선왕릉'. 그중에서도 세종대왕과 소헌왕후를 함께 모신 경기 여주의 영릉(英陵)은 더욱 특별하다.

　비가 오락가락하는 날 영릉 인근 마을이 고향인 문화관광해설사 유옥분씨(59)를 만났다. 그녀는 추억의 공간으로 안내하며 10년간 쌓은 내공을 풀어놓기 시작했다.

　"왕릉은 한양 궁궐에서 하룻길인 100리 이내에 조성하는 것이 국법이었어요. 그런데 영릉은 하룻길의 두배가 넘게 떨어져 있었어요. 그럼에도 지리·천문·풍수에 밝은 신하 서거정은 한강 이남에 이곳보다 좋은 명당이 없다며 강력히 추천했다고 하더군요. 궁여지책으로 한강의 뱃길을 이용하면 하룻길이라는 논리를 내세워 결국 이곳에 세종대왕 능을 조성하게 됐다고 합니다."

　인간과 신의 세계를 구분하는 금천교를 지나 홍살문에 들어서니 정말로 신성한 분위기가 느껴지는 듯했다. 500여년의 세월을 버텨온 소나무는 천하의 명당임을 대변해 주는 것 같았다.

　"당시 능을 조성하는 데만 수십일이 소요됐다고 해요. 부역꾼 5000

명과 석공 150명이 동원됐는데, 이들이 소비한 쌀만도 2646가마 5말이라고 합니다. 심지어 1500명이 3교대로 35일 동안 상여를 옮겼다는 기록도 있어요."

정자각의 문을 통해 위를 바라보니 능침은 한폭의 풍경화 그 자체였다. 봉분을 떠받치는 커다란 혈자리의 오른쪽 가장자리 계단을 따라 올라갔다. 봉분 앞에는 장정 수십명이 붙어도 감당하기 어려운 혼유석 두개가 덩그러니 놓여 있었다. 마음을 가다듬은 뒤 혼유석 앞에서 고개를 숙였다. 해설사의 충고가 귓등을 스쳤다.

"본래 일반 묘에서는 상석 앞에서 인사를 드리지만, 왕릉을 찾을 때는 정자각에서 인사를 올리는 것이 예법에 맞습니다. 그만큼 아무나 올 수 없는 지엄한 자리였지요."

1392년 조선이 개국한 후 26년밖에 안 된 종묘사직을 20살 약관의 나이에 떠맡은 세종대왕. 왕조의 굳건한 토대를 다져야겠다는 결심은 재위 32년 동안 훈민정음 창제, 6진 개척, 측우기 제작 등의 위대한 업적과 따뜻한 애민 정치로 이어졌다. 해설사의 목소리에 더욱 힘이 들어갔다.

"영릉은 손자인 예종이 1469년 즉위하자마자 헌릉 태종 곁에 묻힌 세종대왕을 이곳에 옮긴 것으로, 혼란했던 왕조의 안녕을 간절히 바라는 염원이 담겨 있다고 해요."

'육신은 소멸했으나 행장(行狀)은 불멸'이라는 말이 가슴에 와 닿았다. 특히 영릉을 비롯해 조선의 모든 왕릉은 조성내역이 기록으로 남은 세계 유일의 사례다. 또한 풍수를 바탕으로 자연과 완벽한 조화를 꾀하는 등 조상들의 지혜가 그대로 녹아 있다. 덕분에 2009년 유네스코 세계문화유산으로 선정됐다. 이곳에서 만난 박계순씨(54·여·경기 용인)는 "마음의 안식을 위해 이곳을 자주 찾는다"고 말했다. 자녀들과 함께 영릉에 온 유영씨(33·여·서울 강동)도 "일상으로부터 벗어나는 시간 여행을 온 것 같다"며 즐거워했다.

오랫동안 원형은 그대로 유지하며 권위와 통치이념을 상징적으로 보여줬던 조선왕릉은 이제 사색·성찰·치유의 공간으로 승화하고 있었다.

조선왕릉 시설, 명칭과 의미는?

신들의 정원에 머물렀던 조선왕릉이 국민들에게 한층 친숙한 공간으로 탈바꿈하고 있다. 지엄했던 공간이 세계문화유산 등재 등을 계기로 이제는 삶을 풍요롭게 할 뿐만 아니라 치유의 공간으로 거듭나는 것이다. 언뜻 보면 복잡하지만 구조와 의미를 이해하면 흥미를 더할 터. 조선왕조 500여년 동안 기본골격을 그대로 유지했던 왕릉 상설도에 기초해 구성 요소의 명칭과 의미를 알아보고 왕릉 기행을 떠나보면 어떨까.

- 곡장(曲墻) 왕릉을 보호하고자 삼면을 둘러친 담장.
- 능침(陵寢) 왕이나 왕비의 봉분, 이를 둘러싸는 병풍석, 빗물이 흐르는 난간석 등으로 구성.
- 석양(石羊) 돌로 만든 양 모양의 수호신으로, 죽은 이의 명복을 빌며 사악한 것을 물리침.

홍살문

장명등

무인석

정자각

- 석호(石虎) 돌로 만든 호랑이 모양의 수호신으로, 능침을 지킴.
- 혼유석(魂遊石) 일반인 묘의 상석에 해당하는 것으로, 정자각에서 제를 올릴 때 혼령이 머무는 곳.
- 망주석(望柱石) 육신과 분리된 혼이 멀리서 망주석을 보고 봉분을 찾을 수 있도록 하는 표지석.
- 장명등(長明燈) 왕의 장생발복을 기원하는 뜻의 등으로, 팔각형이었다가 숙종 명릉 때부터 사각형이 됨
- 문인석(文人石) 왕명을 받드는 문신을 의미하며, 홀(笏)을 들고 있음.
- 석마(石馬) 문인석과 무인석이 대동하는 말.
- 무인석(武人石) 문인석 아랫단에서 왕을 호위하고자 장검을 짚고 있음.
- 산신석(山神石) 장사 후 3년간 후 토신(땅을 관장하는 신)에게 제사를 지내는 곳.
- 예감(瘞坎) 제향 후 축문을 태우던 곳으로, 석함이라고도 함.
- 비각(碑閣) 왕의 생전 업적을 기록한 비석을 안치하는 곳.
- 정자각(丁字閣) 제향을 올리는 곳으로, 황제는 일(日)자 모양으로 만들고, 왕은 정(丁)자 모양으로 조성.
- 참도(參道) 홍살문에서 정자각까지 폭 3m의 길. 왼쪽에 조금 높은 길은 혼령이 다니는 신도(神道), 오른쪽의 낮은 길은 제향을 지내는 임금이 다니는 어도(御道)라고 함
- 수복방(守僕房) 능을 지키는 종이 머무르는 곳.
- 수라간(水刺間) 제향음식 차리는 곳.
- 배위(拜位) 홍살문 옆에 3.3㎡정도로 돌을 깔아 놓고, 이곳에서 4배를 하며 제향을 올리러 온 것을 알림.
- 홍살문(紅箭門) 능·원·사당 앞에 세워 신성한 곳임을 표시. 붉게 칠한 기둥 2개를 세우고 그 위에 살을 박아놓음.
- 금천교(禁川橋) 왕릉 앞에 흐르는 금천에 놓인 다리로, 속세와 성역의 경계를 뜻함.
- 재실(齋室) 능 제사 준비를 하고, 왕릉을 관리하던 능참봉이 상주하는 곳.

🏛 왕의 무덤, 이것이 궁금하다

조선시대 무덤은 그 주인공의 신분에 따라 명칭이 다르다. 능(陵)은 왕이나 왕후의 무덤을 일컫는다. 왕세자나 왕세자빈, 왕을 생산한 후궁의 무덤은 원(園)이라 한다. 묘(墓)는 왕족이나 사대부, 일반 서민의 무덤을 말한다. 이 때문에 왕에서 군으로 격하된 연산군과 광해군의 무덤은 '연산군묘' '광해군묘'라 부른다.

왕이나 왕후가 승하하면 '국장도감'이라는 임시 장례위원회가 꾸려진다. 여기서 능호(陵號·능의 이름)를 몇 가지로 추리면 차기 왕이 그중 하나를 선택한다. 능호는 개인적인 품성을 바탕으로 정해진다. 그래서 몇몇 능호는 애틋한 사연을 품고 있다. 한살 연하의 남편 단종이 17세의 나이로 승하하자 82세로 세상을 떠날 때까지 남편을 사모한 정순왕후의 능호는 사릉(思陵)이다.

조선의 왕은 모두 27명. 하지만 2009년 유네스코 세계문화유산으로 등재된 조선왕릉은 모두 40기다. 왜일까? 연산군과 광해군의 무덤은 능이 아닌 묘라서. 정종의 후릉은 북한 땅인 개성지역에 있어서 제외됐다. 즉, 남한에 있는 왕의 능은 모두 24기로, 여기에는 왕후와 함께 묻힌 합장릉이나 나란히 묻혀 같은 능호를 쓰는 경우가 포함된다. 왕과 따로 묻힌 왕후의 능은 모두 12기인데, 이 가운데 태조의 원비인 신의왕후의 제릉 역시 개성 지역에 있어 제외됐다. 그리하여 왕후의 능이 모두 11기. 여기에 27대 왕의 계보에 포함되지 않지만 사후 추존된 왕(왕후 포함)의 능이 5기가 있다. 이를 합한 40기가 현재 남한에 남은 조선왕릉 전체의 숫자다.

🏛 조선왕릉에는 어떤 사연이 있을까

역사를 모르면 의미 없는 봉분이고 흔히 있는 석상일 뿐이다. 하지만 그곳에 깃든 사연을 알면 생생한 이야기가 펼쳐진다. 아는 만큼 보이는

효릉

조선왕릉. 그중 몇 곳을 소개한다.

역대 왕릉 중 태조의 건원릉(健元陵) 봉분만 억새풀로 떼를 입혔다. 건국의 위업을 이룬 이의 능치고는 볼품없어 보일 수 있지만 이는 그의 소망이 반영된 것이다. 왕자의 난 이후 왕위를 물려준 태조는 고향인 함흥에서 세월을 보냈고 그곳에서 영면하길 원했다. 하지만 후손들이 성묘 때문에 왕실을 오래 비울 수는 없는 노릇. 아들인 태종은 경기 구리에 건원릉을 조성하고 함흥에서 가져온 흙과 억새풀로 봉분의 떼를 입히는 것으로 태조의 넋을 달랬다.

가장 어린 나이에 죽은 단종의 장릉(莊陵)은 개성에 있는 2기를 제외하면 수도권 밖 유일한 왕릉으로 강원 영월에 있다. 단종은 12세에 왕위에 오르나 15세에 수양대군에 의해 폐위된다. 이후 영월에 유배되고 17세에 쓸쓸히 생을 마감한다. 후환이 두려워 아무도 장례를 치르지 않자 향리 엄흥도가 버려진 단종의 시신을 찾아 암장한다. 장릉은 후대에 다시 수습됐으나 병풍석과 난간석이 없고 석물 역시 왜소하며 수가 적다. 단종을 위해 죽은 충신들의 제례도 매년 있다. 이들의 신위는 능역 안 장판옥에 모셨다.

최단 기간 재위한 인종의 효릉(孝陵)을 보자. 효성 깊은 인종은 아버지 중종이 죽자 식음을 전폐할 정도로 슬퍼했다. 태생이 허약한 데다 장례를 치르면서 기력을 소진해 왕위에 오른지 9개월도 되지 않은 31세에 눈 감았다. 효릉은 광복 후 개발로 인해 능역이 많이 훼손됐다. 이러한 이유로 세계문화유산 신청 과정에서 제외될 뻔했다. 하지만 조선왕릉이 연속 유산으로 인정받으려면 모든 능이 포함돼야 유리하다는 의견에 따라 신청에 포함돼 등재된다. 인종의 봉분과 달리 인성왕후의 봉분엔 병풍석이 생략됐다.

최장 기간 왕위에 있은 영조의 원릉(元陵)과 홍릉(弘陵)은 어떨까. 영조는 애초 첫번째 왕비인 정성왕후의 능인 경기 고양의 홍릉에 묻히길 바랐다. 정성왕후의 봉분 옆을 비워뒀고 석물 또한 이를 의식해 배치했다. 하지만 영조가 약 52년의 재위 후 83세에 일기를 다하자 경기 구리에 원릉이 조성된다. 사도세자의 아들인 정조의 뜻인지 두번째 왕비인 정순왕후의 뜻인지 알 수 없다. 영조보다 51세 연하인 정순왕후는 29년 후에 영조 곁에 안장된다. 이 때문에 원비인 정성왕후의 홍릉 한쪽은 지금도 비어 있다.

마지막으로 황제 · 황후가 잠든 홍릉(洪陵)은 명성황후가 1895년 을미사변으로 세상을 떠나자 고종이 서울 동대문구 청량리에 만들었다. 이후 고종이 1919년 승하하자 경기 남양주에 새롭게 능이 조성되고 기존의 홍릉도 옮겨와 합상된다.

황제릉인 홍릉은 명나라 태조의 효릉을 따랐다. 규모가 큰 침전이 정자각을 대신하고 봉분 주변을 지키던 석물은 자리를 옮겨 참도 좌우에 배치됐다. 이전 왕릉에서 볼 수 없던 기린 · 코끼리 · 사자 등의 석물이 놓였다.

2013년 6월 10일 기사

조선왕릉
전문가
이창환 교수

● "광릉(光陵)·건릉(健陵)·홍릉(洪陵)의 공통점이
무엇인지 아세요?"

강원 원주에 소재한 상지영서대학에서 조경학을
가르치는 이창환 교수(58·도시인테리어과). 그는
질문의 답이 다름 아닌 '갈비'라고 알려준다. 왕실
이 제례를 하면 소를 잡는데 고기는 손바닥만큼만
쓰고 나머진 백성에게 나눠줬단다. 광릉 인근의 포
천, 건릉 부근의 수원, 과거 홍릉이 있던 서울 청량
리에선 고기를 자주 먹을 수 있었고 관련된 음식
문화도 발달됐다는 것.

"조선의 왕릉은 주변국과 달리
자연친화적이고 다양한 것이 특징"

조선왕릉은 역사적·문화적 가치를 인정받아 2009년 유네스코 세계문화유산에 등재됐다. 이 교수는 등재 과
정에 필요한 왕릉의 측량 도면을 제공했다. 그가 오랜 기간에 걸쳐 연구하며 쌓은 자료였다. 또 등재 신청서
작성에 참여하고 유네스코 실사단이 한국에 왔을 때 적극적으로 왕릉의 가치를 알렸다.

왕릉의 가치에 대해 그는 "조선의 왕릉은 주변국과 달리 자연친화적이고 다양한 것이 특징"이라고 말한다. 거
대 왕궁을 지하에 조성한 중국이나 무덤 주위에 해자를 파고 물을 채운 일본과 비교해 조선왕릉은 소박하다.
능선이나 숲을 크게 해치지 않는 선에서 조성했기 때문이다. 재실·홍살문·석물의 배치뿐 아니라 봉분의 형태
도 자연이 정해준 길을 따랐다. 다른 나라와 달리 같은 형식의 왕릉이 없는 이유다.

또 그는 "연속 유산이기에 높은 점수를 받은 것"이라고 한다. 조선왕조 500여년 동안 역내 왕릉이 빠지지 않
고 조성됐다는 것. 그리고 이 연속된 사건을 기록한 실록이나 의궤가 조선왕릉이 현대의 조작물이 아닌 역사
가 녹아든 유산임을 증명한다는 설명이다.

이 교수는 왕릉을 휴식과 재충전의 공간으로 활용해야 한다고 말한다. 묘소는 원래 흉례(凶禮)의 공간이지만
3년 상이 끝나면 길례(吉禮)의 공간이 돼서다. 그는 많은 사람들이 조선왕릉을 찾길 바란다. 또 우리만의 유산
이 아닌 세계인의 문화유산인 만큼 더욱 사랑하고 아끼길 희망한다. 더불어 일제강점기와 광복 후 도시 개발
을 거치면서 훼손된 일부 능역을 하루빨리 복원해야 한다는 게 이 교수의 주장이다.

정원

청산을 품에 안다

이곳으로 당신을 초대합니다.

이곳은 자연과 사람이 함께 만든 공간입니다. 자연은 뒷산에서 물을 흘려보내 연못을 이루어냈죠. 또 드문드문 바위들과 주변의 나무들도 본래 그대로 주었지요. 사람은 거기에 약간의 손질 정도만 보탰습니다. 그 자리에서 있던 나무 그대로, 생긴 그대로 두었습니다. 담장을 쌓더라도 지형을 충실히 따랐지요. 그리고 정자를 세웠습니다.

그렇습니다. 정원입니다. 자연이 '아름다움'이라는 이름으로 사람에게 허락한 공간입니다. 어쩌면 공간(空間)이라는 표현이 어울리지 않을 듯도 싶군요. 비어 있어도 결코 비어 있지 않은 곳이기 때문입니다. 물이며 돌, 나무들이 오롯이 존재하기 때문입니다. 나뭇잎을 스치는 바람소리, 계곡의 물소리, 철에 따라 단풍이며 연못에 피는 연꽃들로 가득 채워지곤 하니까요. 정원을 조성하며 사람이 한 가장 커다란 일이란 자연을 최대한 존중하고 겸손하게 받아들인 것입니다. 자연과 사람이 함께 창조해낸 걸작, 그것이 바로 정원입니다.

그렇다고 당신이 꼭 정원의 주인일 필요는 없습니다. 둥근 섬이 하늘

경남 함안군 칠원면 무기리에 있는 무기연당에는 자연과 함께 살고자 했던 선비의 마음이 곳곳에 깃들어 있다.

을, 사각형 연못이 땅을 상징한다는 음양오행설을 거론할 수 있는 전문 가 수준의 안목이 없어도 괜찮습니다. 자연과 교감하는 곳, 자연과의 경계를 허무는 곳을 찾는 사람이라면 정원은 누구든 환영할 테니까요.

정원은 작은 자연입니다. 주저하지 마십시오. 세상사에 치이고 찌들 었을 때 위안을 주는 묘약 가운데 아직까지 자연만 한 것이 있나요? 당 신한테 들러붙어 떨어지지 않는 집착이나 욕심을 부려놓을 곳도 자연만 한 네가 어디 있나요.

자연은 우리 땅 곳곳에 정원들을 마련해 주었습니다. 그러나 정원을 찾는 일은 당신의 몫, 정원으로 난 길을 나서는 일도 당신의 몫입니다. 참, 조금 있으면 전남 순천에서 순천만국제정원박람회가 열린답니다. 그 길로도 한번 나서봄이 어떨런지요. 돌아가는 길, 가슴속에 당신만의 정원 하나 품을 수 있을지 모를 일입니다.

 한국 정원을 제대로 알자

'십년을 경영하여 초가 한간을 지어내니/반간은 청풍이요 반간은 명월이라/청산은 들일 데 없으니 둘러 두고 보리라.'

이 시는 조선시대의 무명시인이 지은 것으로 자연을 정원 삼아 생활했던 조상의 지혜를 잘 보여준다. 이렇게 세상을 살면 무엇이 부족하랴….이런 생각에 더해 몇가지 기초상식을 알면 정원을 즐기는 묘미가 배가된다. 정원을 즐기는 비법을 알아본다.

정원은 형식상 궁궐·고택·별서·서원·관아·사찰정원 등으로 구분된다. 우리가 흔히 볼 수 있는 것은 고택·정자·별서정원이다. 이러한 정원은 누가 어떤 배경에서 만들었는지를 알면 더욱 재미가 있다. 그 배경은 정원의 이름을 이해함으로써 어렴풋이나마 추정할 수 있다. 전통 정원의 이름은 유교·도교사상에 영향을 받아 지은 게 많기 때문이다.

정원은 크게 내원(內園)과 외원(外園)으로 나뉜다. 보통 내원은 본체 건물에 부속된 공간으로 사적 공간의 경치를 감상하는 곳이다. 여기서는 다양한 모양의 건물이나 석조물·꽃·나무 등을 감상할 수 있다. 외원은 이보다 훨씬 광범위하다. 특히 계곡·절벽 등에 지은 정자는 온 사방이 정원이 된다. 실제로 선조들은 은둔하면서 정자 주변의 경치 좋은 곳을 팔경(八景) 혹은 구곡(九谷)이라고 이름 붙여 최대한 즐겼다.

화가가 용을 그리고 나서 눈에 점을 찍는 것처럼 정원을 만들 때 정원 주인은 포인트를 어디에 둘까 고민한다. 일반적으로 전통 정원에서는 독특한 모양의 건축물과 연못이 그 중심에 있어 포인트가 된다. 하늘과 사람을 이어주는 건축물은 규모와 용도에 따라 정(亭)·누(樓)·각(閣) 등으로 나뉜다. 또 연못은 네모난 형태에 둥근 섬을 가운데 두는 방지원도형(方池圓島形)이 일반적이다. 연못은 물고기를 기르고 심신을 수양하는 안식처였다.

사람들은 대부분 걸어서 한바퀴 둘러보면 정원을 모두 감상한 것으로 착각한다. 하지만 단지 보는 것과 체험하는 것은 격이 다른 법. 정원에 가면 그저 보고 지나갈 게 아니라 정자에 걸터앉아 잠시라도 주변 경치

를 감상하는 여유를 갖는 게 좋다. 정자에 앉아 보면 선조들이 즐겼던 풍
광이 비로소 눈에 들어온다. 또 정자의 곳곳에 걸린 시나 글귀를 읽어 보
는 것도 재밌게 정원을 감상하는 한 방법이다.

한·중·일 정원, 어떻게 다를까

한국·중국·일본은 오랜 세월 이웃하며 닮은 듯 다른 문화를 이뤄왔
다. 정원 문화도 마찬가지. 3국 정원은 인공미가 강한 유럽의 정원과 비
교하면 자연미가 두드러지지만, 한걸음 다가가 보면 같은 자연이라도 이
를 표현하고 감상하는 방법이 달랐다.

중국인에게 정원을 만든다는 것은 거대한 자연을 규모만 줄여 옮겨오
는 일이었다. 나무와 바위를 가져다 산을 만들고, 물을 끌어와 계곡과
폭포를 조성한 것. 여기에 누각과 정자 등의 온갖 건물을 짓고 유희를
즐겼다. 중국 정원의 걸작으로 꼽히는 쑤저우의 졸정원(拙政園)이 대표
적. 면적이 5만㎡에 달하는 대형정원으로, 1997년 유네스코 세계문화유
산으로 지정됐다.

중국 쑤저우의 졸정원

일본 정원은 자연을 표현했으나 규모가 훨씬 작고, 나무·돌·물의 배
치도 더욱 섬세하다. 가장 큰 특징은 상징과 비유를 사용한 점.

대표적인 형태가 산과 물 없이 돌이나 자갈로 표현하는 고산수(枯山
水) 정원이다. 교토에 있는 료안지(龍安寺)의 돌정원은 바닥에 깐 흰 자
갈과 그 위에 놓은 돌 15개만으로 일본의 선(禪) 사상을 상징적으로 표
현했다.

일본 교토 묘안지의 돌정원

한국인은 정원을 만들 때 터를 잡는 일을 가장 중시했다. 주변의 산
세와 물길까지 정원으로 자연스레 끌어들이고자 했기 때문이다. 연못
이나 나무도 원래 있던 것을 그대로 사용하는 경우가 많았고, 새로 조
성할 때도 최대한 자연미를 살렸다. 경복궁 북쪽 후원의 향원지도 지하
수를 이용했으며, 주변에 심긴 나무도 계절의 변화를 보여주는 활엽수
가 대부분이다.

한국 경복궁의 향원지

꼭 가봐야 할 명품정원 5곳

정원은 그것을 경영하는 이의 자연관과 미의식을 담고 있다. 그러니 우리가 살아생전 한번은 가 보아야 할 정원이란 다만 보기에 아름다운 곳이 아니라 안팎의 풍광이 무엇을 어떻게 표현하고 있는가를 곱씹어볼 만한 곳이어야 할 터이다. 한국전통조경학회 홍광표 회장(동국대 조경학과 교수)이 추천하는 한국의 명품정원 5곳으로 떠나 사색에 잠겨 보는 건 어떨까.

창덕궁 후원은 왕이 가장 사랑한 정원이다. 창덕궁은 조선의 왕들이 가장 오래 머물렀던 궁궐인데, 건축가들은 그 이유를 후원에서 찾는다. 왕들이 이 후원을 너무도 사랑했다는 것이다. 이를 증명하듯 창덕궁 후원에는 연못과 정자가 여럿이다. 그중 부용지와 부용정이 백미로 일컬어진다. 부용지는 원형의 섬을 품은 사각형의 연못으로, 천원지방(天圓地方·하늘은 둥글고 땅은 네모남)의 원리에 따라 이렇게 만들어졌다. 왕은 여기서 신하들과 어울려 꽃을 즐기며 시를 읊었다. 옥류천은 후원 북쪽 깊숙한 곳에 흐르는 개울로, 왕과 신하들이 술잔을 띄우던 곳이다. 이 물길을 따라 세워진 관람정·존덕정·취한정 같은 여러 정자도 건축미가 높다.

경복궁 원유는 궁궐 정원 1번지다. 경복궁은 조선 왕실의 법궁(으뜸이 되는 궁궐). 태종은 이곳에 경회루를 지으면서, 연못을 만드느라 파낸 흙으로 왕비가 머무는 교태전 뒤뜰에 작은 동산을 짓고 아미산이라 이름 붙였다. 아미산에는 보물로 지정된 4개의 굴뚝이 있는데, 육각형으로 된 벽면에는 십장생을 비롯해 부귀와 장수를 상징하는 온갖 무늬가 표현돼 있다. 향원정은 북쪽 후원에 있는 육각형의 정자다. 고종이 아버지 흥선대원군의 그늘에서 벗어나고자 건청궁을 건립하면서 그 앞에 연못을 파고 정자를 세운 것. 건축적 요소가 주변과 조화를 이루고 있어 역사적·예술적으로 가치가 높다.

경주 동궁과 월지는 신라의 옛 정원이다. 신라 문무왕 때 조성됐는데, 경사가 있거나 귀한 손님이 왔을 때 여기서 연회를 베풀었다. 신라가 망

경복궁 아미산(사진=문화재청)

동궁과 월지(사진 = 경주시)

부용동정원 세연정(사진 = 완도군)

한 후 폐허가 되자 '기러기와 오리만 날아드는 못'이라 불렸다. 그 명칭이 우리에게 익숙한 안압지(雁鴨池)다. 1970년대에 발굴이 시작되자 건물과 연못의 터가 드러나고 수많은 유물이 출토됐다. 요즘 경주에서는 안압지 대신 원래 이름인 '경주 동궁과 월지'라고 부른다. 월지의 가장 큰 특징은 가장자리에 굴곡을 주어 어느 곳에서도 전체를 한번에 볼 수 없게 한 것. 좁은 연못을 크게 보이도록 한 신라인의 지혜라고 한다. 요즘 동궁과 월지는 화려한 야간 조명 덕에 밤이면 더욱 붐빈다.

담양 소쇄원은 스승 조광조가 기묘사화로 사약을 받는 것을 본 양산보(1503~1557)가 고향 담양에 내려와 계곡에 지은 정원으로, 양산보가 자신의 호 소쇄옹을 따 소쇄원이라 이름을 붙였다. 사철 맑은 계곡물이 흘러 오늘날 답사객들 사이에선 '물과 소리의 정원'이라 불린다. 시원한 대숲을 지나 안으로 들어가면 광풍각·제월당 등의 건물이 있다. 계곡 끄트머리에 있는 광풍각은 손님을 맞던 방이요, 가장 높은 곳에 위치한 제월당은 주인이 거처하며 책 읽던 곳이다. 소쇄원을 거닐며 놓치지 말아야 할 것이 담이다. 지형에 따라 높낮이를 달리하거나 끊어 놓았으며, 때로는 위로 들어 올려 그 아래로 계곡물이 흐르게 했다.

보길도 부용동정원은 섬 속의 낙원이라 불린다. 1636년 인조가 삼전도에서 청태종에게 항복하자 이에 반대하던 윤선도(1587~1671)가 고향 해남과 가까운 보길도로 내려와 집을 짓고 정원을 꾸몄다. 이를 부용동정원이라 한다. 부용동정원은 살림집인 낙서재, 서재인 동천석실, 풍류 공간인 세연정 등 3구역으로 나뉜다. 세연정 주변은 그중 가장 공을 들여 꾸민 곳이다. 인공으로 물길을 내 연못을 만들고 주변에 여러 정자를 세웠다. 윤선도는 이곳에서 〈어부사시사〉〈오우가〉 등의 시를 지었다. 윤선도의 사후 부용동정원은 곧 황폐해졌으나 인적이 드물었던 까닭에 유적은 온전히 남았다. 세연정은 근년에 복원한 것이다.

2013년 4월 8일 기사

궁

조선 500년을 엿보다

매일 아침 출근길, 기자는 걸어다니는 사람이라곤 운전사와 가정부밖에 없는 성북동 부촌을 차창 밖으로 훑는다. 아무려나, 차는 금세 삼청동을 지나 경복궁 담장을 끼고 돈다. 주차장 입구엔 벌써 관광버스가 줄을 섰다. 세월은 때로 이렇게 천지개벽할 변화를 이룬다. 몇백년 전 같으면 예가 어디라고 장삼이사 삼삼오오 식전부터 활보하랴…라고 생각하니 구미가 확 당긴다.

"오호라~, 이웃 동네 부잣집은 몰라도 옛 왕조의 구중궁궐은 나도 갈 수 있단 말이렷다!" 하여 어느 아침, 조선의 대표 궁궐 뒤 금단의 뜨락에 들었다. 경복궁을 피로 물들이고 왕위에 오른 태종이 세운 창덕궁과, 그 뒤편 왕가의 쉼터이던 후원으로 가는 표 2장을 손에 쥐고. 이것은 말하자면 600년을 거슬러가는 타임머신 탑승권.

돈화문, 금천교, 진선문, 숙장문을 지나 얌전한 돌담길을 오른다. 이윽고 후원이다. 정조가 특히 사랑했다는 부용정, 숙종이 이름 붙였다는 애련지, 고종이 외국 공사를 접견한 연경당, 인조가 술잔 띄우고 놀던 옥류천… 해설사의 친절한 설명이 잘 와 닿는다. 귀를 잠시 닫고, 옥류

국보 제225호로 지정된 창덕궁 인정전

천을 마음에 새긴다. 태어나고 보니 왕손이요, 어찌하다 보니 왕위에 오른 그들도 그랬으리라. 아니면 이 작은 개울이 저마다 모양 다른 정자를 다섯씩이나 거느렸으랴. 창덕궁 인정전에서 즉위한 숙종은 훗날 이렇게 읊었다.

飛流三百尺	폭포 삼백척
遙落九天來	멀리 구천에서 내리네
看是白虹起	보고 있으면 흰 무지개 일고
飜成萬壑雷	곰짜기마다 우레소리 가득하네

황홀한 십리길 후원 산책이 끝났다. 이번엔 인정전 품계석도 만져보고 낙선재 난간에도 기대본다.

숱한 야욕가들이야 당당히 입궐해 품계석 한자리 차지할 그날을 꿈꾸었을 터이나, 죽어서야 궁을 벗어날 운명에 난간을 붙잡고 눈물지은 여인도 얼마나 많았을까.

창덕궁 장락문

그네들은 가고 궁과 뜰은 남았다. 숱한 이야깃거리 간직한 궁궐들이 하나둘 빗장을 푼 지도 꽤 됐다. 곳곳이 새 단장중인 것도 제대로 감상하고 길이길이 전하자는 뜻이다. 그러니 어려운 건축용어에 기죽지 말고, 몇천원 입장료도 아깝다 말고, 쌈지 속 패물인 양 자꾸 들여다보고 오래도록 사랑하자. 그래야 진짜 우리 것이 된다. 이 세상 많은 것들도 그렇게 천상에서 지상으로 내려왔다.

5대 궁궐에서 무슨 일이?

조선왕조의 5대 궁궐을 아시는지. 경복궁을 모르는 사람은 없을 테고, 창덕궁… 그리고 뭐더라. 겨우 이름만 들어 봤거나 얼핏 한번 둘러본 궁궐들. 5대 궁궐의 유래와 누가 살았는지, 그리고 거기서 무슨 일이 일어났는지 궁금증을 풀어 보자.

먼저 경복궁. 태조 4년(1395년)에 창건된 경복궁은 명종 8년(1553년) 9월에 강녕전에 큰 불이 나 이듬해 9월에 중건했다. 1592년 임진왜란 때 불탄 이후 경복궁이 제구실을 못한 227년간 왕들은 다른 궁궐에서 집무를 보다가 고종 2년(1865년)에 흥선대원군의 명으로 중건됐다. 고종 32년(1895년) 건청궁에서 명성황후가 일본 자객에게 시해당하고, 이듬해 고종이 러시아 공관으로 파천하면서 경복궁은 왕궁으로서 운명을 다했다.

창덕궁은 제2대 정종에게 양위받은 태종이 재위 5년(1405년)에 한양으로 환도하면서 궁궐을 새로 지어 '창덕궁'이라 이름 지었다. 창덕궁은 경복궁보다 오히려 더 많이 쓰인 궁궐이다. 임진왜란 때 불탄 이후 1868년 경복궁이 복원될 때까지 임금이 거처하는 정궁이 됐고, 1907년에는 순종이 고종의 퇴위 후 이곳으로 이어하면서 황궁이 됐다. 창덕궁 후원은 한국의 유일한 궁궐 후원이라는 점과 우리 정원을 대표한다는 점에서 가치가 높아 1997년 유네스코가 지정한 세계문화유산으로 등록됐다.

창경궁은 원래 이름이 '수강궁'이며, 세종이 즉위하면서 상왕인 태종을 모시기 위해 지었다. 성종 14년(1483년)에 대왕대비인 세조의 비 정희왕후 윤씨, 성종의 생모 소혜왕후 한씨, 예종의 계비 안순왕후 한씨 등 세 대비를 모시기 위해 확장하고 이름을 창경궁으로 바꿨다. 숙종이 장희빈을 처형한 일, 영조가 사도세자를 뒤주에 가둬 죽인 일 등 궁중 비극이 일어난 곳이다. 일제강점기에 동물원과 식물원 등이 들어서고, 이름도 '창경원'으로 격하되는 수난을 겪었다.

덕수궁은 본래 세조의 큰손자인 월산대군의 개인 저택이었다. 선조가 임진왜란 때 의주로 피란했다가 1593년 한성으로 돌아와서 승하할 때까지 거처지로 사용했다. 1608년 광해군이 이곳에서 즉위하고 창덕궁으로 떠나면서 '경운궁'이라는 궁호를 붙였다. 1623년에는 인조가 이곳에서 즉위했고, 고종이 황제로 즉위한 곳이다. 고종 34년(1897년)에 러시아 공사관에서 거처를 옮겨오면서 비로소 궁궐다운 전각들을 갖추게 됐다. 1906년 대안문(大安門)이 수리된 뒤 대한문(大漢門)으로 개칭하고 정문으로 삼았다.

경희궁은 광해군 10년(1623년)에 건립한 후 10대에 걸쳐 임금이 정사를 봤다. 경복궁, 창경궁과 함께 조선왕조 3대궁으로 꼽힐 만큼 100여동의 전각이 있는 큰 궁궐이었으나 일제강점기에 심하게 훼손돼 현재 남아 있는 건물은 흥화문과 숭정전, 황학정 등 3채에 불과하다.

🌊 5대 궁궐은 아니지만 빠지기는 섭섭해

1박2일 동안 5대 궁궐을 빠짐없이 구석구석 살펴봤다고 조선 궁궐 여행을 다 끝마쳤다고 생각하면 아니될 말씀. 궁궐도 아니면서 궁궐 대접을 받는 곳이 남아 있기 때문이다. 종묘·사직단·운현궁이 기다리고 있는 데다 이름도 낯선 칠궁까지 둘러봤다면 궁궐여행 제대로 했다고 큰소리를 쳐도 된다.

종묘는 조선왕조의 역대 제왕들과 왕후들의 신주를 모시고 제례를 봉행하는 사당이다. 유교 이념에 따라 경복궁의 왼쪽인 동쪽에 종묘를, 오른쪽인 서쪽에 사직을 세웠는데 임진왜란 때 소실됐다가 광해군 즉위년(1608년)에 다시 지었다. 건물은 정전과 영녕전으로 나뉘는데, 정전에는 정식으로 왕위에 오른 선왕과 그 왕비의 신주를 순위에 따라 모시고 있다. 영녕전에는 추존된 선왕의 부모나 복위된 왕들을 모셨다. 종묘는 1995년 유네스코 세계문화유산으로 등록됐으며, 종묘제례(중요무형문화재 제56호)와 제사를 지낼 때에 춤과 함께 연주되는 종묘제례악(중요부형분화재 제1호)은 2001년 유네스코 인류구전 및 무형유산걸작으로 등록됐다.

운현궁은 고종이 출생해 즉위하기 전 12세까지 살던 흥선대원군의 저택이다. 고종이 즉위한 후 흥선대원군이 이곳에서 10여년간 섭정을 했다. 흥선군을 흥선대원군으로, 부인 민씨를 부대부인으로 작호를 주는 교지가 내려진 때부터 운현궁으로 불렸다.

창덕궁에서 고종이 손쉽게 드나들 수 있도록 경근문이 설치돼 있었고, 대원군의 전용문인 공근문이 있었으나 지금은 없다. 흥선대원군이 국정을 의논한 노안당, 운현궁에서 가장 규모가 크고 중심이 되는 건물이며 명성황후가 삼간택을 마친 후 왕비 수업을 받은 곳이자 고종과 명성황후가 가례를 치른 노락당, 그리고 부대부인 민씨가 거처하던 곳으로 노락당과 복도로 연결돼 오로지 안채에서만 드나들 수 있던 이로당 순서로 배치돼 있다. 고종이 소년 시절에 자주 오른 노송이 남아 있다. 현재 사적 제257호로 지정된 개인 소유물이다.

칠궁은 영조 이후 7명의 왕 또는 추존왕의 생모를 모신 사당이다. 영조가 왕위에 오른 뒤 후궁 출신의 생모 숙빈 최씨를 추념해 사당을 짓고 제사를 올리던 육상궁이 있던 곳에 원종의 어머니 인빈 김씨의 저경궁, 경종의 어머니 희빈 장씨의 대빈궁, 정종의 어머니 정빈 이씨의 연우궁, 장조의 어머니 영빈 이씨의 선희궁, 순조의 어머니 수빈 박씨의 경우궁, 이후 영친왕의 생모인 순비 엄씨의 덕안궁을 이곳에 옮겨온 뒤 칠궁(七宮)이라 했다.

1968년 1·21사태 이후 일반인의 출입이 금지되다가 2001년 11월에 다시 공개돼 청와대 관람을 통해서만 칠궁을 둘러볼 수 있다.

🚩 고궁 관람, 흥미와 애정 갖고 출발!

각궁의 역사와 숨은 요소를 알아봤다면 이제 고궁 관람에 나설 차례다. '하나라도 놓치면 어쩌나' 지끈거리는 머리를 가볍게 할 만한 관람 정보를 소개한다.

고궁도 아는 만큼 보이는 것. 난 아는 게 없는데? 너무 걱정할 것 없다. 5대궁 가운데 경희궁을 제외한 4개궁(경복궁·창덕궁·창경궁·덕수궁)은 관람객들을 상대로 궁의 역사·문화·건축 등에 대한 무료 해설을 하루 4~9회 해주고 있기 때문이다. 때로는 코미디언보다 더 익살스러운 해설사의 한마디가 궁에 대한 흥미를 높이고, 때로는 '교수님 형' 해설사가 조곤조곤 일러 주는 궁중비화가 눈과 귀를 잡아끈다. 60~90분가량 걸리지만 열심히 듣다 보면 지루할 틈이 없다. 다만 초등학교 저학년 이하의 어린이에게는 내용이 어려울 수 있다.

가장 눈에 띄는 볼거리는 수문장 교대의식. 조선시대에 궁궐을 경비·순찰하고 문을 여닫던 수문군이 업무를 인수인계하고 퇴장하는 의식이다. 경복궁에선 흥례문 앞 광장에서 매일 오전 10시부터 오후 3시까지 매시 정각에, 덕수궁에선 매일 오전 11시, 오후 2시, 3시30분에 대한문 앞에서 펼쳐진다(모두 휴궁일은 제외). 전통복장을 갖춰 입은 데다 딴 짓도, 말도 하지 않는 근엄한 수문장들의 모습이 이채로워 외국인에게 특히 인기가 많다.

고궁을 찾기 전 관련 책이나 안내책자 내용을 숙지하고 가면 더 좋지 않을까? 물론 그렇다. 하지만 궁을 직접 보지 않고 글로만 읽어서는 당최 감이 오지 않는 사람이 태반일 터, 궁을 속속들이 알고 가리란 생각은 조바심을 불러일으켜 흥미를 떨어뜨릴 수 있고 어깨에 힘을 잔뜩 주고 해설사를 평가하려는 자세가 생기면서 오히려 관람이 재미없어질 수도 있다.

창덕궁에서 하루에도 수백 명의 관람객 앞에 서는 천대중 문화재청 문화유산해설사는 "흥미와 사랑만 가지고 오면 충분하다"고 조언한다. 애정이 있으면 궁에서 음식물 섭취도 하지 않을 것이며 통제구역에 들어가거나 궁을 훼손하는 일도 없을 것이란 게 그의 설명이다.

경복궁

창덕궁

덕수궁

🚩 1박2일 고궁 여행 떠나요

"1박2일로 고궁투어 가려는데 일정 좀 짜주세요." 이렇게 물을 독자를 위해 추천일정을 준비했다. 가장 먼저 선택할 것은 관람할 궁의 수다. 조금 힘들더라도 1박2일 동안 5대궁을 다 돌아볼지, '선택과 집중'으로 하루에 한곳만 천천히 살펴볼지 정한다.

동선에 따라 이틀로 나눈다면 하루는 창덕궁·창경궁을, 또 하루는 경복궁·경희궁·덕수궁을 권할 만하다. 관람 시간이 오후 5시30분이나 6시, 6시30분에 끝나는 다른 궁들과 달리 덕수궁은 9시까지인 만큼 마지막에 가는 게 효율적이다. 종일 구석구석 살펴볼 만한 궁을 두곳만 고르라면 경복궁과 창덕궁이다. 경복궁은 5대궁 가운데 역사가 가장 긴 것은 물론 국립민속박물관과 국립고궁박물관 등 볼거리가 많고, 창덕궁은 가장 한국적인 궁궐이라는 평가를 받는 데다 후원 관람이 만족도를 높여 주기 때문이다.

5대궁 가운데 경복궁은 매주 화요일이, 나머지 4대궁은 매주 월요일이 쉬는 날이므로 감안해서 일정을 잡는다. 문화재청이 발행하는 통합 관람권을 구입하면 경희궁을 제외한 4대궁(창덕궁 후원 포함)과 종묘를 1만원에 볼 수 있다. 입장권 값을 따져보면 4000원 저렴한 가격이며 유효기간은 1개월이다.

궁명	위치(지하철 교통편)	입장료(성인 기준)	휴궁일	안내전화
경복궁	3호선 경복궁역 5번출구 5호선 광화문역 2번출구	3000원	화요일	02-3700-3900
창덕궁	3호선 안국역 3번출구	3000원 (후원 5000원)	월요일	02-762-8261
창경궁	4호선 혜화역 4번출구	1000원	월요일	02-762-4868
덕수궁	1호선 시청역 2번출구 2호선 시청역 12번출구	1000원	월요일	02-771-9951
경희궁	5호선 서대문역 4번출구 5호선 광화문역 7번출구	무료	월요일	02-724-0274

2012년 5월 21일 기사

고택

운치와 여유의 미학

"뜨끈뜨끈한 아랫목에 등 좀 지져요!"

설 연휴 동안 차례 준비와 손님 접대로 쌓인 피로를 풀어달라는 아내 배영화씨(44·경기 광명시 광명5동)의 얘기에, 남편 이창석씨(45)는 바로 인터넷을 뒤져 민칠식 가옥(충남 부여군 부여읍 중정리)을 예약했다. 유통업에 종사하는 창석씨 자신도 연초부터 몰려든 일감에 시달렸던 터라, 골치 아픈 머리를 좀 쉬고 싶던 참이었다. 고택스테이는 중학교 진학을 앞둔 아들 선용(14)이의 현장체험학습으로도 좋았다. 이 여행에는 선용이를 잘 따르는 조카 영경(12)이도 함께했다. 창석씨 가족의 1박2일 고택 나들이를 따라가 봤다.

봄이 머지않았음인지, 부여 구드래 들판에는 아지랑이가 간간이 피어오르고 있었다. 백제 무왕이 서동왕자일 때 신라의 선화공주와 함께 가끔 뱃놀이를 즐겼다는 왕포천을 건너 민칠식 가옥에 도착한 창석씨 가족을 먼저 반긴 건 볕 좋은 행랑마당 감나무 위에서 들려오는 청아한 까치소리였다. 멀리로 백마강이 굽어보이는, 야트막한 필서봉 자락에 자리한 민칠식 가옥은 충청도 양반가의 면모를 잘 보여주는 집으로, 미

민칠식 가옥 툇마루에 나와 해바라기 중인 이창석씨 가족. 한옥은 사람을 편안하게 하는 건축물이다.

음(ㅁ) 자 모양을 한 조선 후기의 대표적 한옥이다. 1984년 중요민속문화재 제192호로 지정됐으며, 여흥 민씨 가문에서 거주해 오다 쇠락한 것을 2004년 부여군에서 사들여 보수해 고택체험관으로 쓰고 있다.

삐거덕. 뜨듯한 아랫목 생각에 영화씨는 아이들에 앞서 솟을대문을 열고, 사랑채로 발을 들여놓으면서 고택체험은 시작된다. 사랑채에서 안마당·대청마루를 거쳐 안방까지 이어지는 동선이 짧지만은 않지만, 여인네가 거처하는 안채를 존중한 구조가 영화씨는 적이 만족스럽다. 텔레비전 사극 속으로 들어온 기분에 아이들도 신이 났다. 창석씨도 고향에 온 듯 모처럼 마음이 편안해진다.

일견 고택체험은 과거로의 시간여행이기도 하다. 저 밖에는 물질문명이 속도와 높이를 자랑하지만, 여기는 석유와 콘크리트가 세상을 지배하기 이전의 시각에 머물러 있다. 아궁이에 불을 때서 구들을 데워야 하는 온돌, 문풍지 틈새를 비집고 들어오는 외풍, 댓돌의 신발을 신고 한데 바람을 쐬며 한참을 돌아가야 하는 뒷간…. 모두가 편리와는 거리가 멀다. 하지만 편리와 행복은 별개다. 떠나온 날이 오랠수록 고향 생각이 간절해지듯, 문명 피로가 누적된 이들에게는 고택 대청마루에 앉아 있는 것만으로도 휴식이고 평안이다. 그 여여함과 허허로움이 행복이다.

방문객이 오는 시간에 맞춰 불을 넣어 뒀는지 안방에는 온기가 가득하다. 창석씨와 영화씨가 여장을 풀고 나오는 사이, 아이들은 벌써 마당가에 놓인 굴렁쇠를 굴리고 항아리에 화살을 던져넣는 투호에 빠졌다. 아무리 인터넷 게임이 판을 치는 시대라지만, 여럿이 함께 어울리는 데는 전래놀이만 한 것도 없다. 짐정리를 마친 창석씨 부부도 대청마루로 나와 해바라기를 하며 아이들의 놀이를 눈요기한다.

대청에 모여 윷놀이를 한판 즐긴 창석씨 가족의 오후는 자연스레 고택 구경으로 이어진다. 까치발을 하면 밖이 내다보이는 나지막한 담장, 손때가 묻어 반질반질한 툇마루, 수백년째 기둥을 이고 있는 주춧돌, 처마선을 따라 이어진 낙숫물 자국 등 눈에 보이는 것마다 의미가 남다른 게 한옥이다. 사실 고택에서 특별한 프로그램은 필요없다. 그냥 그 공간에 있는 것만으로도 충분하다. 고택체험은 그렇게 세월을 오롯이 느끼는 일이다.

여행에는 식도락이 빠질 수 없는 법. 창석씨 가족이 부소산 아래 맛집촌으로 나들이해 부여특산 연잎밥으로 맛난 저녁을 들고 오니 민칠식 가옥에는 벌써 어둠이 내렸다.

고택의 운치는 밤에도 여전하다. 잠시 툇마루에 앉아 도시에서는 못 느끼는 고즈넉함과 막 돋기 시작하는 별들을 구경하다 방으로 들어서니, 요를 깔아둔 아랫목이 절절 끓는다. 누가 먼저랄 것도 없이 응당 요 아래로 발을 모으는 창석씨 가족. 아랫목을 그리워하던 영화씨는 아예 요 밑에 온몸을 누인다. 이런 날은 대화도 즐겁다. "사극 속의 양반이 된 기분"이라는 둥 "이참에 아예 고택을 하나 사버리자"는 둥 이런 저런 수다가 꼬리에 또 꼬리를 문다. 그렇게 밤은 깊어가고, 오늘밤 창석씨네 가족의 잠은 보나마나 꿀맛일 테다. 도란거리는 소리가 잦아들고 이윽고 아이들 새근대는 소리와 함께 방 안의 불이 꺼질 무렵, 까치가 앉아 있던 행랑마당 감나무 위에는 배부른 상현달이 지나가고 있었다.

고택을 방문할 땐 이렇게

고택은 문화재·사적·기념물로 지정돼 있는 경우가 많다. 이 때문에 많은 사람들은 고택엔 사람이 살지 않는 것으로 알고 있지만 그렇지 않다. 고택도 일반 가정집과 마찬가지로 사람이 생활하는 살림집이다. 고택을 여행할 때 그 집 가족들의 사생활을 보호해줘야 하는 이유다.

먼저 고택에 들어갈 땐 반드시 주인의 허락을 얻어야 한다. 대문이 열려 있다고 함부로 들어가면 침입자로 오해받을 수 있다. 혹시라도 집에 들어갈 때 주인이 식사 중이면 "잠시 후 다시 오겠습니다"라고 정중하게 말한 뒤 30분쯤 기다렸다가 가는 게 바람직하다.

대부분의 고택 주인들이 입장료를 받지 않는(고택에서 잠을 자는 '고택스테이'의 경우엔 숙박료 등을 내야 함) 점 등을 감안, 간단한 음료 정도를 준비하는 것도 필요할 듯싶다. 여행객이나 주인 모두에게 부담되지 않는 범위 내에서 입장료를 대신할 수 있을 것 같아서다.

집에 들어가서는 사랑채나 앞마당에서 주인에게 고택의 역사 등에 대한 개괄적인 설명을 들은 뒤 안채로 들어가는 게 순서다. 여행객들이 갑자기 안채로 들어가면 그곳에서 생활하는 가족들이 당황할 수 있기 때문이다. 집주인의 조상에 대해 질문할 때는 '누구누구 어르신' 하는 식으로 경어를 사용해야 한다. 주인의 가문을 존중해주는 의미에서다.

몇백년의 신비를 간직한 고택의 시설보호에도 협조해줘야 한다. 고택 답사 전문가들은 "전통한옥인 고택은 특성상 화재 위험이 매우 높다"면서 "지정된 장소가 아닌 곳에서는 취사도구 사용이나 흡연을 삼가야 한다"고 입을 모으고 있다.

유서 깊은 고택 명소를 찾아서

새해 인사를 주고받은 게 엊그제 같은 데 어느덧 2월이다. 아랫목에서 허리 지지며 빈둥거릴 수 있는 시간도 얼마 안 남았다. 가는 겨울이 아

강원 고성 어명기 가옥

충북 괴산 김기응 가옥

전북 정읍 김동수 가옥

쉽다면 유서 깊고 운치 있는 고택을 찾아보자. 사랑채 구들방과 별당 마당, 흙담에 새겨진 선조들의 여유와 한가로움이 겨우내 얼어붙었던 몸과 마음을 따스하게 녹여준다. 한옥에서 나고 자라고 살면서, 한옥을 보고 읽고 쓰고 짓는 한옥연구가 이상현씨(48). 그가 죽기 전에 가보지 않으면 후회할 전국의 아름다운 고택 7곳을 소개했다.

경기 남양주에 있는 여경구 가옥(경기 남양주시 진접읍 내곡리 금강로 961번길 25-14)은 중요민속문화재 제129호로, 꽃담이 아름다운 한옥이다. 꽃담은 자연에서 구한 돌과 사람이 구운 기와로 장식됐다. 자연을 기본으로 하되 거기에 문화를 담은 모습이다. 원래 있던 꽃담은 복원을 하며 사라졌지만, 지금의 꽃담도 화려함과 경쾌함이 나쁘지 않다.

한옥이라고 해서 사랑채와 안채가 모두 별개의 채로 지어지는 것은 아니다. 강원 지역이나 울릉도처럼 추운 곳에서는 하나의 채 속에 사랑채와 안채 그리고 다른 부속채가 함께 지어진다. 강원 고성 어명기 가옥(강원 고성군 죽왕면 삼포리 봉수대길 131-7)에서 그 형태를 볼 수 있다. 중요민속문화재 제131호로 지정되어 있다.

한옥 하면 무채색을 떠올리는 이가 많지만 한옥은 때로 화려하게 자신을 치장한다. 중요민속문화재 제198호인 충남 홍성 조응식 가옥(충남 홍성군 장곡면 산성리 309)이 그런 집이다. 집 앞에는 잘 가꾸어진 연못이 있고 집 안에도 나무와 꽃이 많아 자칫 단조로울 수 있는 한옥 기행을 풍성하게 한다. 시대에 따라 변해온 마당을 함께 볼 수 있는 것도 장점이다.

중요민속문화재 제136호 충북 괴산의 김기응 가옥(충북 괴산군 칠성면 율월리 칠성로 4길 20)은 지난 세월 우리 조상이 꿈꾸던 수망을 은유적으로 풀어낸다. 200여년의 시차를 두고 지어진 안채와 사랑채는 넉넉한 공간을 만들어내고, 옛사람들의 소망과 정서를 집 여기저기에 배치해뒀다. 공간을 자유자재로 나누는 담과 벽은 전시장을 방불케할 정도다.

한옥에서는 마음만 먹으면 혼자만의 공간을 만들어낼 수 있다. 중요민속문화재 제26호인 전북 정읍의 김동수 가옥(전북 정읍시 산외면 공동길 72-10)은 넓은 대지에 지어 채와 채 사이 마당이 넉넉하다. 대청에 올라

전남 보성 이용욱 가옥

먼 산도 바라보고 방에 앉아 머름에 팔을 얹고 마당을 내다보면 요즘 집들에선 절대로 느낄 수 없는 공간의 향연을 만끽할 수 있다.

한옥은 유독 비대칭 디자인을 좋아한다. 대칭을 주로 하는 세계건축계에서 이단아인 셈. 이는 구들 때문인데, 구들이 민초들의 생활 속에서 태어난 것을 생각하면 비대칭 디자인은 말 그대로 우리의 전통미다. 중요민속문화재 제159호인 전남 보성의 이용욱 가옥(전남 보성군 득량면 오봉리 243)은 비대칭 디자인이 가질 수 있는 모든 미덕을 품고 있다.

경북 경주 양동마을의 관가정(경북 경주시 강동면 양동리 양동마을길 121-47)은 마을 초입에 위치해 마을과 안강평야, 안락천을 한눈에 내려다볼 수 있다. 관가정(觀稼亭)은 '농사짓는 풍경을 보는 정자'라는 뜻인데, 이름에 딱 들어맞는 자리에 있다. 관가정을 구경하고 담장을 타고 뒤로 돌아가면 아주 예쁜 길이 나온다. 보물 제442호로 지정될 만큼 중요한 건물이다.

2012년 2월 6일 기사

고택지킴이
청송 심씨 11대손
심재오씨

"고택은 힘들더라도 반드시 지켜야 할
우리의 소중한 자산입니다."

● "집은 살아 있는 생물과 같아서 제대로 관리해 주지 않으면 시들시들 병이 듭니다. 고택의 아름다움을 알리고 일반인들이 전통을 체험할 수 있도록 130년 전통의 고택을 9년 전에 개방했지만 남의 손에 맡기다 보니 제대로 관리가 안 돼 직접 나섰습니다."

청송 심씨의 11대 종손 심재오씨(58)는 50년 가까이 서울과 청송을 오가는 서울 생활을 하다가 2년 전에 아예 서울 생활을 접고 선조들이 누대에 걸쳐 살았던 청송으로 내려왔다.

청송 심씨의 본향인 청송의 고택 송소고택(松韶古宅 · 중요민속문화재 제250호)은 조선 영조 때의 만석꾼 심처대의 7대손인 심호택 선생이 1880년경 13년에 걸쳐 지은 99칸짜리 집이다.

아들을 넷 두었던 선생은 또다시 7년에 걸쳐 30칸짜리 집 3채를 인근에 지었으니 총 20년에 걸쳐 200여 칸에 이르는 4채의 고택을 지은 셈이다. 하지만 6.25전쟁 때 2채가 불에 타버리고 지금은 송소고택과 둘째 아들의 집이었던 송정고택(松庭古宅)만이 남아 있다.

심씨의 노력으로 이들 고택은 2010년에는 대한민국 관광의 최고상인 '2011 한국 관광의 별'로 선정됐고, 연간 4만~5만명이 다녀가는 명소로 자리 잡았다.

아직도 고택체험을 펜션에서 하룻밤 자는 정도로 생각해 불편함만을 호소하거나 문화재임에도 함부로 다루는 사람들이 있습니다. 정부의 지원이 아쉬운 부분도 있고요. 국가 전체로 보아 손실이지요. 집안의 얼굴이자 우리나라의 얼굴인 고택은 힘들더라도 반드시 지켜내야 할 우리의 소중한 자산입니다."

심씨는 고택지킴이로서의 고충을 묻자 생각지도 못했던 대답을 하며 환히 웃어 보였다.

"밤늦게 수건이며 비누를 들고 방문객들 방을 오가다 보면 종손 체통에 이래도 되나 싶기도 하지만, 소중한 우리의 문화를 알리는 길이라 생각하면 오히려 힘이 납니다. 하하하."

정월대보름

저 달처럼 풍요롭게

'보름날 약밥 제도 신라적 풍속이라. 묵은 산채 삶아내니 肉味(육미)를 바꿀쏘냐. 귀 밝히는 약술이며 부스럼 삭는 生栗(생률)이라.' 〈농가월령가〉의 정월령에 나와 있듯 대보름은 그야말로 먹고 즐기며 한해의 안녕을 비는 날이다. 잔치가 흥겨운 것은 맛난 음식이 넘쳐나기 때문이기도 하니, 대보름은 봄 농사를 앞두고 기력을 보충하는 날이기도 했다.

대보름 절식(節食)으로 대표적인 것은 오곡밥이다.

쌀·조·수수·팥·콩 등을 섞어 짓는 오곡밥은 풍년 농사를 비는 뜻이 담겨 있어 '농사밥'이라고도 한다. 오곡(五穀)의 종류는 시대와 지역마다 조금씩 차이가 나는데, 수수나 팥이 나지 않는 지역에서는 보리·기장을 넣어 오곡이라고 하기도 했다. 오곡은 딱히 정해진 것이 아니며, 일반적으로 여러 가지 곡식을 통칭하는 것으로 보면 된다. 여기에 잣·대추·밤 등을 넣어 영양분을 더했다.

이 오곡밥은 여러 집의 밥을 먹어야 여름에 더위를 안 먹는다고 해서, 아이들은 온 동네를 돌아다니며 밥을 얻기도 했다. 이러한 풍습을 '조리밥' 또는 '세성받이밥' '백가반'이라고 한다. 조리밥은 조리를 들고 다니

며 밥을 얻었기에 붙여진 이름이고, 세성받이밥은 타성(他姓)을 가진 세 집 이상, 백가반은 백가(百家·여러 집)의 밥을 먹어야 운이 좋아진다고 하여 붙여졌다. 조선 후기의 세시풍속집인 〈동국세시기〉는 이러한 풍습을 제삿밥을 나눠 먹는 전통에서 시작된 것으로 봤다.

정월대보름은 '나물 명절'로 불릴 정도로 나물을 많이 먹는 날이기도 하다. 전해에 채취해서 말려뒀던 묵나물들을 물에 삶아 불렸다가 볶거나 무쳐 먹는데, 이 또한 더위를 이기기 위해 행해지는 풍습이다. 대보름날 먹는 묵나물은 진채(陳菜)라고도 하며, 호박고지·취나물·가지·버섯·고사리·도라지·시래기·박나물·아주까리잎·토란대 등을 이용했다. 이 묵나물은 지역에 따라 종류가 조금씩 다르다. 강원도처럼 산이 많은 곳에서는 주로 취나물을 이용했으며, 바닷가 마을에서는 모자반 같은 해초를 말려 뒀다가 나물로 만들어 먹기도 했다.

또 '복쌈'이라고 해서 취나물이나 김에 밥을 싸먹는 풍습도 있었다. 복쌈은 맛도 맛이려니와 복을 싸서 먹는다는 주술적 의미까지 곁들여졌다. 이 복쌈을 여러 개 만들어 볏단 쌓듯이 쌓아 성주신(집을 다스리는 신)에게 먼저 올린 다음 먹으면 복이 온다고 믿었다.

호두·밤·은행·잣 등 견과류를 어금니로 깨무는 '부럼깨기'도 대보름에만 있는 음식 관련 풍속이다. 부럼은 한해 동안 각종 부스럼을 예방하고 이를 튼튼히 하기 위해 깨물었는데, 대개 첫번째 깨문 것은 "올 한해 무사태평하고 부스럼 안 나게 해주시오"라는 주문과 함께 마당이나 지붕에 던지고 두번째 것부터는 버리지 않고 먹었다. 이빨이 약한 사람들은 견과류 대신 무를 쓰기도 했다. 부럼깨기 풍속은 이웃 나라인 중국과 일본에서도 찾아볼 수 있다.

좋은 음식에는 술이 빠질 수 없는 법. 대보름날 아침에는 귀가 밝아지라고 '귀밝이술'을 먹었다. 아침식사 전에 먹는 귀밝이술은 청주(淸酒)를 데우지 않고 차게 해서 마셨으며, 남녀노소를 가리지 않고 모두 입을 댔다. 평소에는 함께 술자리를 하기 어려웠던 부자지간에도 이 술만큼은 함께 마셨다. 귀밝이술은 재앙을 막고 복을 부르는 제화초복(除禍招福)의 세시풍속이다.

🍴 정월대보름은 어떤 날인가요?

정월대보름달은 일반 보름달보다 더 클까? 매달 꼬박꼬박 한바퀴씩 지구를 도는 달의 크기가 변할 리야 없지만, 적어도 우리 민족에게 정월대보름달은 한가위 보름달과 더불어 누구나 우러러 마지않는 큰 달이다. 정월대보름날 밤, 만월 아래서 달집태우기·지신밟기 등 유쾌하고 흥겨운 놀이를 벌이는 것은 마을공동체의 다산과 풍요를 비는 주술 행위이기도 하다. 이번 정월대보름에는 한데 모여 세시풍속을 즐기는 대신 가족끼리 달맞이하며 소원을 빌어보자.

"설 쇠자마자 바로 달 맞을 준비를 합니다. 대보름을 며칠 앞두고 서는 온 동네가 요란해요. 남정네들은 돼지 잡아 동제(洞祭) 지낼 제물을 마련하고, 아낙들은 오곡밥과 묵나물에 시래깃국, 손두부, 봄동 겉절이 등 달맞이 음식 장만으로 여념이 없어요."

보름 행사는 달집태우기로 절정에 달한다.

잡초와 병충을 없애기 위해 했던 쥐불놀이

황영수 금산장동마을민속보존회 회장(67· 충남 금산군 금산읍 양지리)은 "올해는 구제역 여파로 동네 윷놀이 정도로 축소됐지만, 정상적으로 행사가 열릴 때는 그야말로 장관"이라며 정월대보름 달맞이축제를 마을의 최고 행사로 추켜세운다. '금산 장동 달맞이축제'는 인근은 물론 전국적으로도 꽤 소문난 마을 잔치다. 정월대보름을 하루 앞두고서는 문화계 인사들뿐 아니라 방송사, 사진가들까지 몰려와 진을 칠 정도다.

장동마을 정월대보름 행사의 압권은 달집태우기. 1t 트럭으로 20대 분량의 솔가지를 구해 와 쌓는 달집은 높이만도 10m 정도에 달한다. 달집은 대보름날 밤 9시경 태우는데, 워낙 화력이 세서 소방차까지 대기하고 있을 정도다. 달집이 벌겋게 달아오르면 주민들과 관광객들은 둥글게 원을 만들어 강강술래를 돌고 춤을 추며 환상적인 밤을 만끽한다.

'보름날 약밥을 먹는 것은 신라 때 풍속이라. 묵은 산채 삶아 내니 육미(肉味)를 바꿀쏘냐. 귀 밝히는 약술이며 부스럼 삭는 생률(生栗)이라. 먼저 불러 더위 팔기, 달맞이 횃불 켜기. 흘러오는 풍속이요 아이들 놀이로다.' 〈농가월령가〉의 정월령에도 나와 있듯 마을마다 규모야 다르지만 정월 대보름 놀이와 잔치는 전국 어디나 있는 풍속이다.

정월대보름은 전통적으로 음력을 사용한 나라들에서는 각별한 의미를 지닌다. 중국과 일본에서도 대보름은 명절로 통한다. 특히 농경을 기본으로 한 우리 민족의 경우 달의 기운은 풍요의 상징이었다. 그러한 달이 1년 중 처음으로 꽉 차는 날이었으니 의미가 남다를 수밖에 없는 것이다. 조선 후기에 간행된 풍속서인 〈동국세시기(東國歲時記)〉에는 '이날 온 집안에 등불을 켜놓고 밤을 새우는 게 마치 섣달 그믐날 밤 수세(守歲)하는 예와 같다'는 구절이 나오는데, 곧 정월대보름을 설과 같은 급으로 쳤음을 알 수 있다.

대보름 행사는 자정을 전후로 해 올리는 동제로부터 시작된다. 마을의 평안을 비는 동제 후 각종 놀이가 이어지는데 줄다리기 · 지신밟기 · 쥐불놀이 등이 대표적이다. 줄다리기는 농촌에 전래돼 오는 농경의례로, 볏짚으로 암줄과 수줄을 엮은 후 서로 줄을 팽팽하게 당기는 데 암줄이 승리해야 풍년이 든다는 속설이 있다.

지신밟기는 정초부터 대보름 무렵까지 마을 풍물패가 집집이 돌며 행복을 축원하는 것으로, 지역에 따라 마당밟기·매귀·걸립 등으로도 불린다. 논두렁에 불을 놓는 쥐불놀이는 잡초와 병충을 없애고 재거름을 만들기 위해 행했던 민속놀이다.

마을 단위의 행사는 대보름날 밤, 달맞이와 달집태우기로 절정에 달한다. 달맞이는 초저녁에 높은 곳으로 올라가 달을 맞는 것으로, 먼저 달을 보는 사람이 길하다고 한다. 솔가지·대나무·짚 등으로 만드는 달집은 활활 타오르는 불에 한해 닥쳐 올 액운까지 모두 태워버린다는 뜻이 있으며, 달집이 탈 때 불길이 고르면 풍년이 든다고 한다.

개인적으로 행하는 풍속으로는 더위팔기, 나뭇가지에 돌 끼우기, 복토 훔치기 등이 있다. 더위팔기는 아침 일찍 일어나 만나는 사람에게 "내 더위 사가라"고 소리치는 것으로 이렇게 하면 그해 여름에는 더위를 먹지 않는다고 한다. 감·대추·배 등 과실나무의 가지 사이에 돌을 끼워 두는 것은 열매가 많이 달리라는 뜻이다. 부잣집 대문 안의 흙을 훔쳐 자기 집 부뚜막에 바르는 복토 훔치기는 그 흙을 따라 복과 재물이 함께 온다는 속신에서 비롯됐다.

🪶 정월대보름에는 무얼 하나요?

정월대보름은 봄을 앞두고 벌이는 마지막 잔치다. 농번기의 휴식이 절정을 이룰 때인 만큼 세시풍속도 가장 성행했다. 민속학자 최상수 선생(1918~1995)이 쓴 〈한국의 세시풍속〉을 보면 1년 동안 열리는 세시풍속 행사는 189건이며 이 가운데 대보름 행사는 40여건에 이른다. 곧 정월대보름 하루에 1년 행사의 5분의 1이 넘게 몰린 셈이다. 대보름 행사로는 줄다리기·지신밟기·달집태우기·액연 날리기 등 흔히 알려진 것도 많지만, 이외에 우리가 모르는 별난 풍속도 많다.

'볏가릿대 세우기'는 짚이나 헝겊에 벼·보리·조·기장·수수·콩·팥 등 갖가지 곡식을 싸서 장대에 매달아 높이 세우는 것으로, 이

벗가릿대 세우기

때 곡식을 매다는 장대를 '벗가릿대'라고 한다. 풍년 농사와 풍부한 식수·농업용수를 기원하기 때문에 들판·우물가·마당·외양간 옆 등에 세웠다.

'다리밟기'는 답교(踏橋)라고도 하며, 고려시대 때 크게 성행했다. 이날 다리를 밟으면 1년 동안 다릿병이 없고, 열두다리를 밟으면 1년 열두 달의 액을 면한다고 해서 남녀노소·상하귀천 할 것 없이 다리밟기를 했다. '용알뜨기'는 대보름날 새벽에 부인들이 닭이 울 때를 기다렸다가 서로 앞다퉈 우물물을 긷던 풍속으로, 맨 먼저 물을 긷는 사람이 그해 농사를 가장 잘 짓는다고 믿었다. 용알뜨기란 우물에 낳고 간 용의 알을 뜬다는 뜻이다.

'복토훔치기'는 대보름 전날 밤 부잣집의 흙을 훔쳐다가 자기 집 마당에 뿌리거나 부뚜막에 바르는 것으로, 이렇게 하면 부잣집의 복도 함께 따라온다고 여겼다. 부잣집에서는 복토를 도둑맞지 않기 위해 불을 밝혀 두고 집안을 지켰다. '나무시집보내기'는 유실수의 가지 사이에 돌을 끼워둠으로써 그해에 과실이 많이 열리기를 기원하는 풍속이다. 단, 대추나무는 5월 단오에 시집을 보냈다. '백가반(百家飯) 먹기'는 말 그대로 여러 집의 오곡밥이나 찰밥을 얻어 와 먹던 아동들의 세시놀이다. 얻어온 밥은 집 밖 절구통가에 모여 앉아 먹었는데, 백가반을 먹으면 그해 더위를 타지 않는다고 한다. '안택'은 부인들이 단골 무당을 청해 가신과 여러 잡신들을 위로하며 집안의 평안을 비는 것이다.

🧧 정월대보름에 무얼 먹나요?

대보름날 먹는 절식으로 부럼을 빼놓을 수 없다. 부럼은 잣·날밤·호두·은행·땅콩 등 대보름 아침에 깨먹는 견과류를 가리킨다. 이것들을 깨물면서 일년 열두달 무사태평하고 부스럼이 나지 않기를 기원하면 한해 동안 부스럼이나 종기를 예방한다고 믿었다.

부럼은 하나만 깨무는 것이 아니라 보통 자기 나이와 같은 갯수만큼 깨문다. 깨물 때는 여러 번 깨물지 않고 단번에 깨무는데, 한번에 깨지는 것이 좋다고 여겨 첫번째 깨진 것은 먹기도 하지만 마당에 버리기도 한다. 이렇게 땅에다 버리면서 토지신(土地神)을 부른다 하여 '부럼'이라는 속설도 있다. 또 부럼은 치아 건강을 확인해보고 이를 튼튼히 하기 위해 먹는 '이굳이' 풍습으로도 여겨진다. 조선 후기의 학자 김려의 문집 〈담정유고〉에 실린 '호두와 밤이 어금니를 단단하게 하니, 오이처럼 부드럽게 부스럼을 깨무네'라는 시 구절을 보아도 알 수 있다. 뿐만 아니라 겨울 동안 채소를 먹지 못해 모자라기 쉬운 영양분을 보충하는 역할을 하기도 했다.

대부분의 견과류는 올레인산과 리놀레산 등 우수한 불포화지방산을 함유하고 있다. 불포화지방산은 체내에서 스스로 만들 수 없는 필수지방산에 속한다. 몸에 해로운 중성지방과 콜레스테롤 수치를 낮추고 혈관 속의 지방을 씻어내 피를 잘 통하게 하므로 각종 혈관질환을 예방할 수 있다. 또 비타민E가 풍부해 피부의 수분손실을 막아주고 피부막을 재생시켜 노화방지에도 효과가 있다.

호두는 성장기 어린이들에게 좋은 대표적인 간식이다. 단백질 함량이 육류보다 많아 겨울철 추위를 이기는 데 도움을 준다. 또 골수를 보호해 줌으로써 아이들의 뇌 발달을 돕고 기억력을 증진시킨다. 비슷한 이유로 노인들의 치매 예방에도 효과가 있다. 땅콩은 고단백·고지방이며 비타민B군와 E가 풍부하게 들어 있어 건강식으로 인기가 높다. 땅콩에 들어 있는 리놀렌산과 아라키돈산 같은 필수지방산은 동맥경화의 원인이 되는 혈청콜레스테롤의 수치를 감소시킨다.

대보름에 먹는 아홉가지 나물은 호박고지·박고지·가지오가리·말린버섯·고비·시래기·무·취나물·토란줄기 등이다. 이 역시 지방에 따라 콩나물·도라지 등 구하기 쉬운 것으로 아홉가지를 맞추기도 한다.

말린 나물은 종류에 따라 불리는 방법이 다르므로 주의해야 한다. 말린 고사리는 따뜻한 물에 하루 정도 담근 다음 억센 부분을 잘라낸다. 취나물은 물을 넉넉하게 붓고 삶은 다음 쓴 물을 빼줘야 한다. 애호박오가리는 미지근한 물에 담가 불린 뒤 깨끗이 씻어 물기를 꼭 짠 다음 프라

이팬에 기름을 두르고 양념을 넣어 볶아낸다. 도라지는 가늘게 찢어 끓는 물에 소금을 넣고 데치는 게 요령. 취나물·시래기 등 줄기가 있는 것은 삶을 때 식용소다를 조금 넣으면 부드러워진다. 반대로 가지나 호박오가리는 너무 오래 불리면 흐물거리고 단맛이 없어지므로 찬물에 잠깐 불려 고유의 맛을 살린다.

나물을 맛있게 볶으려면 프라이팬을 센불에 얹어 충분히 달군 다음 나물을 넣고 참기름이나 들기름을 부어 가며 자작하게 볶는다. 어느 정도 숨이 죽으면 물을 약간 붓고 간장으로 간을 한 뒤 곱게 다진 파와 마늘, 깨소금, 후추 등을 넣고 뚜껑을 덮어 약한 불에서 익힌다. 이때 양념은 적게 넣어야 나물 고유의 맛과 향이 살아난다. 볶을 땐 자주 휘저어줘야 색깔이 곱고 씹는 맛도 무르지 않다. 특히 육수를 부어 가며 볶으면 나물이 훨씬 부드러워진다. 또 삶은 나물은 물을 너무 꼭 짜지 않는 게 좋다.

복쌈은 오곡밥을 잎이 넓은 취나물이나 배추잎, 김 등에 싸먹는 것을 말한다. 어린 배추나 취 등을 삶아 잘 펴서 한입 크기로 주먹밥을 만들어 잎으로 싸둔다. 복쌈에 사용할 취나물은 줄기를 다듬은 뒤 끓는 물에 소금을 조금 넣고 삶아야 색이 파랗게 살아난다. 복쌈용 김은 널찍하고 네모나게 자른 뒤 참기름이나 소금은 바르지 않고 김의 향을 살린다. 김려가 지은 〈담정유고〉에 '쌈 한입에 열 섬이니 세 쌈이면 서른 섬 / 올가을엔 떼기밭에 풍년 들겠네'라는 대목이 있는 것처럼 복쌈에는 풍년을 기원하는 의미가 담겨 있다.

2012년 1월 30일 / 2011년 2월 14일 기사

정자

자연과 벗하는 풍류

먼 길 오시느라 고생하셨습니다. 전남 담양 땅 소쇄처사 양산보 인사 올립니다. 저희 정원 소쇄원(瀟灑園)에 오신 것을 환영합니다. 저기 경기 안양서 오셨다는 초등학교 선생님들도 보이고, 서울서 내려온 사진 가들도 있네요. 오늘도 정원은 여지없이 대만원입니다.

이곳은 제가 서른네살이던 1536년에 지었습니다. 하지만 일부 건물이 임진왜란 때 소실된 이후 아들 자징에 이어 손자 천운이 재건한 게 1614 년이었으니, 소쇄원은 3대 78년에 걸쳐 조영된 셈입니다. 자랑 같아 부끄럽습니다만, 한국 정원의 백미를 꼽으라면 주저 없이 소쇄원이라고 말하고 볼 일입니다. 1400평(4620㎡) 넘는 터에 나무 한그루, 돌담 하나 신경 쓰지 아니한 것들이 없으니까요.

소쇄원을 조성한 건 은일자적하기 좋아하는 제 성격 때문입니다. 제가 열다섯살이던 해 선친께선 저를 당시 중종의 총애를 한몸에 받던 정암 조광조 선생에게 보냈습니다. 하지만 2년 후인 1519년 기묘사화 (보수 세력인 훈구파에 의해 신진 사림파가 숙청된 사건)가 일어났고, 선생은 귀양지인 전남 화순에서 사약을 받아 유명을 달리하셨습니다. 큰

충격을 받은 저는 벼슬의 뜻을 접고 1520년 고향인 담양으로 돌아왔습니다. 이후 평생 세상에 나서지 않고 자연에 묻혀 살며 처사의 길을 걸었던 것이죠.

하지만 시와 문장, 그리고 벗들까지 버릴 순 없었습니다. 집 옆 산기슭에 별당을 지어놓고 정원을 꾸며 사랑하는 친구들을 부른 것이죠. 소쇄원에서 제가 가장 중히 여긴 건 제월당(霽月堂)과 광풍각(光風閣)이란 정자입니다.

원래 정자(亭子)는 개인의 휴식처이자 사람이 모이는 공간입니다. 홀로 편히 쉬거나 마음을 정리해 보기도 하고, 때로는 여럿이 오붓하게 모여 정서를 교감하고 흥을 돋우는 장소입니다. 재미난 이야기로 길고 무더운 여름밤을 보내기도 했고, 정치적 문제를 놓고 열띤 토론을 벌이기도 했습니다. 기분이 나면 노래 한곡, 시 한수를 뽑기도 했습니다. 정자가 문학의 산실, 창작의 공간이라고 불리는 건 이 때문입니다.

아, 사대부 풍류객의 한가한 소리로 들리신다고요? 정자는 농촌 사회에도 분명히 존재했습니다. 모정(茅亭)이 그것입니다. 품앗이와 두레의 유물인 모정에서 농부들은 모내기와 가을걷이의 일정을 논의하기도 하고, 땡볕을 피해 새참을 들기도 했습니다. 향촌 두레의 여름날 회의장이기도 했고요. 정자의 문화를 소비·향락·여가·지적 문화라고 한다면, 모정의 그것은 생산·노동·육체의 문화입니다. 저는 모정의 의미를 잊지 않기 위해 소쇄원 초입에 대봉대(待鳳臺)라는 초가 정자를 올렸습니다.

기실 초보자는 이름난 정자에 다다르면 정자의 건물부터 유심히 살핍니다. 하지만 중요한 건 그 건물이 아니라 위치입니다. 정자의 누마루에 걸터앉아 주변을 조용히 둘러보는 맛, 그것이 본질입니다. 그래서일까요, 우리 국토를 순례하던 어느 외국 사진가는 카메라 셔터를 누를 장소를 찾다가 바로 여기다 싶은 곳이 있어 그 자리를 보면 예외 없이 정자가 서 있었다고 말하기도 했다지요.

소쇄원의 중심이 되는 계곡의 한가운데 저는 단칸 정자 광풍각을 짓고, 위쪽 양지 바른 곳엔 사랑채와 서재를 겸한 제월당을 세웠습니다.

한 어르신이 소쇄원 제월당에서 독서삼매경에 빠져 있다.

후세의 사람들은 이 두곳에 방이 있다는 사실을 주목합니다. 지붕과 마루, 기둥 외에 불 땔 수 있는 방을 정자에 둔 것이 놀랍다네요. 담양 말고는 찾아볼 수 없다고 합니다.

방이 있음은 정자에 머무는 시간이 많음을 뜻하고, 이는 글과 글씨 등 문학 작품의 탄생으로 이어졌겠지요. 군 지역으로는 전국에서 가장 많은 28개의 누정(樓亭)을 보유한 담양이 '가사문학의 보고'로 불리는 것은 그래서 당연한 일입니다.

불혹의 문턱에 들어선 가사문학의 대가인 송강 정철도 제 정원에서 지친 마음을 꽤나 달랬나 봅니다. 하지만 제 마음을 위로해 준 노래는 따로 있습니다.

소쇄소쇄, 대숲에 드는 소슬바람/ 무엇을 마구 씻는가 했더니/ 한 무리 오목눈이가 반짝반짝 날아오른다// 소쇄소쇄, 서릿물 스치는 소리/ 무엇을 마구 씻는가 했더니/ 몇마리 빙어들이 내장까지 환하다// 자미에서 적송으로 낙엽 따라 침엽 따라/ 괴목에서 오동으로 다람

쥐랑 동고비 따라/ 빛나는 바람과 맑은 달이/ 비잠주복(飛潛走伏)을 다 스리면// 오늘은 상강, 저 진갈맷빛 한천 길엔/ 소쇄소쇄, 씻고 씻기는 기러기며와/ 소쇄소쇄, 씻고 씻기는 푸른 정신뿐// 나 본래 가진 것 없어 버릴 것도 없나니/ 나 여기 와서는 바람 들어 쇄락청청/ 나 여기 와서는 달빛 들어 휘영청청 (고재종, 〈소쇄원에서 시금(詩琴)을 타다〉(2011).

양산보라는 불우한 사내가 큰 뜻을 접고 낙향해 소슬한 숲속에 우거를 짓고, 일평생 나가지 않고 문장 한줄 남기지 않은 것을 위무해 주는 것만 같아 읊조리기만 해도 그저 좋아집니다. 여러분, 올여름엔 이 소쇄원에 오셔서 시 한수, 글 한자락 남기지 않으시렵니까. 양산보, 저를 위해서 말입니다.

🏯 전국의 유명 정자를 찾아서

산 좋고 물 좋은 곳엔 으레 정자가 있기 마련이다. 산과 바다로 여름 휴가를 떠나다가 만난 정자는 또 하나의 피서지다. 올여름 가족과 함께 가볼 만한 지역별 대표 정자를 소개한다.

경기 수원 방화수류정
(사진=문화재청)

방화수류정(訪花隨柳亭 · 보물 제1709호)은 경기 수원시 팔달구 매향동 수원화성 안에 있는 정자다. 원래는 전쟁시 성곽의 동북쪽을 감시하는 각루로 만들어졌지만 주변 경관이 워낙 수려해 후일 풍류를 즐기는 장소가 됐다. 주로 목재로 만들어진 다른 정자와 달리 석재와 목재가 적절히 섞여 독특하다. 소양정(昭陽亭 · 강원문화재자료 제1호)은 강원 춘천시 소양로1가 봉의산 기슭에 있는 정자로, 소양강이 한눈에 내려다보인다. 삼국시대에 세워져 1500여년의 역사가 서린 소양정은 우리나라에서 가장 오래된 정자로 추정된다. 산에서 강이 내려다보이는 요산요수의 지형 덕에 '이요루(二樂樓)'라고도 불렸다.

강원 양양 의상대
(사진=문화재청)

의상대(義湘臺 · 강원유형문화재 제48호)는 신라의 고승 의상대사를 기리기 위해 1925년에 만들어졌다. 의상대사가 강원 양양군 강현면 전진리에 낙산사를 창건할 당시 좌선 수행하던 자리에 지었다. 낙산사에

충남 부여 백화정(사진＝문화재청)

서 홍련암 관음굴로 가는 해안 언덕에 있는데, 여기서 맞는 해돋이는 동
해안의 손꼽히는 절경이다.

　독락정(獨樂亭·충북문화재자료 제23호)은 조선 선조 때의 선비 주몽
득(周夢得)이 충북 옥천군 안남면 연주리에 세운 정자다. 뒤로는 층암절
벽 바위산이 솟아 있고 앞으로는 금강이 흐르는 빼어난 경치에 선비들
이 즐겨 모였다. 후대에는 유생들이 학문을 닦는 서원의 역할을 했다.
건물 사방으로 툇마루가 나와 있는 것이 눈에 띄는데 정자 안에서 숙식
이 가능하도록 만든 것으로 보인다. 백화정(百花亭·충남문화재자료 제
108호)은 부여의 상징적 명소인 낙화암 꼭대기에 세워진 정자다. 백제
멸망 당시 낙화암에서 몸을 던진 삼천궁녀의 넋을 추모하기 위해 1929
년에 지었다. 백화정이란 이름은 중국 시인 소동파의 시에서 따온 것.
백마강이 내려다보이는 험준한 바위 위에 아담하고 소박하게서 있어 쓸
쓸한 서정을 자아낸다.

　독락당 계정(獨樂堂 溪亭·보물 제413호)은 경북 경주시 안강읍 옥산
리의 옥산서원에서 계곡을 따라 올라가면 만난다. 조선시대에 회재 이언
적(李彦迪·1491~1553) 선생이 관직에서 물러난 후 거주했던 곳. 독락

당의 한 공간으로 개울가의 초석 위에 세운 정자가 바로 계정이다. 정자 위에서 바라보는 맑은 물과 너럭바위 숲이 아름답다. 석천정(石泉亭 · 명승 제60호)은 경북 봉화군 봉화읍 유곡리 마을 앞을 흐르는 석천계곡에 위치한 정자로, 충재 권벌의 맏아들 권동보(1517~1591)가 지었다. 권동보는 부친이 누명을 쓰고 죽자 관직을 버렸다. 20여년이 지나 무죄가 밝혀졌지만 관직을 사양하고 돌아와 계곡 위에 석천정사를 짓고 산수를 즐기며 여생을 보냈다.

피향정(披香亭 · 보물 제289호)은 전북 정읍시 태인면 태창리에 있는 호남지방의 으뜸정자다. 신라 헌안왕(재위 857~861) 때 최치원이 세웠다는 이야기가 있지만 확실치는 않다. 앞뒤로 연못이 있어 아름다운 경치를 자랑했으나 지금은 한쪽 연못만 남아 있다. 이곳을 거쳐간 선비들의 시가를 기록한 현판이 있어 운치를 더한다. 영벽정(映碧亭 · 전남문화재자료 제67호)은 전남 화순군 능주면 관영리 연주산 아래 지석강의 상류인 영벽강변에 있다. 아름다운 연주산의 모습이 지석강에 투영되어 운치있게 감상할 수 있다 하여 붙여진 이름이다. 1632년 능주목사 정연이 휴식처로 개수했으며 소실과 보수를 거듭하다 1988년 해체 · 복원했다. 3겹으로 처리한 지붕이 특이하다. 제주 제주시 조천읍 조천리에 있는 조선시대의 정자 연북정(戀北亭 · 제주유형문화재 제3호)은 제주로 유배돼 온 선비들이 모여 한양의 기쁜 소식을 기다리면서 북쪽의 임금에게 사모의 충정을 바치는 곳이라 해서 붙여진 이름이다. 망루의 역할도 한 것으로 추정되며 기둥의 배열이나 가구의 배열방법이 제주의 민가와 같은 것이 특징이다.

2011년 6월 20일 기사

한국의 4색을 즐기다

인 쇄 일	2014년 7월 31일
발 행 일	2014년 8월 6일
엮 은 이	농민신문 문화부
펴 낸 이	최종현
책임교정	손수정
기획제작	최인석 황의성
디자인 · 인쇄	삼보아트
펴 낸 곳	책넝쿨
출판등록	제 25100-2014-000031호
주 소	서울 서대문구 통일로 81 임광빌딩
전 화	02-3703-6136
팩 스	02-3703-6213
홈페이지	www.nongmin.com

편집저작권ⓒ 2014 책넝쿨

ISBN 979-11-952899-2-9 03380